"十四五" 国家重点出版物出版规划项目

★ 转型时代的中国财经战略论丛 ◢

科学基金资助项目规模收益研究

Research on Returns to Scale of Science Funding Program

段培新　著

中国财经出版传媒集团

经济科学出版社
Economic Science Press

图书在版编目（CIP）数据

科学基金资助项目规模收益研究/段培新著 . —北京：经济科学出版社，2021.11

（转型时代的中国财经战略论丛）

ISBN 978 - 7 - 5218 - 3003 - 3

Ⅰ.①科…　Ⅱ.①段…　Ⅲ.①科学基金 - 基金项目 - 收益 - 研究 - 中国　Ⅳ.①G322

中国版本图书馆 CIP 数据核字（2021）第 217584 号

责任编辑：刘战兵
责任校对：孙　晨
责任印制：范　艳

科学基金资助项目规模收益研究

段培新　著

经济科学出版社出版、发行　新华书店经销

社址：北京市海淀区阜成路甲 28 号　邮编：100142

总编部电话：010 - 88191217　发行部电话：010 - 88191522

网址：www. esp. com. cn

电子邮箱：esp@ esp. com. cn

天猫网店：经济科学出版社旗舰店

网址：http：//jjkxcbs. tmall. com

北京季蜂印刷有限公司印装

710×1000　16 开　15.5 印张　250000 字

2021 年 12 月第 1 版　2021 年 12 月第 1 次印刷

ISBN 978 - 7 - 5218 - 3003 - 3　定价：62.00 元

（图书出现印装问题，本社负责调换。电话：010 - 88191510）

（版权所有　侵权必究　打击盗版　举报热线：010 - 88191661

QQ：2242791300　营销中心电话：010 - 88191537

电子邮箱：dbts@ esp. com. cn）

总　序

　　《转型时代的中国财经战略论丛》是山东财经大学与经济科学出版社合作推出的"十三五"系列学术著作，现继续合作推出"十四五"系列学术专著，是"'十四五'国家重点出版物出版规划项目"。

　　山东财经大学自 2016 年开始资助该系列学术专著的出版，至今已有 5 年的时间。"十三五"期间共资助出版了 99 部学术著作。这些专著的选题绝大部分是经济学、管理学范畴内的，推动了我校应用经济学和理论经济学等经济学学科门类和工商管理、管理科学与工程、公共管理等管理学学科门类的发展，提升了我校经管学科的竞争力。同时，也有法学、艺术学、文学、教育学、理学等的选题，推动了我校科学研究事业进一步繁荣发展。

　　山东财经大学是财政部、教育部、山东省共建高校，2011 年由原山东经济学院和原山东财政学院合并筹建，2012 年正式揭牌成立。学校现有专任教师 1688 人，其中教授 260 人、副教授 638 人。专任教师中具有博士学位的 962 人。入选青年长江学者 1 人、国家"万人计划"等国家级人才 11 人、全国五一劳动奖章获得者 1 人，"泰山学者"工程等省级人才 28 人，入选教育部教学指导委员会委员 8 人、全国优秀教师 16 人、省级教学名师 20 人。学校围绕建设全国一流财经特色名校的战略目标，以稳规模、优结构、提质量、强特色为主线，不断深化改革创新，整体学科实力跻身全国财经高校前列，经管学科竞争力居省属高校领先地位。学校拥有一级学科博士点 4 个，一级学科硕士点 11 个，硕士专业学位类别 20 个，博士后科研流动站 1 个。在全国第四轮学科评估中，应用经济学、工商管理获 B＋，管理科学与工程、公共管理获 B－，B＋以上学科数位居省属高校前三甲，学科实力进入全国财经高校前十。工程学进入 ESI 学科排名前 1%。"十三五"期间，我校聚焦内涵式发展，全面实施了科研强校战略，取得了一定成绩。获批国家级课题项目 172 项，教育部及其他省部级课题项目 361 项，承担各级各类横向课题 282 项；教师共发表高水平学术论文 2800 余篇，出版著作 242 部。同时，新增了山东省重点实验室、省重点新型智库和研究基地等科研平台。学校的发展为教师从事科学研究提供了广阔的平台，创造了更加良好的学术生态。

"十四五"时期是我国由全面建成小康社会向基本实现社会主义现代化迈进的关键时期，也是我校进入合校以来第二个十年的跃升发展期。2022 年也将迎来建校 70 周年暨合并建校 10 周年。作为"十四五"国家重点出版物出版规划项目，《转型时代的中国财经战略论丛》将继续坚持以马克思列宁主义、毛泽东思想、邓小平理论、"三个代表"重要思想、科学发展观、习近平新时代中国特色社会主义思想为指导，结合《中共中央关于制定国民经济和社会发展第十四个五年规划和二○三五年远景目标的建议》以及党的十九届六中全会精神，将国家"十四五"期间重大财经战略作为重点选题，积极开展基础研究和应用研究。

与"十三五"时期相比，"十四五"时期的《转型时代的中国财经战略论丛》将进一步体现鲜明的时代特征、问题导向和创新意识，着力推出反映我校学术前沿水平、体现相关领域高水准的创新性成果，更好地服务我校一流学科和高水平大学建设，展现我校财经特色名校工程建设成效。通过对广大教师进一步的出版资助，鼓励我校广大教师潜心治学，扎实研究，在基础研究上密切跟踪国内外学术发展和学科建设的前沿与动态，着力推进学科体系、学术体系和话语体系建设与创新；在应用研究上立足党和国家事业发展需要，聚焦经济社会发展中的全局性、战略性和前瞻性的重大理论与实践问题，力求提出一些具有现实性、针对性和较强参考价值的思路和对策。

山东财经大学校长

2021 年 11 月 30 日

前　言

改革开放以来，我国对科学研究的投入不断增长，作为代表政府投资科学研究的国家自然科学基金（NSFC）经费预算也在不断增加，已由成立之初的不足亿元，增长到 2019 年的 307 亿元。伴随着经费预算的快速增长，NSFC 的资助规模不断扩大，资助强度逐步提高，科学基金影响力也在不断扩大。近十几年来，在 NSFC 资助体系中占比最高、影响力最大的面上项目和青年项目，资助规模与资助强度整体上呈现出"面上项目提强度，青年项目扩范围"的态势。在当前公共财政强调绩效的情况下，面上项目与青年项目资助成效如何？面上项目的资助强度是应进一步增加抑或适度缩减？青年项目是否应进一步扩大资助规模？当前科研环境下，科学基金项目资助强度是否存在一个比较适宜的区间？各学科适宜的资助区间是否因学科差异而存在不同？这些问题引发了基金管理者们的思考，也是我们研究的缘起。

当前对于科学基金资助项目适宜性的研究主要有两类：一类是对项目负责人进行问卷调查或访谈研究科学基金适宜性。这种方法常出现潜在的问题，即被访者可能会有增加资助强度的主观倾向。另一类是基于客观数据采用不同定量分析方法研究科学基金适宜性。基于不同实证方法得出的结论不尽相同，同时每一种定量研究方法在处理科学基金适宜性研究时，都有其局限性，如统计分析方法难以解决多投入、多产出的测量；已有数据包络分析（DEA）模型研究规模收益不符合科学基金资助的特点，单纯运用定量方法可能会出现测不准的现象。

由于科学研究的复杂性、时滞性，受制于科研人员的时间和精力，科学基金项目资助强度与人力资源投入不成比例变化，同时科学基金资助项目存在阻塞现象。而当前基于 DEA 方法对规模收益的研究，是在投入径向方向（同比例）变化下研究规模收益情况，这与科学基金资助特点不相符，直接运用现有 DEA 模型研究科学基金项目规模收益存在局限性。基于此，本书根据规模收益定义，从测度角度，对多投入、多产出不同方向上的规模收益研究进行了理论推导，并应用到 DEA 框架中，构建了基于测度的方向规模收益 DEA 模型。同时针对科学基金项目在实际中还存在阻塞现象，构建了阻塞条件下的方向规模收益 DEA 模型，提出了相对最佳投入方向和最佳投入区间的判定方法，为了保证定量模型的可靠性，本书又通过项目负责人和评审专家的问卷调查，进行客观数据定量模型结果与主观问卷调查结果的匹配验证，从而验证建构的 DEA 模型的可靠性，因此本书建构了符合科学基金资助特点的相对最优规模分析框架。在此基础上本书选取 NSFC 占比最高的，同时资助策略不同的面上项目和青年项目作为研究对象，并选取不同特点的 A、B、C 三个学科 2011 年的数据进行实证分析。

本书的贡献之处在于：（1）本书提供了一种科学基金项目相对最优规模的理论框架，通过构建 DEA 模型对科学基金规模收益进行分析，并与对项目负责人和评审专家问卷调查的结果进行匹配验证，共同构建了科学基金最优规模投入分析的理论框架。（2）根据 NSFC 项目投入不等比例变化和存在阻塞的现实状况，建构了基于科学基金特点的 DEA 模型——阻塞存在下的方向规模收益 DEA 模型，拓展了 DEA 有关规模收益的理论研究，为投入、产出非等比例变化且存在阻塞的规模收益研究提供一种新的研究模型，扩展了 DEA 理论研究。（3）提出了一种新的更加符合实际的相对最佳投入方向判定方法，修正了以往随机选取方向求得最佳投入区间的做法，基于科学基金项目存在阻塞现象，提出了基于 MATLAB 多项式拟合模型计算下的阻塞率的变化规律曲线，将阻塞率最低的方向作为相对最佳投入方向，进而在相对最佳投入方向下确定最佳投入区间的方法。由此判定的最佳投入方向和最佳投入区间更加符合现实情况，使得建构的理论模型在实践分析中更加契合现实需求。（4）本书实证分析发现，不同项目资助绩效不同，NSFC 在未来资源配置中要适当考虑不同项目间资助绩效情况，如 A 学科应增加青年项目资助项数，B 学科应适当增加面上项目资助项数，C 学科应根据不同产出偏好，适当调整面上项目和青年项目的资源分配。不同学科达到最优规模的投入调整策略也不一致，A 学科面上项目投入不宜增加，青年项目适当增加参与人年投入，B 学科面上项目应增加资助强度投入，青年项目投入保持不变，C 学科面上项目增加参与人年投入，青年项目投入保持不变。

目 录

第1章 绪　　论

1.1　研究背景与问题提出

面对新一轮科技革命和产业变革蓬勃兴起、科学探索加速演进、学科交叉融合更加紧密的新形势，全球科技竞争愈演愈烈，为释放创新活力，提升原始创新能力，实现科技强国的奋斗目标，我国在科技领域开展了一系列改革。其中，科研项目绩效评价是推进科技评价制度改革的重要举措，在2018年印发的《国务院关于优化科研管理提升科研绩效若干措施的通知》中，明确提出要强化科研项目绩效评价制度，开展综合绩效评价，加强绩效评价结果的应用。同年印发的《关于深化项目评审、人才评价、机构评估改革的意见》中明确要求深入推进"三评"改革，构建突出质量贡献绩效导向的分类评价体系。由此可见，强化科研项目绩效评价，提高科技资源配置效率，是我国科技评价体系中的重点。

科学基金制是我国科技体系中资助创新研究和人才培养的重要制度，自改革开放以来，国家对于科学研究的投入稳步增长，作为代表政府投资科学研究的国家自然科学基金（NSFC）经费投入也在大幅增加。NSFC成立30多年来，年度财政拨款已由1986年的1.09亿元，增长到2019年的306.62亿元，年均增长速度超过了20%[①]（见图1-1）。目前在世界范围内，政府对公共财政投入愈发强调绩效，科研经费投资绩效也迅速进入公共财政绩效评价的领域，美国在1993年实施的《政府

[①]　《国家自然科学基金委员会年度报告》，http://www.nsfc.gov.cn/publish//portal0/tab224/。

绩效与结果法》（GPRA）中将科研评价纳入政府绩效评价中。中国从2005 年开始，中央政府就多次提出要高度重视政府问责和绩效，并明确提出对科学基金开展绩效评估。① NSFC 作为国家创新体系的重要组成部分，在我国创新体系基础研究中发挥的作用日益重要，基金委也提出了"绩效回报丰富、管理服务高效"的目标，因此在新的阶段对科学基金开展绩效评估的内在需求也日渐突出。科学基金作为我国支持科学研究的主渠道，在当前愈发强化科研项目绩效的情境下，科学基金管理部门如何更好地遴选和资助科学基金项目，提升支持科学研究的精准度、公正性和绩效水平，持续提高资助效能，是进一步深化科学基金改革的关键。

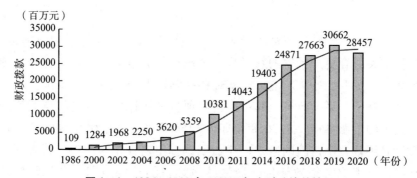

图 1-1　1986~2020 年 NSFC 年度财政拨款情况

伴随经费预算的快速增长，NSFC 的资助规模不断扩大，资助强度逐步提高。以 NSFC 占比最高的面上项目为例（见表 1-1），2001~2020 年，面上基金资助经费总额从 11.56 亿元增长到 141.24 亿元，面上项目单个项目的平均资助强度由 17.98 万元增加到 71.88 万元，增长了近 3 倍，特别是 2011 年面上项目资助强度较上年提高了约 1 倍。② 在当前公共财政更加强调绩效的情境下，目前的科学基金资助强度是否适宜，对于科学基金项目而言，是否存在一个合理的资助强度区间，成为 NSFC 决策管理部门关注的问题。与此同时，在 NSFC 资助规模大幅提

---

① 国家自然科学基金委员会：《科学基金资助与管理绩效国际评估综合证据报告》，http：//www.nsfc.gov.cn/publish/portal0/tab112/。

② 国家自然科学基金委员会项目资助统计，http：//www.nsfc.gov.cn/publish/portal0/tab505/。

升后，项目资助条件以及经费开支等管理举措也在不断调整和优化，旨在通过各项举措更好地保障科学家"安心、专心、潜心"开展科学研究，克服因"多头申请"等牵扯科研精力的现象，提高科研产出绩效。过去 20 年间，在 NSFC 中占比最高的面上项目和青年项目呈现出不同的资助态势，面上项目资助强度提高了近 4 倍，而青年项目资助强度基本维持在 20 万元上下浮动，变化不大，但青年项目资助数量从 726 项增加到 18276 项，增长了约 25 倍（见表 1－1）。两类项目在资助规模

表 1－1　　2001～2020 年 NSFC 面上项目和青年项目资助情况

年份	面上项目		青年项目	
	资助项数（项）	资助强度（万元）	资助项数（项）	资助强度（万元）
2001	4435	17.98	726	17.34
2002	5808	19.91	1064	19.10
2003	6359	20.79	1269	19.80
2004	7711	21.72	1590	20.84
2005	9111	24.79	1934	23.5
2006	10271	26.15	2429	22.87
2007	7713	29.49	3336	18.51
2008	8924	32.35	4757	19.76
2009	10061	32.85	6079	19.79
2010	13030	34.72	8350	19.71
2011	15329	58.64	13146	23.71
2012	16891	73.89	14022	24.07
2013	16194	74.10	16194	24.08
2014	15000	79.57	16421	24.29
2015	16709	76.61	16155	24.71
2016	16934	75.11	16112	24.18
2017	18136	73.65	17523	22.84
2018	18947	73.58	17671	23.63
2019	18995	73.23	17966	23.42
2020	19357	71.88	18276	24.00

整体增加的基础上呈现"面上项目提强度，青年项目扩范围"的资助态势。在此情况下，不同项目的资助策略的成效如何？面上项目和青年基金项目是应继续增加资助强度还是扩大资助范围？这些问题是值得科学基金管理者关注和思考的。

当前国际上对科学研究绩效评价逐渐聚焦于怎样提升科学研究所产生的经济结果，即产出率，[①] 科学基金项目作为科研项目的一种，亦可以看作一个投入产出的系统。NSFC 通过遴选并资助科研项目，受资助项目投入科技人力资源与必要的经费，产生知识溢出，使科学基金投入转化成为论文、专著、专利、产品、工艺或服务等产出。[②] 对一个投入产出系统而言，投入的增加一般会引起产出的相应扩大，但当投入超过一定的界限后，其平均投入产出率有可能会趋于下降，尽管总产出依旧会增加，这时系统处于规模效益递减的状态。若进一步增加投入，产出可能会减少，导致阻塞现象。研究规模收益可以为决策者提供有关组织最优规模的信息，通过在不同阶段扩大或者减少投入来获得更多产出，从而达到相对理想的生产经营状态——最优规模收益状态（most scale of efficiency）。[③] 因此，基于投入产出角度，研究科学基金项目规模收益情况，找到达到最优规模收益状态的投入，从而判断当前资助强度是否适宜，并通过对不同项目最优规模投入的分析，能够回应 NSFC 当前资助强度是否适宜、未来资助策略是否应进一步调整等问题。

科学基金项目作为一个复杂的投入产出系统，从投入角度来看，科学基金项目资助强度过去十几年间已有大幅增加，而受制于培养学生（尤其是博士生招生）规模、科研投入时间等限制，科学基金项目的人力资源投入可能不会随着资助强度的增加而增加。如表 1 – 2 所示，NSFC 面上项目 A 学科自 2001 年至 2011 年间，项目资助金额已提升 3 倍，除个别年份资助金额基本保持不变外，大部分年份的资助金额较上年都有大幅增加，特别是 2011 年比 2010 年增长率达到 63.73%。

---

① 大卫·古斯顿：《在政治与科学之间：确保科学研究的诚信和产出率》，龚旭译，科学出版社 2010 年版，第 80 页。

② 翟立新、韩伯棠、李晓轩：《基于知识生产函数的公共科研机构绩效评价模型研究》，载于《中国软科学》2005 年第 8 期，第 76～80 页。

③ 孟溪、黄敏、刘文斌：《利用 DEA 对科研机构规模效益的分析》，载于《科研管理》2006 年第 4 期，第 20～25 页。

而科学基金项目的另外一项投入——科研人员，基本维持在 6~7 人之间，变化不大，更无法达到成倍变化。与传统工业生产中人力与资本投入同比例变化不同，科学基金项目投入难以成比例变化。此外，科学基金项目基于科研人员时间和精力限制，项目经费的不断增长并不意味着产出的持续增加，有时伴随经费投入的增加甚至会出现阻塞现象，如图 1 - 2 所示。以 NSFC 面上项目 A 学科 2011 年数据分析，产出不论是论文数量 [见图 1 - 2（a）] 还是论文引用 [见图 1 - 2（b）]，随着资助金额的不断增加，面上项目产出反而下降，出现了阻塞现象。因此科学基金项目在资助规模整体增加的基础上，呈现出投入不等比例变化以及存在阻塞的特点。

表 1 - 2   NSFC 面上项目 A 学科 2001 ~ 2011 年投入产出指标变化（均值）

年份	投入				产出	
	资助金额（万元）	增长比例（%）	科研人员（人）	增长比例（%）	论文数量（篇）	论文引用（次）
2001	21.32	—	6.64	—	2.27	3.60
2002	26.69	25.21	6.85	3.16	2.38	11.69
2003	26.35	- 1.26	6.90	0.83	2.55	21.26
2004	26.88	1.97	6.54	- 5.24	2.56	14.70
2005	30.52	13.58	7.21	10.29	4.73	16.67
2006	35.70	16.96	6.55	- 9.18	7.75	36.85
2007	35.39	- 0.87	6.96	6.29	7.29	36.48
2008	37.02	4.61	6.73	- 3.34	8.30	58.58
2009	37.48	1.25	6.97	3.52	9.06	53.52
2010	40.45	7.91	7.09	1.67	9.59	40.86
2011	66.22	63.73	7.14	0.83	8.31	30.70

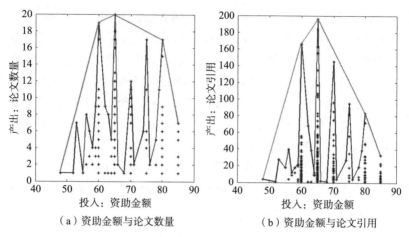

（a）资助金额与论文数量　　　　　　（b）资助金额与论文引用

图1-2　科学基金项目投入与产出关系

对于规模收益的研究，一种方法是基于经济学假设已知的生产函数形式，来分析规模收益，另外一种方法是运用数据包络分析（DEA）方法，通过对决策单元（DMU）组成的生产可能集（PPS）的有效前沿面（凸性假定下）来拟合生产函数，从而处理规模收益问题。相较于经济学中假设已知生产函数研究规模收益的方法，运用 DEA 方法由于无须预先知道生产函数的形式且在处理多投入多产出效率评价时无须赋权的先天优势，成为规模收益的主要研究方法。然而，基于 DEA 方法对规模收益的研究，大多是在经典 DEA 模型假设前提下根据经济学规模收益的定义，即投入等比例变化下进行的研究。而在实际生活中，如同科学基金项目一样，投入多为不等比例变化，基于此，部分学者提出了研究方向规模收益的 DEA 模型，而目前方向规模收益的 DEA 模型在多产出判定中存在限制，[①] 因此需要发展出对于多投入多产出更加通用的 DEA 模型。同时，在规模收益研究中，现有 DEA 模型大都只是分别判断规模收益或者阻塞，判断阻塞存在情况下的规模收益的情况较少。因此由于科学基金资助的复杂性和特殊性，单纯运用现有规模收益的 DEA 模型不能有效体现当前NSFC 项目资助特点，因此需要根据科学基金的特点，构建新的 DEA 模型，研究科学基金项目阻塞存在下的方向规模收益问题。

---

① Yang G L, Liu W B. Estimating directional returns to scale in DEA ［J］. INFOR：Information Systems and Operational Research，2017，55（3）：243-273.

1.2 研究目的与研究意义

1.2.1 研究目的

随着 NSFC 资助经费不断增加，项目资助强度不断提升，在愈发强调财政绩效的情境下，基于成本收益考量，每个项目到底投入多少资金是合适的？科学基金项目是否存在一个最佳资助强度区间？而当前 NSFC 在资助过程中对不同项目的不同资助策略（如"面上项目提强度，青年项目扩范围"）是否合适，不同项目最佳资助强度是否存在差异？未来不同项目资助策略如何调整，NSFC 资源如何配置才能提升资助绩效？这些问题成为本书研究的源起问题，同时也是科学基金资助与管理绩效中的关键问题。

为了解决上述问题，本书基于成本收益考量，将 NSFC 项目资助看作一个投入产出系统，通过投入资金和科研人员，获得论文、专利等产出，针对科学基金项目资助存在投入非等比例变化且存在阻塞特点建构了基于科学基金特点的 DEA 模型——阻塞存在下的方向规模收益 DEA 模型，力图拓展 DEA 有关规模收益的理论研究，为投入非等比例变化且存在阻塞的规模收益研究提供一种新的研究模型。在此基础上，选取当前 NSFC 占比最高、最具影响力且呈现不同资助态势的面上项目和青年项目进行实证分析，并对该项目负责人和评审专家对科学基金项目适宜资助区间的观点进行调查，进而与 DEA 定量分析结果进行匹配验证和一致性分析，进一步验证建构模型的可靠性，从而构建科学基金项目相对最优规模判定的理论分析框架。此外，本书提出的相对最佳投入方向判定，更加符合科学基金资助的现实情况，使得构建的理论模型更加符合现实需求，一方面可通过确定科学基金资助强度的适宜区间以及最佳规模的实现路径，为科学基金管理者了解当前科学基金资助绩效提供判断依据，另一方面可为未来科学基金资助策略的进一步调整提供可能的参考建议。

1.2.2 研究意义

对科学基金项目规模收益进行分析的目的在于确定科学基金项目适宜的资助强度或资助区间。这一方面有助于从总体上厘清当前 NSFC 项目资助的现状，了解当前科学基金资助处于何种规模收益状态，分析当前资助强度是否达到最优状态，优化科学基金资助绩效；另一方面通过对面上项目和青年项目规模收益的分析，探寻其最佳规模实现路径的差异性，有助于检验当前 NSFC 资助策略，同时为后续不同项目资助策略的调整提供方向。通过科学基金项目规模收益分析确定科学基金适宜的资助区间，是科学基金绩效评价的关键组成部分，也是提高科学基金绩效的重要途径。期望本书对 NSFC 项目最优规模分析的研究，能为 NSFC 未来科学基金的资助与管理政策优化提供有益的证据支撑，为进一步充分利用有限资金、实现科技资源有效配置提供有益的参考和借鉴。

本书构建的科学基金项目最优规模分析框架，不仅有助于提升科学基金项目资助绩效，同时还可以为其他类型科研项目资助强度的适宜性研究提供分析框架。目前项目资助是我国重要的科研资助形式之一，不仅仅是自然科学基金项目，其他竞争性的科研资助项目随着经费投入的不断增加，也同样面临着优化资助绩效和确定适宜的资助投入的问题。因此本书构建的科学基金相对最优规模分析框架，通过严密的数学模型推理以及与问卷调查的一致性分析，验证了建构的 DEA 模型的可靠性，能够为社会科学基金项目、各类省级科学基金项目等类似科研项目资助强度的适宜性，以及进一步优化资助绩效提供现实可行的分析模型和实施路径，具有较好的借鉴和参考价值。此外，由于科学研究的共同特点，因此科学基金项目规模收益的研究成果，亦可应用到科研机构和高校的规模收益和绩效评价研究当中，对其他相关科技评价具有一定的参考价值。

此外，本书建构的阻塞存在下的方向规模收益 DEA 模型，拓展了 DEA 有关规模收益的理论研究，为投入非等比例变化且存在阻塞的规模收益研究提供了一种新的理论研究模型。该模型扩展了 DEA 的理论研究，同时基于现实特点构建的理论模型更加符合现实情况，使得理论模型与现实需求更为贴近，更加具有应用性和实用价值。

本书构建的 DEA 模型可以计算科学基金项目规模收益以及最佳资助强度，扩展了科学基金绩效评价研究。当前对科学基金资助绩效的研究主要可分为基于科学基金制的产出绩效和科学基金资助项目绩效的研究两大类，[①] 目前研究主要是基于既有的科学基金资助制度下的资助成效及影响因素研究，对微观层面的科学基金项目规模收益以及资助规模与强度是否适宜的研究不多。而本书构建的 DEA 模型不仅可以研究不同方向下科学基金的规模收益情况，还可以得到科学基金项目的最佳投入，扩展了科学基金绩效评价研究。

1.3　核心概念界定

1.3.1　规模收益

帕累托偏好下，基于生产函数，规模收益的概念可以分为全局定义和局部定义，全局定义针对整个生产函数，局部定义针对生产函数上的某个具体点，即规模弹性。在实际计算中规模收益通过某点处的规模弹性得到。

1. 经济学中规模收益

规模收益是经济学中的一个经典概念，涉及生产要素变化与产量变化之间的关系。如果生产规模的变化是由所有生产要素以相同比例扩大（或减少）而引起的，则规模收益关注所有投入成比例变化时产出的相对变化率。[②] 经典经济学中，对生产函数规模收益的分析主要基于只有一种产出的情况。[③] 生产一商品 y 的技术可描述为一个所需投入 x_i 的齐次生产函数：$y = f(x_1, x_2, \cdots, x_n)$。如果所有投入都乘以一个正值的

---

① 段培新、孟溦：《科学基金项目资助规模与强度适宜性研究——以地理学面上项目与青年科学基金项目为例》，载于《中国科学基金》2017 年第 4 期，第 371 ~ 379 页。

② Pindyck R S, Rubinfeld D L. Microeconomics [M]. Prentice Hall, 2000.

③ Frisch R. Theory of Production [M]. Dordrecht：D. Reidel, 1965.

标量 t，那么，就可以用 $t^s y$ 来表示产出，s 的值被用来表示规模收益的大小。假如 s = 1，那么规模收益不变，所有投入按同一比例的任何变化导致产出的等比例变化；假如 s > 1，规模收益递增；假如 s < 1（在帕累托偏好下，允许可能自由支配的情况下 s 不会小于 0），那么规模收益递减。[①]

2. 经济学中规模弹性

经济学中的弹性概念是由阿尔弗雷德·马歇尔提出的，是指一个变量相对于另一个变量发生的一定比例的改变的属性。[②] 规模弹性是指产出变化比例相对于投入变化比例的关系。以单投入单产出生产函数 $y = f(x)$ 为例，设在 (x_0, y_0) 处 x 增加增量 Δx，相应得到增量 Δy，这样 $\Delta y / y$ 表示产出的相对增量，$\Delta x / x$ 表示投入的相对增量，则规模弹性[③]为：$E(x_0, y_0) = \dfrac{\Delta y}{y_0} \bigg/ \dfrac{\Delta x}{x_0} = f'(x) \cdot x_0 / y_0$。将弹性扩展到一个以上变量的函数中也是容易的，只要应用简单的偏导数 f_i 而不是用导数 f' 即可，$E(x_0, y_0) = \sum\limits_{i=1}^{n} x_i \dfrac{\partial f(x_1, \cdots, x_m)}{\partial x_i} \bigg/ f(x_1, \cdots, x_m)$。$E(x_0, y_0) > 1$，表示产出相对增量大于投入相对增量，即规模收益递增；$E(x_0, y_0) = 1$，表示产出相对增量等于投入相对增量，即规模收益不变；$E(x_0, y_0) < 1$，表示产出相对增量小于投入相对增量，即规模收益递减。弗里施（Frisch，1965）[④] 指出，经典经济学中，对生产函数规模弹性的分析主要基于只有一种产出的情况。

3. DEA 框架下规模收益

班克（Banker，1984）[⑤] 扩展了规模收益的概念，从经典经济学中引入 DEA 方法。首先定义生产可能集 T，$T = \{(X, Y) \mid$ 产出向量 $Y \geqslant 0$

---

①② 伊特维尔等著：《新帕尔格雷夫经济学大辞典》，陈岱孙等译，经济科学出版社 1998 年版。

③ 盛昭瀚、朱乔、吴广谋等：《DEA 理论、方法与应用》，科学出版社 1996 年版，第 26 页。

④ Frisch R. Theory of Production [M]. Dordrecht: D. Reidel, 1965.

⑤ Banker R D. Estimating the Most Productive Scale Size using Data Envelopment Analysis [J]. European Journal of Operational Research, 1984 (17): 35–44.

是由投入向量 X ≥ 0 产生｝，在生产前沿面上的点（X，Y）处的规模收益为 $\rho = \lim\limits_{t \to 1} \dfrac{\beta(t) - 1}{t - 1}$，满足 $\beta(t) = \max\{\beta \mid (tX, \beta Y) \in T\}$，$t > 0$，令所有投入均按相同比例 t 变化，产出变化最大可能比例为 β。$\rho > 1$ 代表规模收益递增；$\rho = 1$ 代表规模收益不变；$\rho < 1$（在帕累托偏好下 ρ 不会小于0）代表规模收益递减。规模收益的概念是根据生产前沿面上给定的点（X，Y）附近的小邻域内定义的，这很容易验证以上概念是对单个输出的情况定义的归一化概念的直接泛化。

4. DEA 框架下规模弹性

由于经典经济学中对于规模弹性的定义只是基于单产出的情况。[①] 福松（Førsund，1996）[②] 将规模弹性引入多投入多产出情况，与之前产出变化比例是根据投入同比例变化 t 得到的方法不同，我们引入产出比例因子 β 来表达输出的变化，并应用在初始产出上，得到规模弹性为：$e = \left[\dfrac{\mathrm{dlog}\beta}{\mathrm{dlog}t}\right]_{\beta = t = 1} = \dfrac{\partial\beta}{\partial t} \times \dfrac{t}{\beta} = \dfrac{\partial\beta}{\partial t}$。在单产出中，采用这种标准定义 y 作为输出，x 作为投入向量，引入产出比例因子 β，$\beta y = f(tx_1, \cdots, tx_n)$，（x，y）代表初始点，投入比例因子 t 在 t→1 范围内评价，如下：

$$\frac{\partial\beta}{\partial t}y = \sum_{i=1}^{n} \frac{\partial f}{\partial x_i}x_i \Rightarrow ey = \sum_{i=1}^{n} \frac{\partial f}{\partial x_i}x_i \qquad (1-1)$$

这种关系被弗里施称为 Passus 方程。当产出扩展到多产出，将生产前沿面作为一个不断变化的流形，如下：

$$F(y, x) = 0, \ y \in R_+^s, \ x \in R_+^m, \ \frac{\partial F(y, x)}{\partial x_i} \leq 0,$$

$$\frac{\partial F(y, x)}{\partial y_r} \geq 0, \ i = 1, \cdots, m, \ r = 1, \cdots, s \qquad (1-2)$$

当所有投入均按相同比例 t 变化，生产转换函数为 $F(\beta Y, tX) = 0$，产出变化比例因子 β，满足 $\beta(t) = \max\{\delta: F(\delta y, tx) = 0\}$，将函数进行微分得到：

① Frisch R. Theory of Production ［M］. Dordrecht：D. Reidel，1965.

② Førsund F R. On the Calculation of the Scale Elasticity in DEA Models ［J］. The Journal of Productivity Analysis，1996（7）：283 - 302.

$$\sum_{r=1}^{s} \frac{\partial F(\beta y, \ tx)}{\partial y_r} y_r \frac{\partial \beta}{\partial t} + \sum_{i=1}^{m} \frac{\partial F(\beta y, \ tx)}{\partial x_i} x_i = 0 \qquad (1-3)$$

因此，多投入多产出下规模弹性为：

$$e(Y_0, \ X_0) = \frac{\partial \beta}{\partial t} = \left(-\sum_{i=1}^{m} \frac{\partial F(\beta y, \ tx)}{\partial x_i} x_i \Big/ \sum_{r=1}^{s} \frac{\partial F(\beta y, \ tx)}{\partial y_r} y_r \right) \Big| (Y_0, \ X_0)$$

$$(1-4)$$

1.3.2 方向规模收益

以上关于规模收益的概念，投入（产出）变化均按照同比例的径向变化，但在实际中，常出现投入不等比例变化的情况，同时产出的变化也不是按照径向变化，即按照不同方向变化。

针对上述问题，杨国梁（2012）[①] 在规模收益的基础上提出方向规模收益的概念，对于连续可微的多投入多产出生产函数：

$$F(Y, \ X) = 0, \ Y \in R^s, \ X \in R^m, \ \frac{\partial F(Y, \ X)}{\partial x_i} \leqslant 0,$$

$$\frac{\partial F(Y, \ X)}{\partial y_r} \geqslant 0, \ i = 1, \ \cdots, \ m, \ r = 1, \ \cdots, \ s \qquad (1-5)$$

投入产出按照不同比例变化，如下：$F(\beta_1 y_1, \ \cdots, \ \beta_s y_s, \ t_1 x_1, \ \cdots, \ t_m x_m) = 0$，其中 $t_i(i = 1, \ \cdots, \ m)$ 是各类投入的变化系数，$\beta_r(r = 1, \ \cdots, \ s)$ 是各类产出的变化系数，满足如下条件：

$$\begin{cases} \beta_r - 1 = \delta_r \sigma + \varepsilon_r(t), \ r = 1, \ \cdots, \ s \\ t_i - 1 = \omega_i t, \ t = 1, \ \cdots, \ m \end{cases} \qquad (1-6)$$

其中，σ，t 分别表示产出和投入的变化量，$\delta_r \geqslant 0(r = 1, \ \cdots, \ s)$ 以及 $\omega_i \geqslant 0(i = 1, \ \cdots, \ m)$ 代表产出和投入的方向因子，$\varepsilon_r(t)$ 为高阶无穷小量，满足 $\lim_{t \to 0} \varepsilon_r(t) = 0$ 且 $\lim_{t \to 0} \varepsilon_r'(t) = 0$。定义 $\beta(t) = \max\{\beta : F(\beta_1 y_1, \cdots, \beta_s y_s, t_1 x_1, \cdots, t_m x_m) = 0\}$，假定 $\beta(t)$ 是在 $t = 0$ 非常小的邻域内的函数。令 $\Delta X = \| T \| X - X$，$\Delta Y = \| B \| Y - Y$，其中 $T = (t_1, \ t_2, \ \cdots, \ t_m)$，$B = (\beta_1, \ \beta_2, \ \cdots, \ \beta_s)$，则有对任意 $t > 0$，$t \neq 1$ 时，规模弹性为：

[①] 杨国梁：《科研机构相对效率与方向规模收益分析方法研究》，中国科学院大学博士学位论文，2012 年。

$$e(Y_0, X_0) = \lim_{t \to 0} \frac{\|B\| - 1}{\|T\| - 1} = \frac{\left[\sum_{r=1}^{s} \frac{\partial\|B\|}{\partial\beta_r}\left(\delta_r + \frac{d\varepsilon_r(t)}{dt}\right)\right]}{\left[\sum_{i=1}^{m} \frac{\partial\|T\|}{\partial t_i}\omega_i\right]} \frac{d\beta}{dt}\bigg|_{t=0}$$

$$(1-7)$$

当 $\|T\| = \sum_{i=1}^{m} t_i/m$ 或 $\|T\| = \sqrt[m]{t_1 t_2 \cdots t_m}$，且 $\sum_{i=1}^{m} \omega_i = m$，$\sum_{r=1}^{s} \delta_r = s$ 时，规模弹性为：

$$e(Y_0, X_0) = \lim_{t \to 0} \frac{\|B\| - 1}{\|T\| - 1} = \frac{d\beta}{dt}\bigg|_{t=0}$$

$$(1-8)$$

根据规模弹性的大小，来判断规模收益：（1）$e(Y_0, X_0) > 1$，表明该生产函数在方向 $(\omega_1, \cdots, \omega_m)^T$ 和 $(\delta_1, \cdots, \delta_s)^T$ 上为方向规模收益递增；（2）$e(Y_0, X_0) = 1$，表明该生产函数在方向 $(\omega_1, \cdots, \omega_m)^T$ 和 $(\delta_1, \cdots, \delta_s)^T$ 上为方向规模收益不变；（3）$e(Y_0, X_0) < 1$，表明该生产函数在方向 $(\omega_1, \cdots, \omega_m)^T$ 和 $(\delta_1, \cdots, \delta_s)^T$ 上为方向规模收益递减。

对于多投入多产出的方向规模收益的判定，杨国梁（Yang，2017）[①] 指出在很多情况下 $(T_t X_0, B_\beta Y_0) \in PPS$ 并不总是成立，即方向规模收益比较适用于单产出变化，多产出变化时不稳定。以一个简单例子为证，当 $y_1 = x_1 + x_2$，$y_2 = x_2$ 时，很容易证明当投入方向给定时，只能有一个确定的产出方向。基于严谨性考虑，为了使得规模收益有意义，我们假定 $(T_t X_0, B_\beta Y_0) \in PPS$ 中在 $(\omega_1, \cdots, \omega_m; \delta_1, \cdots, \delta_s)^T$ 方向上均成立。如果该假设不成立，该点的方向规模收益在我们的方法中是不能被定义的。因此这种假设限制性较强，在 DEA 模型中很难被检验。但是对于单产出，即 $s = 1$，则满足我们的假定，有更广泛的适用性。

本书基于测度角度研究规模收益。对于向量 (X, Y)，其中 $X = (x_1, \cdots, x_m)$ 代表 m 种投入，$Y = (y_1, \cdots, y_s)$ 代表 s 种产出。令 $v = (v_1, \cdots, v_m)$ 作为投入的方向向量，$u = (u_1, \cdots, u_s)$ 作为产出的方向向量。其中 $v_i \geqslant 0$，$u_r \geqslant 0$，$i = 1, \cdots, m$，$r = 1, \cdots, s$，同时满足

① Yang G L, Liu W B. Estimating directional returns to scale in DEA [J]. INFOR: Information Systems and Operational Research, 2017, 55 (3): 243 – 273.

13

$\sum_{i=1}^{m} v_m = m$, $\sum_{r=1}^{s} u_s = s$。根据钱伯斯等（Chambers et al.，1998）[1] 提出的方向距离函数以及刘文斌等（Liu et al.，2006）[2] 提出的径向测度模型，测量两个向量在不同方向上比例关系如下：

一是基于径向测度的方向测度。

$$m(X, G_0) = \min_{x_1 \leq (1+v_1\theta)g_0^1, \cdots, x_m \leq (1+v_m\theta)g_0^m} 1 + \theta \quad (1-9)$$

$$m(Y, G_0) = \max_{y_1 \geq (1+u_1\theta)g_0^1, \cdots, y_s \geq (1+u_s\theta)g_0^s} 1 + \theta \quad (1-10)$$

我们定义一种较严格的生产关系，满足 $Y = f(X)$，$X \in R_+^m$，$Y \in R_+^s$，基于上述方向测度定义，测量生产关系上某一点处的规模收益。考虑投入 x 在 v 方向上成比例变化 $x + (t-1)x \odot v$，$t \geq 1$，其中 $x \odot v = (x_1 v_1, \cdots, x_m v_m)$，产出相应变化为 $f(x + (t-1)x \odot v)$，若 $f(x)$ 在 v 方向上是严格递增的，即 $f(x + (t-1)x \odot v) > f(x)$ 对任意 $t > 1$ 均成立。

二是方向距离测度。

$$\rho(f(x+(t-1)x\odot v), f(x)) = 1 + \min_{1 \leq r \leq s}\left\{\frac{f_r(x+(t-1)x\odot v) - f_r(x)}{u_r f_r(x)}\right\} \quad (1-11)$$

当 $u_r f_r(x) = 0$，我们定义 $1/0 = +\infty$，$-1/0 = -\infty$，$0/0 = +\infty$ 若存在松弛变量，则定义为：

$$\rho(f(x+(t-1)x\odot v), f(x)) = \max_{(1+u_1\theta)f_r(x)=f_r(x+(t-1)x\odot v)-s_r^+, r=1,\cdots,s} 1 + \theta + \varepsilon(s_1^+ + \cdots + s_s^+) \quad (1-12)$$

三是方向规模弹性。

$$e^+(x) = \lim_{t \to 1^+} \frac{\rho(f(x+(t-1)x\odot v), f(x)) - 1}{t-1} \quad (1-13)$$

$$e^-(x) = \lim_{t \to 1^-} \frac{\rho(f(x+(t-1)x\odot v), f(x)) - 1}{t-1} \quad (1-14)$$

① Chambers R G, Chung Y, Färe R. Profit, Directional Distance Functions and Nerlovian Efficiency [J]. Journal of Optimization Theory and Application, 1998 (2): 351-364.

② Liu W B, Sharp J, Wu Z M. Preference, production and performance in data envelopment [J]. Annals of Operations Research, 2006 (145): 105-127.

14

利用方向规模弹性来判断某点处的方向规模收益：（1） $e^+(x) > 1$（$e^-(x) > 1$），表明该生产函数在方向 $(v_1, \cdots, v_m)^T$ 和 $(u_1, \cdots, u_s)^T$ 上为右侧（左侧）方向规模收益递增；（2） $e^+(x) = 1$（$e^-(x) = 1$），表明该生产函数在方向 $(v_1, \cdots, v_m)^T$ 和 $(u_1, \cdots, u_s)^T$ 上为右侧（左侧）方向规模收益不变；（3） $e^+(x) < 1$（$e^-(x) < 1$），表明该生产函数在方向 $(v_1, \cdots, v_m)^T$ 和 $(u_1, \cdots, u_s)^T$ 上为右侧（左侧）方向规模收益递减。

1.3.3　阻塞和方向阻塞

1.3.3.1　阻塞

"阻塞"或者"拥挤"一词来源于交通运输及信息网络等领域，最开始是指交通运输工具投入过多后造成的道路堵塞，从而导致运输能力下降的现象。经济学中关于阻塞的研究最早起源于经济学家麦克法登（McFadden，1978）发现等产量线出现后弯现象，即随着某一项投入要素的增加，产出反而下降。[①] 对于阻塞研究，学者们基本上从投入角度研究"投入阻塞"（input congestion），法尔等（Färe et al.，1980）首先定义了投入阻塞"在特定生产条件下，投入的一个子集保持不变，其他投入的增加会阻碍产出"[②]。随着研究的深入，对于阻塞的定义也不断深化。布罗克特等（Brockett et al.，1998）对阻塞给予了比较严谨的定义："当一种或多种投入减少会引起一种或多种产出增加，同时没有使其他投入和产出变化；反过来说，当一种或多种投入增加时，引起一种或多种产出减少，同时没有使其他投入产出有任何改善的状态"，即为投入阻塞。[③]

① McFadden D. Cost, Revenue and Profit Functions ［M］//Fuss M, McFadden D. eds. Production Economics：A Dual Approach to Theory and Applications. North – Holland Publishing Company, 1978.

② Färe R, Svensson L. Congestion of production factors ［J］. Econometrica, 1980, 48 （7）：1745 – 1753.

③ Brockett P L, Cooper W W, Wang Y Y. Inefficiency and congestion in Chinese production before and after the 1978 economic reforms ［J］. Socio – Economic Planning Sciences, 1998 （32）：1 – 20.

库伯等（Cooper et al., 1996）在 DEA 框架下提出了阻塞的定义，阻塞是指对某个决策单元，增加（减少）一种或多种投入的投入量，可以使得一些产出的产出量减少（增加），而不会影响到其他投入和产出。[①] 在 DEA 框架下对于阻塞的研究主要针对处于前沿面上的决策单元，而对于非前沿面上决策单元的阻塞研究，则需要先将其投影到前沿面上，然后再研究其阻塞情况。托恩（Tone, 2001）进一步区分了阻塞定义，提出了强阻塞和弱阻塞概念。强阻塞为若 $DMU_0(x_0, y_0)$ 处于生产可能集强前沿面上，且生产可能集中存在（ $\tilde{x}_0$, $\tilde{y}_0$ ），满足 $\tilde{x}_0 = \alpha x_0 (0 < \alpha < 1)$, $\tilde{y}_0 \geq \beta y_0 (\beta > 1)$ 时，则为强阻塞。弱阻塞为当一项或者多项投入减少（即 $\tilde{x}_0 \leq x_0$ ）导致一项或多项产出增加（即 $\tilde{y}_0 \geq y_0$ ）。[②]

本书对于阻塞的界定采用胡达巴克什等（Khodabakhshi et al., 2014）[③] 的定义，当增加一项或者多项投入，所有产出减少，而其他投入或产出没有随之改善，则这个决策单元存在强阻塞；弱阻塞为当一项或者多项投入增加，一项或者部分产出（非全部产出）减少，其他投入产出并没有改善。本书所指的阻塞既包含强阻塞的情况，也包含弱阻塞的情况，只要有一项投入增加，而至少一个产出减少，即为阻塞。

1.3.3.2　方向阻塞

杨国梁（2012）[④] 根据魏权龄和闫洪（Wei and Yan, 2004）[⑤] 以及托恩等（Tone et al., 2004）[⑥] 提出的判断阻塞的模型，引入方向向量，对方向阻塞进行了界定。若在生产可能集 P（X，Y）的强有效前沿面

① Cooper W W, Tompson R G, Thrall R. M. Introduction: extensions and new developments in DEA [J]. Annals of Operations Research, 1996 (66): 3 – 45.

② Tone K. A slacks-based measure of efficiency in data envelopment analysis [J]. European Journal of Operational Research, 2001, 130 (3): 498 – 509.

③ Khodabakhshi M, Lotfi F H, Aryavash K. Review of Input Congestion Estimating Methods in DEA [J]. Journal of Applied Mathematics, 2014: 1 – 9.

④ 杨国梁：《科研机构相对效率与方向规模收益分析方法研究》，中国科学院大学博士学位论文，2012 年。

⑤ Wei Q L, Yan H. Congestion and returns to scale in data envelopment analysis [J]. European Journal of Operational Research, 2004, 153 (3): 641 – 660.

⑥ Tone K, Sahoo B K. Degree of scale economies and congestion: a unified DEA approach [J]. European Journal of Operational Research, 2004, 158 (3): 755 – 772.

$EF_{strong} = \{ (X, Y) \in PPS \mid there\ is\ no(\overline{X}, \overline{Y}) \in PPS\ such\ that(-\overline{X}, \overline{Y}) \geqslant (-X, Y)\ and(\overline{X}, \overline{Y}) \neq (X, Y)\}$ 上的点（X_0, Y_0），且至少存在另外一个 DMU（$\tilde{X}_0$, $\tilde{Y}_0$）$\in P(X, Y)$ 且 DMU（$\tilde{X}_0$, $\tilde{Y}_0$）$\in EF_{strong}$，（$\tilde{X}_0$, $\tilde{Y}_0$）比（X_0, Y_0）沿某一方向（ω_1, …, ω_m）^{T} 使用更少（更多）的投入可以生成沿某一方向（δ_1, …, δ_s）^{T} 更多（更少）的产出。即存在 t_0，β_0 使得（$\tilde{X}_0$, $\tilde{Y}_0$）= （$\Omega_0 X_0$, $\Phi_0 Y_0$），其中 $\Omega_0 = diag\{1 + \omega_1 t_0$, …, $1 + \omega_m t_0\}$，$\Phi_0 = diag\{1 + \delta_1 \beta_0$, …, $1 + \delta_s \beta_0\}$，（ω_1, …, ω_m）^{T} 和（δ_1, …, δ_s）^{T} 分别代表投入和产出的方向，并且满足 $\sum_{i=1}^{m} \omega_i = m$，$\sum_{r=1}^{s} \delta_r = st_0$，$\beta_0$ 表示投入和产出的变化量，若满足 $t_0 \times \beta_0 < 0$，则称（X_0, Y_0）存在方向阻塞效应。

本书对于方向阻塞概念的界定，借鉴杨国梁（2012）[①] 方向阻塞的定义，认为若投入沿某一方向（ω_1, …, ω_m）^{T} 增加（减少），则获得在某一方向（δ_1, …, δ_s）^{T} 更少（更多）的产出，即 $t_0 \times \beta_0 < 0$，则认为是该 DMU 存在方向阻塞效应。

1.4　研　究　方　法

第一，文献研究法。通过对国内外相关研究文献的阅读和梳理，以及对科学基金资助机构相关文件的查阅，分析当前科学基金资助与科研产出的关系，掌握规模收益特别是对运用 DEA 方法对规模收益以及阻塞的研究进展，为本书进一步的理论研究夯实了基础。

第二，数据包络分析方法。数据包络分析（DEA）是基于数量经济学概念的一种非参数的，可以对多投入、多产出的决策单元进行相对效率评价的方法。而科学基金资助活动可以看作是一种多投入、多产出的科研活动，非常适用运用 DEA 方法进行研究。运用 DEA 方法通过对 DMU 单元组成的生产可能集（PPS）的有效前沿面（凸性假定下）来拟合前沿生产函数，可以研究前沿面上的规模收益问题，因此本书运用 DEA 方法研究科学基金项目规模收益问题，但已有的研

---

① 杨国梁：《科研机构相对效率与方向规模收益分析方法研究》，中国科学院大学博士学位论文，2012 年。

究无法满足 NSFC 科学基金项目资助特点，需要对 DEA 理论模型做进一步的拓展。

第三，问卷调查法。通过对项目负责人和评审专家进行问卷调查，了解当前科学基金资助强度和团队规模是否适宜，以及评审专家评审项目过程中对项目经费的关注度等问题，以便进一步验证建构的 DEA 理论模型的可靠性，克服在科学基金项目规模收益研究中单一依赖定性调查或定量研究中的不足，提升研究的科学性与可靠性。

1.5 研究设计与技术路线

1.5.1 研究的现实需求

近些年来，NSFC 的经费预算有了大幅增加，资助强度不断提升，不同类型项目呈现不同资助特点，其中资助范围最广和占比最高的面上项目和青年项目，呈现"面上项目提强度，青年项目扩范围"的资助态势。在当前强调公共资金对科研投资绩效的情境下，基于成本收益的考量，NSFC 项目资助强度是否适宜、面上项目和青年基金项目资助策略是应继续增加资助强度还是应扩大资助范围等问题亟待解决。

科学基金项目的资助本质上是一个投入产出的过程，而对一个投入产出系统可以通过规模收益分析得到最优规模和最优投入的相关信息。

规模收益研究来源于经济，是指生产要素相对变化与产量相对变化之间的关系，关注所有投入成比例变化时产出的相对变化率。[①] 经济学中对规模收益的研究是针对单产出的情况，[②] 目前将规模收益扩展到多产出生产函数的研究尚在探索中，而基于 DEA 方法对规模收益的研究，都是在基于班克（Banker）在经典 DEA 假设前提下对规模收益的定义，即投入是等比例变化的。在传统工业生产中，人力和资本的投入比例往往是固定的，采用径向（同比例）研究规模收益是符合现实需要的。但在科学基金资助中，项目资助强度可能成倍增加，而受

① Pindyck R S, Rubinfeld D L. Microeconomics [M]. Prentice Hall, 2000.

② Frisch R. Theory of Production [M]. Dordrecht: D. Reidel, 1965.

制于培养学生（尤其是博士生招生）规模、科研投入时间等限制，项目投入中人力资源投入难以成倍变化，如表 1 - 2 所示。同时，由于科学基金资助投入不成比例变化，如项目经费不断增加，科研人员时间和精力有限，项目产出也并非会持续增加，甚至会下降，出现阻塞现象，如图 1 - 2 所示。

因此 NSFC 的项目资助呈现"投入不等比例变化"和"存在阻塞现象"两大特点。本书力图构建科学基金项目相对最优规模的理论分析框架和符合科学基金项目资助特点的 DEA 模型，通过对科学基金项目规模收益变化分析，对科学基金适宜的资助强度进行研究。

1.5.2　构建符合科学基金特点的 DEA 模型

基于科学基金项目投入不等比例变化的特点，本书侧重研究投入不成比例变化的科学基金方向规模收益状况，构建方向规模收益 DEA 模型，同时结合科学基金存在阻塞现象，进一步构建阻塞存在的方向规模收益 DEA 模型。

首先，构建基于测度的方向规模收益 DEA 模型。规模收益的实质是测量投入和产出相对变化的距离增量，进而求得两者的比例。而在实际中，投入和产出的变化一般都不成比例，因此规模收益需要测量投入和产出在不同方向产生的相对距离增量。在复杂的投入产出系统中，投入和产出都是多维向量，如何测量向量间的距离就成了研究规模收益首先要解决的问题。因此本书根据规模收益的定义，基于测度函数，通过推广径向测度定义进而对其他方向新的距离进行定义，测量不同方向上投入产出的相对距离，进而求得规模弹性系数来描述多投入多产出系统的规模收益情况。通过严密的数学推导，计算多投入多产出不同方向上的规模弹性，并进一步将规模弹性应用到 DEA 模型中，构建了方向 DEA 模型，从而测量生产前沿面上 DMUs 的方向规模收益。

其次，根据 NSFC 项目还存在阻塞的现象，在构建方向 DEA 模型的基础上，结合已有研究阻塞的 DEA 模型，构建了阻塞条件下的方向规模收益 DEA 模型。

1.5.3　基于 Matlab 拟合阻塞率曲线求得相对最佳投入方向和投入区间

在构建 DEA 模型的基础上，需要对最佳投入区间进行判定。由于在科学基金资助中存在阻塞现象，而在阻塞状态下投入增加产出反而下降，这会造成资源的严重浪费。本书将规模递增、规模最优和规模递减看成是一种规模良好的状态，而将阻塞看作是一种需要避免的状态。在此基础上，进一步修正了以往随机选取方向求得最佳投入区间的做法，将阻塞率最低的方向作为相对最佳投入方向，进而在相对最佳投入方向下确定最佳投入区间。

具体实施步骤如下：首先，根据构建的 DEA 模型计算 N 个不同方向下各科学基金项目规模收益状态，得到不同方向下的阻塞状态 DMUs 的比例，记为该方向下的阻塞率。其次，用 Matlab 中的 polyfit 多项式拟合的方法，拟合得到阻塞率的变化规律曲线，找到阻塞率最低的点即为相对最佳投入方向。最后，确定了相对最佳投入方向后，在相对最佳投入方向下，计算各科学基金项目的规模收益情况，找到处于规模最优状态下科学基金项目的投入区间，即为最佳投入区间。

1.5.4　基于问卷调查得到项目适宜投入区间进一步验证模型可靠性

对于科学基金项目资助最优投入区间的研究，单纯依靠客观数据，利用 DEA 方法进行测算有可能不够全面或可靠。而依靠 DEA 模型计算出的最优投入区间是否可靠、是否合理还需要其他方法进行验证。美国自然科学基金（NSF）与我国 NSFC 都曾运用问卷调查的方法对项目负责人和评审专家进行调查，旨在了解经费预算在项目申请和评审中的作用以及项目实际开支，以此对科学基金项目适宜的资助强度进行判断。

另外，基于委托代理理论，国家通过财政拨款的方式支付给 NSFC 科研费用，而 NSFC 通过竞争性项目形式委托给项目负责人进行科学基金项目研究，同时在科研项目评审过程中，NSFC 委托评审专家采用同行评议的方法保证评审的公平性和公正性，帮助其进行项目评审。因此作为项目直接代理人，项目负责人最清楚完成设定的项目目标实际需要的投入以及当前的资助强度能否支持完成项目目标，同时评审专家应该在评审过程中关注项目经费的合理性，或者针对所评审项目对于不符合该指标的内容提出建议，才能完成 NSFC 的委托，否则会造成委托失灵。

因此，本书借鉴 NSF 和 NSFC 通用的做法，对项目负责人和评审专家开展关于项目经费适宜性等问题的问卷调查，通过对不同项目和不同学科项目负责人和评审专家的问卷调查，得到主观调查下的项目适宜资助强度和适宜团队规模。

本书将通过问卷调查得到的适宜投入区间与 DEA 模型计算得到的最佳投入区间进行匹配验证和一致性分析。两者的一致性分析是对构建的阻塞存在下的方向规模收益 DEA 理论模型的可靠性检验。

1.5.5 样本选择

1. 项目样本选择

NSFC 自建立以来在科研创新、学科发展与人才培养等方面发挥了重要作用。随着 NSFC 的不断发展，资助类别趋于完善，逐渐形成了由探索、人才、工具、融合四大系列组成的资助格局。探索系列主要包括面上项目、重点项目、应急管理项目等；人才系列主要包括青年科学基金、地区科学基金、优秀青年科学基金、国家杰出青年科学基金等；工具系列主要包括国家重大科研仪器研制项目、相关基础数据与共享资源平台建设等；融合系列主要包括重大项目、重大研究计划等。NSFC "十三五"规划期间，明确了科学基金承担支持基础研究和前沿探索、培养人才和团队、推动学科交叉等重要职责，成为全面培育源头创新能力的主要战略支撑。

通过对近 20 年来各类项目资助金额占总金额的比例进行比较发现（见图 1-3），面上项目在各类项目中资助金额占比最高，基本占到资助经费的一半。毫无疑问，支持科研人员自主选题、开展创新性科学研究的面上项目是探索项目中的核心项目，同时在整个 NSFC 资助中也占有举足轻重的作用。另外，图1-3显示，青年项目资助金额占总金额的比重呈上升趋势。而且青年项目资助范围较广，资助项数已由2001年的726项增加到2020年18276项，增长了约25倍。青年项目作为支持青年科技人员开展基础研究的人才类项目，也是目前覆盖面最广的人才类项目，在培育基础研究后继人才方面发挥了巨大作用。

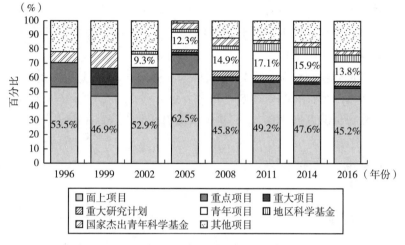

图1-3 1996~2016年NSFC各类项目资助比例

此外，面上项目和青年项目在资助过程中存在不同资助策略，两类项目呈现"面上项目提强度，青年项目扩范围"的资助态势。自2001年至2020年，面上项目资助强度由17.98万元增长到71.88万元，增长了近4倍（见表1-1），而青年项目资助强度在过去十几年间基本维持在20万元左右，但青年项目资助项数则增长了21.2倍，呈现快速增长趋势。因此本书选取资助总额占比最高的面上项目和资助范围增长快的青年项目作为研究对象，一方面两类项目具有典型代表性，在NSFC中发挥着重要作用，另一方面两类项目呈现出不同的资助态势特点，以这两类项目作为研究样本，研究当前资助强度是否适宜更有意义。并且通过构建DEA模型进行方向规模收益分析，确定相对最佳投入方向，可以验证当前NSFC的资助策略是否适宜，并为后续资助提供改进方向。

2. 学科样本选择

NSFC 是目前国内支持基础研究的主要代表，推动学科间相互融合和交叉发展也是 NSFC 的重要目标，因此各类项目在申请和评审中都以学科为载体，分布在各个学部的各个学科中。目前 NSFC 主要有数学物理学部、化学科学部、生命科学部、地球科学部、工程与材料科学部、信息科学部、管理科学部和医学科学部共八个学部，各个学部下还分设了不同学科处来管理该学科下的各类科学基金项目。

本书研究数据和样本选择依托于国家自然科学基金应急管理项目——科学基金项目资助强度及其适宜性研究，在 2016 年 1 月至 2016 年 3 月两次与 NSFC 政策局管理人员和部分学部负责人进行访谈和讨论，根据 NSFC 管理人员和专家建议，最终选取了三类不同特点的学科作为样本进行实证分析，分别是数学与物理学部的倚重试验仪器从事基础研究的 A 学科、地球科学部侧重野外勘探的 B 学科，以及管理学部重视实证调查偏重人文研究的 C 学科。

1.5.6 技术路线图

根据前面研究设计的步骤，本书的技术路线如图 1–4 所示。本书主要将科学基金资助项目视作一个投入产出系统，对其规模收益进行分析和研究。通过对科学基金项目特点分析及国内外文献梳理，发现现有 DEA 模型在研究科学基金项目规模收益中存在局限性，因此构建了符合科学基金资助特点的 DEA 模型，并分别对选取的 A、B、C 三个学科资助的面上项目和青年科学基金项目进行实证分析。同时考虑到单纯运用数据模型可能存在测不准的情况，借鉴 NSF 和 NSFC 的做法，通过问卷调查得到相关负责人认可的科学基金项目适宜投入区间，并将 DEA 模型计算的客观数据结果与问卷得到的主观调查结果进行一致性分析，从而验证构建的 DEA 理论模型的可靠性。本书构建了一套适宜科学基金项目资助强度判定与分析的框架，通过理论模型与问卷调查相互验证，对科学基金项目适宜的资助区间进行判断，为科学基金项目进一步提升资助绩效、寻找相对最优的资助规模提供了有针对性的实施路径参考。

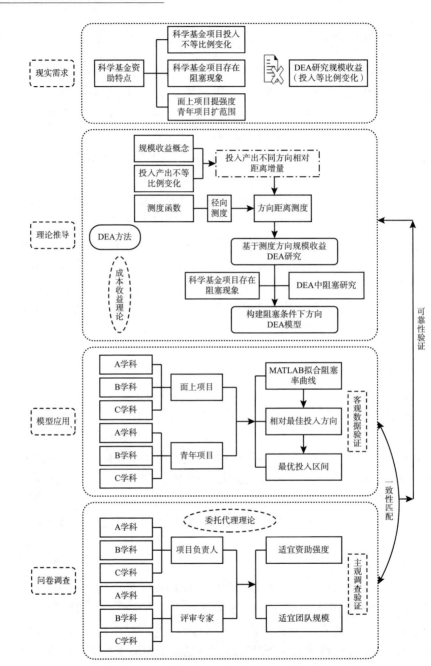

图1-4 技术路线

1.6 本 书 结 构

为了解决科学基金资助强度的适宜性问题，本书构建了科学基金项目最优规模理论框架，通过严密的数学推理，创造性地构建了阻塞条件下的方向规模收益 DEA 模型，并对面上项目和青年项目进行实证分析，找到最优规模的最佳投入区间，并与问卷调查结果进行匹配验证，进而得到科学基金项目的适宜资助强度和最优规模实现路径。本书主要分为以下章节进行研究：

第1章，绪论。首先，介绍本书的研究背景、研究目的及意义。其次，对科学基金、规模收益、方向规模收益、阻塞等核心概念进行界定。最后介绍本书的研究方法，详细阐述研究设计思路和技术路线以及本书创新等。

第2章，科学基金项目规模收益相关理论及研究现状。首先，科学基金项目规模收益研究是在成本收益理论、委托代理理论下考虑成本收益和委托代理关系进行的科学基金绩效评价。其次，对科学基金绩效评价相关研究、科学基金资助规模与资助绩效关系研究以及基于 DEA 方法的规模收益研究进行了研究现状梳理。

第3章，阻塞存在的方向规模收益 DEA 模型建构。首先，针对当前 DEA 模型在研究规模收益时主要是针对投入径向（同比例）变化的情况，从测度角度出发研究规模收益引入投入产出方向向量，提出方向规模弹性概念，研究基于测度的多投入多产出方向规模收益，并将其应用到 DEA 模型中，构建了方向 DEA 模型。其次，在此基础上，根据科学基金存在阻塞现象的情况，构建了阻塞条件下的方向 DEA 模型。最后，修正以往研究中最佳方向判定方法，提出基于 MATLAB 拟合得到阻塞率的变化规律曲线，将阻塞率最低的方向作为相对最佳投入方向的判定方法。

第4章，NSFC 面上项目方向规模收益实证分析。基于构建的阻塞条件下方向 DEA 模型，以 NSFC 数学物理科学部、地球科学部和管理学部三个学科 2011 年的面上项目为例进行实证研究，分析了三个学科面上项目径向规模收益以及方向规模收益，从而得到面上项目最佳投入方向和最佳投入区间，比较各学科间最佳投入方向和最佳投入区间是否存在差异。

第 5 章，NSFC 青年项目方向规模收益实证分析。基于构建的阻塞条件下方向 DEA 模型，以 NSFC 数学物理科学部、地球科学部和管理学部三个学科 2011 年的青年项目为例进行实证研究，分析了三个学科青年项目径向规模收益以及方向规模收益，从而得到青年项目最佳投入方向和最佳投入区间，比较各学科间最佳投入方向和最佳投入区间是否存在差异。

第 6 章，基于问卷调查的科学基金项目资助规模适宜性分析。对项目负责人和评审专家进行问卷调查。主要调查项目申请人经费预算是否会"按需申请"、目前的资助强度是否适宜、适宜的团队规模投入、评审专家在项目评审过程中对于经费把控起到什么作用等问题，通过对项目负责人和评审专家问卷调查，希望从项目负责人和评审专家主观评价的角度得到科学基金项目资助强度和团队规模适宜的投入区间。

第 7 章，面上项目和青年项目最佳规模实现路径。将阻塞条件下方向 DEA 模型确定的最佳投入方向与最佳投入区间，与问卷调查得到的适宜投入区间进行一致性分析，得到面上项目和青年项目的最佳投入区间。同时根据 DEA 模型结果与问卷调查结果的匹配验证，共同得到最优规模的实现路径和投入方向。

第 8 章，研究结论与建议。首先对于本书的主要研究工作进行梳理；其次从构建的 DEA 模型、提出的最佳投入方向判定、面上项目和青年项目 DEA 实证分析结果以及问卷调查结果等几个方面总结研究结论；再次，根据给出的研究结论有针对性提出政策建议；最后，基于本书研究的不足之处，提出未来研究的方向。

1.7 本书创新

第一，对 DEA 模型进行理论创新。规模收益来源于经济学，涉及生产要素变化与产量变化之间的关系，测算投入增加比例和产出增加的比例，其实质是计算投入产出的增量问题。而在实际中，投入和产出的变化一般都不成比例，因此规模收益需要测量投入和产出在不同方向产生的增量。本书从测度角度出发，将径向测度的定义扩展为基于一般方向的测度，测量不同方向上投入产出距离增量，进而求得规模弹性，并进一步扩展 DEA 模型，扩展了原来 DEA 模型对多产出方向规模收益研究的局限，对于多投入多产出方向规模收益研究具有更强的应用性和适用性。在此基础上，针对科学基金项目存在阻塞的特征，本书构建了阻塞存在下的方向 DEA 模型，扩展了 DEA 方法的研究范围，是对目前方向 DEA 模型的创新与发展。

第二，提出了一种新的最佳投入方向和最佳投入区间的判定方法，使得理论模型更加符合现实需求。本书在构建的方向 DEA 模型基础上，根据科学基金项目资助的实际情况，修正了以往随机选取方向求得最佳投入区间的做法，用 MATLAB 软件拟合方向 DEA 模型的阻塞率变化规律曲线，将阻塞率最低的方向作为相对最佳投入方向，进而在相对最佳投入方向下确定最佳投入区间。由此判定的最佳投入方向和最佳投入区间更加符合现实情况，使得建构的理论模型在实践分析中更加契合现实需求。

第三，研究视角创新。运用 DEA 方法对科研规模收益的研究较少，目前的研究也主要集中在对科研机构规模的研究。本书从科学基金资助规模角度切入，研究科学基金项目资助的规模收益，并研究在不同投入产出方向上科学基金项目的规模收益，这扩展了原有的研究领域。另外，当前对于科学基金绩效评价的研究主要聚焦于科学基金资助效率研究，对微观层面的科学基金项目规模收益以及资助规模与强度是否适宜的研究不多。而本书构建的 DEA 模型不仅可以研究不同方向下科学基金的规模收益情况，还可以得到科学基金项目的最佳投入，扩展了科学基金绩效评价研究。

第四，构建了科学基金项目相对最优规模的理论分析框架，通过 DEA 模型构建与问卷调查匹配分析，给出了科学基金资助是否适宜及最优规模的判定。本书一方面扩展了科学基金绩效评价的研究内容，将当前科学基金评价主要聚焦在投入产出效率方面的研究扩展到科学基金规模收益方面；另一方面进一步丰富了科技评价相关研究内容，能够为类似研究提供有益的参考与借鉴。

第2章　科学基金项目规模收益相关理论及研究现状

2.1　相关理论与方法

2.1.1　成本收益理论

成本收益理论（cost-benefit theory）是经济学和管理学中最基本的理论之一，该理论是在分析企业决策时，通过比较不同项目的全部成本和效益来评估项目价值的一种方法。成本收益分析作为一种经济决策方法，用以寻求在制定经营决策时以最低成本获得最大收益。

经济学家裘布依（Dupuit，1844）[1] 在其著作中提出成本收益概念，后经过帕累托（Pareto，1987）[2]、卡尔多（Kaldor，1939）[3] 等经济学家们的发展形成了成本收益理论，认为企业最终目标是追求其收益最大化，在外部条件一定的情况下，管理者总会选择成本较低的决策，试图找到成本与收益间的平衡点，以最小的成本获得最大的收益。随着经济的发展，政府投融资项目增多，成本收益分析开始渗透到政府活动中，

---

① Dupuit J. De la mesure de l'utilité des travaux publics（1844）［J］. Revue Française d'économie Année，1995，10（2）：55 - 94.

② Pareto V. Le cours d'Economique politique［M］. Paris：Macmillan，Lausanne，1987：32 - 40.

③ Kaldor N. Welfare Propositions of Economics and Interpersonal Comparisons of Utility［J］. The Economic Journal，1939，195（49）：549 - 552.

使人们日益重视投资，重视项目支出的经济和社会效益。成本收益分析被世界各国广泛运用在政府部门的计划决策中，常用于评估需要量化社会效益的公共事业项目的价值。

对于某一项目或者决策进行成本收益分析，需要将所有成本和收益都一一列出进行比较，并加以量化，从而寻求以最低成本获得最大收益。科学基金作为政府投资科学研究的代表，可以看作政府对基础研究的投资项目，随着国家科技投入的不断加大，科学基金投入也在不断增加，同时科学基金的收益也在增加，如论文产出逐年增加。面对巨额的科学基金投入，公众要求说明资助金使用效益与效率的呼声日益高涨，在此背景下，我国 NSFC 也开展了对科学基金的绩效评估。科学基金来源于公共财政，在当前公共财政强调绩效的情境下，理应对科学基金绩效进行评价。

运用 DEA 方法对科学基金进行评价符合成本收益理论的内核，DEA方法是运用数学规划模型评价具有多个投入、多个产出决策单元（deci-sion making unit，DMU）间的相对有效性的方法，其本质是对投入产出效率进行评价，与成本收益理论不谋而合，都是在评估既定投入下产出或收益的效率和价值，从而实现以最低投入获得最高收益。同时基于成本收益理论，基金管理者还应该关注科学基金资金投入的适宜性。通过分析科学基金的规模收益情况，找到科学基金最佳规模的投入均衡点，通过调整科学基金投入方向，调整不同投入要素比例，尽量避免科学基金处于阻塞阶段时造成的投入资源浪费，从而实现以最低成本获得最大收益。

2.1.2　委托代理理论

20 世纪 60 年代末兴起的委托代理理论，其中心任务是研究在利益相互冲突和信息不对称的环境下，委托人如何设计最优契约激励代理人。[1] 委托代理理论最早的模型是由斯宾斯等（Spense et al.，1978）[2]

---

①　Sappington D. Incentives in Principal – Agent Relationships [J]. Journal of Economic Per-spectives，1991（5）：45 – 66.

②　Spence M, Zeckhauser R. Insurance, Information, and Individual Action [J]. The Ameri-can Economic Review，1978（61）：335 – 343.

在研究"状态空间模型化方法"过程中给出的，用来解释股东和经理人的关系。随后米尔利斯（Mirrless，1976）①做了进一步修正完善，使委托代理理论得到推广。委托代理理论遵循的是以"经济人"假设为核心的新古典经济学研究范式，并以下面两个基本假设②为前提：一是委托人和代理人之间利益相互冲突；二是委托人和代理人之间信息不对称。由于信息不对称和委托人代理人利益冲突的普遍性，所以代理人的道德风险屡见不鲜。经过 30 余年的发展，委托代理理论由传统的双边委托代理理论（单一委托人、单一代理人、单一事务的委托代理），发展出多代理人理论（单一委托人、多个代理人、单一事务的委托代理）、共同代理理论（多委托人、单一代理人、单一事务的委托代理）和多任务代理理论（单一委托人、单一代理人、多项事务的委托代理）③。

委托代理理论虽然扩展出了不同的代理理论，但这些理论都遵循相同的基本分析逻辑④，即委托人和代理人均从实现自身利益最大化出发，委托人让渡某些决策权给代理人，并要求代理人提供有利于委托人利益的服务或行为；代理人在利益不一致和信息不对称的情况下，在行使权利过程中可能会将自己的利益置于委托人利益之上，从而损害委托人的利益，即产生代理问题。由于代理问题的存在，委托人就必须建立一套有效的制衡机制（契约）来规范、约束并激励代理人的行为，减少代理问题，降低代理成本，提高代理效率，更好地满足自身利益。基本路径是：委托人设计契约—代理人根据情况选择接受（或拒绝）契约—代理人提供努力—随机因素决定的状态—委托人根据结果进行支付。

科学基金资助存在着双层的委托代理链关系：一级委托代理关系中，委托方是公众，代理方是作为政府投资基础研究代表的 NSFC。作为国家重要的科学研究投资工具，其资金来源于公共财政，所有人是全体公民和国家，公众作为初始委托人授权政府进行公共项目投资和管

---

① Mirrless J. The Optimal Structure of Incentives and Authority within an Organization ［J］. The Bell Journal of Economics，1976，76（1）：105 – 131.

② Wilson R. The Structure of Incentives for Decentralization Under Uncertainty ［M］. La Decision，1963：171.

③④ 刘有贵、蒋年云：《委托代理理论述评》，载于《学术界》2006 年第 1 期，第 69 ~ 78 页。

理。但通常情况下，政府作为投资人地位是虚置的，还需要委托给各机构部门，而 NSFC 是代表政府投资国家基础研究的典型代表，可以看作是公众委托的政府部门。在一级委托代理关系中，国家通过财政拨款的方式支付给代理人费用，并从代理人努力中获取满足国家需要的科学知识，提升国家科研能力和水平。二级委托代理关系是在科研项目评审和资助过程中，委托方是 NSFC，代理方是评审专家和项目负责人。一方面，NSFC 采用同行评议的方法保证评审的公平性和公正性，同行专家作为代理人接受 NSFC 委托，帮助其进行项目评审①；另一方面，NSFC 作为委托方，将项目委托给项目负责人开展项目研究。在科学基金的一级委托代理关系中，由于信息不对称和委托人代理人利益冲突的普遍性，NSFC 以财政拨款的方式获得资金，在核心问题——效用问题上，代理方 NSFC 需要保证资助金的有效利用，同时需要向公众和国家保证其资助项目效率及效果；在二级委托代理关系中，代理方评审专家会根据委托方 NSFC 的要求遴选项目，但是出于各种原因，代理人也可能做出不利于委托人的行为，科研项目评审结果可能会出现偏差。因此可以通过进一步细化委托代理合约规则、增加委托人信息、约束评审人和项目负责人行为等措施加以防范。

31

2.1.3　数据包络分析

1978 年由美国运筹学家查恩斯（Charnes）和库伯（Cooper）等人基于"相对效率"提出的数据包络分析（data envelopment analysis，DEA），是为解决前人在研究决策单元生产效率过程中无法处理多投入和多产出情况的局限，而使用数学规划模型评价多个投入、多个产出决策单元（decision making unit，DMU）间的相对有效性的方法，其本质在于判断 DMU 是否位于生产可能集的"生产前沿面"上②。DEA 方法的基本原理是通过建立规划模型来评价有多个投入、多个产出 DMU 间的相对有效性，并且获得更多相关信息，如通过与有效 DMU 比较判断非有效 DMU 的效率改进方向，或者通过纵向时间分析比较 Malmquist 指数，还

---

① 穆荣平、连燕华：《重大科研项目计划管理方法研究》，载于《科研管理》1997 年第 4 期，第 68 ~ 74 页。

② 魏权龄：《数据包络分析》，科学出版社 2004 年版，第 139 ~ 151 页。

可以分析各个评价单元的规模收益等[①]。

DEA 作为一种非参数的统计估计方法，其优势在于：第一，DEA 依靠分析 DMU 的投入与产出数据确定生产前沿面的结构、特征和构造方法，因此无须预先知道带有参数的生产函数形式；第二，评价结果不受指标之间相关关系的限制，指标无须人为设定权重，投入产出权重根据相应模型求解得到，这就避免了参数估计评价中人为数据拟合过程中的干扰与误差，评价结果更加客观；第三，有助于确定比较标杆。DEA 通过有效 DMU 形成的最佳前沿面为 DEA 无效的被评价单元如何进一步改进效率提供了路径指导。另外，位列前沿面上的 DMU 也成为标杆单位，成为效率待改进 DMU 的学习对象。由于这些优势，在过去 40 年间作为数学、运筹学、数理经济学和管理科学的交叉学科，DEA 广泛应用在相对有效性评价、规模收益分析、最小成本问题等诸多领域[②][③]。

DEA 自成立以来发展出了诸多模型，但在这些模型中有一些关键因素决定了模型的具体形式和用途，主要包括生产可能集、测度、偏好[④]。设某个决策单元在一项生产活动中投入向量为 $X = (x_1, \cdots, x_m)^T$，产出向量 $Y = (y_1, \cdots, y_s)^T$，代表有 m 个投入和 s 个产出。我们可以简单地用 (X, Y) 来表示整个 DMU 的生产活动。我们将集 $T = \{(X, Y) \mid$ 产出 Y 能用投入 X 生产出来$\}$ 定义为所有可能的生产活动构成的生产可能集（production possibility set，PPS）。偏好（preference）是定义在评估对象集上的一种二元关系，用来描述人们对不同评估对象的喜好态度，刘文斌等（Liu et al.，2006）[⑤] 认为偏好可以直接引入 DEA 中，构成 DEA 模型的一个重要组成部分——序结构。测度（performance measure）是在指定偏好的基础上，用来测量 DMU 绩效好坏的测量尺度。本

① 杜鹃：《基于 DEA 理论的排序研究以及两阶段网络结构效率研究》，中国科学技术大学博士学位论文，2010 年。

② Liu J S, Lu L Y Y, Lu W M. Research fronts in data envelopment analysis [J]. Omega, 2016 (58)：33 - 46.

③ Emrouznejad A., Yang G. L. A survey and analysis of the first 40 years of scholarly literature in DEA：1978 - 2016. Socio - Economic Planning Sciences, 2017, (in press)：1 - 5. http：//dx. doi. org/10. 1016/j. seps. 2017. 01. 008.

④⑤ Liu W B, Sharp J, Wu Z M. Preference, production and performance in data envelopment [J]. Annals of Operations Research, 2006 (145)：105 - 127.

书在研究 DEA 模型中主要基于帕累托序下的不同生产可能集和不同测度研究，因此这里主要梳理基于不同生产可能集假定下的基本 DEA 模型和基于不同测度的基本 DEA 模型。

1. 基于不同生产可能集假定的基本 DEA 模型

DEA 模型是利用线性规划的方法来计算决策单元的相对效率。假设有 n 个决策单元（DMU），这 n 个 DMU 都是具有可比性的，每个 DMU 都有 m 种类型的"输入"和 s 种类型的"输出"。我们将效率产生看作是一个投入和产出的生产过程，在这个过程当中对每个 DMU 投入、产出指标赋予对其最有利的权重 v_i 和 u_r。通过考察 v_i 和 u_r 的变化，用 h_0 的最大值来判断 DMU_0 的效率。如果 $h_0 = 1$，则说明在 n 个 DMU 中，没有其他的 DMUs 可以用更少的投入达到目前的产出，那么 DMU_0 则是相对最优的，如果 $h_0 < 1$，则说明即使在最突出自身优势的情况下，该 DMU_0 的效率仍有待提高。

（1）生产可能集规模收益不变假定 DEA 模型——CCR 模型。

CCR 模型是由库伯、查恩斯和罗兹（Cooper, Charnes and Rhodes, 1978）[①] 提出的，也是 DEA 模型中最为经典的模型，它的出现标志着 DEA 理论体系的正式建立。CCR 模型是建立在规模收益不变的假设下对决策单元效率的评价，其生产可能集满足：

$$T_{CCR} = \left\{ (X, Y) \mid \sum_{j=1}^{n} \lambda_j X_j \leq X, \ \sum_{j=1}^{n} \lambda_j Y_j \geq Y, \ \lambda_j \geq 0, \ j = 1, \cdots, n \right\}$$

根据线性规划将分式模型变为线性模型，并通过对偶变化，投入导向型 CCR 模型见式（2-1）。

$$\begin{aligned} &\min \theta \\ &\text{s. t} \ \sum_{j=1}^{n} x_{ij}\lambda_j \leq \theta x_{i0}, \ i = 1, \cdots, m \\ &\qquad \sum_{j=1}^{n} y_{rj}\lambda_j \geq y_{r0}, \ r = 1, \cdots, s \\ &\qquad \lambda_j \geq 0, \ j = 1, \cdots, n, \ 0 \leq \theta \leq 1 \end{aligned} \tag{2-1}$$

---

① Charnes A, Cooper W W, Rhodes E. Measuring the efficiency of decision making units [J]. European Journal of Operational Research, 1978, 2 (6): 429-444.

33

（2）生产可能集规模收益可变假定 DEA 模型——BCC 模型。

BCC 模型是由班克、查恩斯和库伯（Banker, Charnes and Cooper, 1984）[1] 提出的，是建立在规模收益可变的假设下对决策单元效率的评价，其生产可能集满足：

$$T_{BCC} = \left\{ (X, Y) \mid \sum_{j=1}^{n} \lambda_j X_j \leqslant X, \sum_{j=1}^{n} \lambda_j Y_j \geqslant Y, \right.$$

$$\left. \sum_{j=1}^{n} \lambda_j = 1, \lambda_j \geqslant 0, j = 1, \cdots, n \right\}$$

基于投入的 BCC 模型见式（2-2）。

$$\min \theta$$

$$\text{s. t} \quad \sum_{j=1}^{n} x_{ij} \lambda_j \leqslant \theta x_{i0}, i = 1, \cdots, m \quad\quad (2-2)$$

$$\sum_{j=1}^{n} y_{rj} \lambda_j \geqslant y_{r0}, r = 1, \cdots, s$$

$$\sum_{j=1}^{n} \lambda_j = 1, \lambda_j \geqslant 0, j = 1, \cdots, n, 0 \leqslant \theta \leqslant 1$$

BCC 模型的结果是 DMU 的技术效率，而 CCR 模型所得的结果涵盖了技术效率和规模效率的总和效率值。韩松、魏权龄（2016）[2] 对此做了更详细的介绍和分析。

（3）生产可能集规模收益非增假设的 DEA 模型——FG 模型。

FG 模型是由法尔和格罗斯科普夫（Färe and Grosskopf, 1985）[3] 提出的，研究在规模收益非增的假设下决策单元的效率评价问题，其生产可能集满足：

$$T_{FG} = \left\{ (X, Y) \mid \sum_{j=1}^{n} \lambda_j X_j \leqslant X, \sum_{j=1}^{n} \lambda_j Y_j \geqslant Y, \right.$$

$$\left. \sum_{j=1}^{n} \lambda_j \leqslant 1, \lambda_j \geqslant 0, j = 1, \cdots, n \right\}$$

---

[1] Banker R D, Charnes A, Cooper W W. Some models for estimating technical and scale inefficiencies in data envelopment analysis [J]. Management Science, 1984, 30 (9): 1078-1092.

[2] 韩松、魏权龄：《DEA 效率分解与规模收益评价》，载于《数学的实践与认识》2016年第24期，第60~68页。

[3] Färe R, Grosskopf S. A nonparametric cost approach to scale efficiency [J]. Journal of Economics, 1985, 87 (4): 594-604.

基于投入的 FG 模型见式（2 - 3）。

$$\min \theta$$

$$\text{s. t} \quad \sum_{j=1}^{n} x_{ij}\lambda_j \leqslant \theta x_{i0}, \ i = 1, \cdots, m$$

$$\sum_{j=1}^{n} y_{rj}\lambda_j \geqslant y_{r0}, \ r = 1, \cdots, s \qquad (2 - 3)$$

$$\sum_{j=1}^{n} \lambda_j \leqslant 1, \ \lambda_j \geqslant 0, \ j = 1, \cdots, n, \ 0 \leqslant \theta \leqslant 1$$

（4）生产可能集规模收益非减假设的 DEA 模型——ST 模型。

ST 模型是由萨福和斯罗尔（Seiford and Thrall, 1990）[①] 提出的，研究在规模收益非减的假设下决策单元的效率评价问题，其生产可能集满足：

$$T_{ST} = \left\{ (X, Y) \mid \sum_{j=1}^{n} \lambda_j X_j \leqslant X, \ \sum_{j=1}^{n} \lambda_j Y_j \geqslant Y, \right.$$

$$\left. \sum_{j=1}^{n} \lambda_j \geqslant 1, \ \lambda_j \geqslant 0, \ j = 1, \cdots, n \right\}$$

基于投入的 ST 模型见式（2 - 4）。

$$\min \theta$$

$$\text{s. t} \quad \sum_{j=1}^{n} x_{ij}\lambda_j \leqslant \theta x_{i0}, \ i = 1, \cdots, m$$

$$\sum_{j=1}^{n} y_{rj}\lambda_j \geqslant y_{r0}, \ r = 1, \cdots, s \qquad (2 - 4)$$

$$\sum_{j=1}^{n} \lambda_j \geqslant 1, \ \lambda_j \geqslant 0, \ j = 1, \cdots, n, \ 0 \leqslant \theta \leqslant 1$$

2. 基于不同测度的基本 DEA 模型

在研究如何测量生产效率的过程中，经济学家提出了多种测度函数。在 DEA 研究中，测度用来表示被评价决策单元效率的某种测量尺度，包含了同比例变化的径向测度模型、允许各类投入（产出）最大扩张比例算数平均的 Russell 测度模型、基于松弛变量的加性测度模型

---

① Seiford L M, Thrall R M. Recent development in DEA——The mathematical programming approach to frontier analysis [J]. Journal of Econometrics, 1990, 46（1 - 2）: 7 - 38.

和同时考虑投入产出松弛变量非导向的 SBM 模型, 以及 Zieschang 测度模型和方向测度模型等。这里主要介绍使用较广泛的径向测度模型、Russell 测度模型和加性测度模型。

（1）径向测度模型。

上述 DEA 模型中均是采用径向测度测量评价单元效率。径向测度测量的是被评 DMU 到其比照标杆按比例扩张的最大可能距离, 径向测度模型见式（2-5）。

$$
\begin{aligned}
&\min \theta \\
&\text{s. t} \quad \sum_{j=1}^{n} x_{ij}\lambda_j \leqslant \theta x_{i0}, \ i = 1, \cdots, m \\
&\qquad \sum_{j=1}^{n} y_{rj}\lambda_j \geqslant y_{r0}, \ r = 1, \cdots, s \\
&\qquad \sum_{j=1}^{n} \lambda_j = 1, \ \lambda_j \geqslant 0, \ j = 1, \cdots, n, \ 0 \leqslant \theta \leqslant 1
\end{aligned}
\tag{2-5}
$$

（2）Russell 测度模型。

Russell 测度模型是允许各类投入（产出）最大扩张比例算术平均的模型, 经学者们的修正（Färe and Grosskopf, 1985）[1], 具体见式（2-6）。

$$
\begin{aligned}
&\min \frac{1}{m} \sum_{i=1}^{m} \theta_i \\
&\text{s. t} \quad \sum_{j=1}^{n} x_{ij}\lambda_j \leqslant \theta_i x_{i0}, \ i = 1, \cdots, m \\
&\qquad \sum_{j=1}^{n} y_{rj}\lambda_j \geqslant y_{r0}, \ r = 1, \cdots, s \\
&\qquad \sum_{j=1}^{n} \lambda_j = 1, \ \lambda_j \geqslant 0, \ j = 1, \cdots, n, \ 0 \leqslant \theta_i \leqslant 1
\end{aligned}
\tag{2-6}
$$

（3）加性测度模型。

加性测度模型也被称为 Pareto - Koopmans 模型, 具体如式（2-7）所示。

---

① Färe R, Grosskopf S. A nonparametric cost approach to scale efficiency [J]. Journal of Economics, 1985, 87（4）: 594-604.

$$\max \sum_{i=1}^{m} s_i^- + \sum_{r=1}^{s} s_r^+$$

$$\text{s.t} \quad \sum_{j=1}^{n} x_{ij}\lambda_j + s_i^- = \theta x_{i0}, \ i = 1, \cdots, m$$

$$\sum_{j=1}^{n} y_{rj}\lambda_j + s_r^+ \geqslant y_{r0}, \ r = 1, \cdots, s \qquad (2-7)$$

$$\sum_{j=1}^{n} \lambda_j = 1, \ \lambda_j \geqslant 0, \ j = 1, \cdots, n, \ s_i^- \geqslant 0,$$

$$i = 1, \cdots, m, \ s_r^+ \geqslant 0, \ r = 1, \cdots, s$$

2.2　科学基金绩效评价相关研究

2.2.1　科学基金制度绩效评价研究

对于科学基金制度绩效评估，国外的研究已较为成熟，并且较好地运用到实践中。国内对科学基金制度绩效评估的研究起源于对国外经验的介绍和学习，通过介绍美国、英国、日本等发达国家科学资助机构的绩效评估实践，借鉴其先进经验对绩效评估的价值、内容和方法等问题进行探讨。朱卫东等（2009）[①] 对美国、日本等国的科学基金绩效评估情况做了介绍，并通过整理国外学者的相关意见，分析了国外科学基金绩效评估中可能存在的问题，以期通过总结国外科学基金绩效评估中的经验与教训，对中国开展与完善科学基金绩效评估工作提供启示。王艳、贺德方等（2014）[②] 通过综述及分析发达国家科学基金绩效评估的背景与法律依据、评估专家的选取、评估的方法与过程、评估结果及应用等，探讨了发达国家科学基金绩效评估机制对我国科学基金绩效评估

---

① 朱卫东、周光中、张晨：《国外科学基金绩效评估及其对我国的启示》，载于《中国科技论坛》2009 年第 7 期，第 134～138 页。

② 王艳、贺德方、彭洁、董诚：《发达国家科学基金绩效评估体制及其启示》，载于《科技管理研究》2014 年第 9 期，第 21～25 页。

的启示。罗彪、杨婷婷、王海风（2014）① 将世界主要国家基金绩效评估模式基于动因分为"形成式评估"和"总结式评估"。"形成式评估"以日本为代表，通过及时调整修改基金工作中的问题方向，以获得更加理想的效果，其出发点是组织内部，自我评估是其主要评估方式；"总结式评估"的评估目的在于证明政府行为的合理性，出发点来源于政府预算压力，以英美为主要代表。王玉龙、周战强、安秀梅（2007）② 基于导向维度将科学基金评估模式以分为"结果导向评估"和"战略导向评估"。前者突破了以往强调直接"产出"的局限，扩展为更多地关注其对学术界和经济社会诸方面的中期乃至长期影响的综合性"成果"，以英国为代表；后者是在战略管理于公共部门的不断应用的基础上发展出的一种绩效评估范式，"目标—结果"的逻辑结构贯穿评估过程的始终，以美国、日本、加拿大为代表。这方面的研究有龚旭、赵学文、李晓轩（2004）③，周建中、李晓轩（2005）④，李强、李晓轩（2007）⑤，阎波、吴建南（2012）⑥ 等。

科学基金资助制度管理模型并非一成不变的，而是一个不断完善的动态过程，不少学者从实践层面来研究科学基金制度评价，吕立宁（2005）⑦ 根据美国国立卫生研究院的成功案例，对我国医学经费使用提出政策建议；曾婧婧（2014）⑧ 针对我国现行科研资助制度的缺点，提出"科技悬赏奖"作为科学基金制的有效补充，从而降低科学基金

---

① 罗彪、杨婷婷、王海风：《我国自然科学基金绩效评估框架构建——基于各国基金绩效评估实例比较研究》，载于《华南理工大学学报（社会科学版）》2014 年第 4 期，第 1~9 页。

② 王玉龙、周战强、安秀梅：《公共支出绩效评估模型略论》，载于《财政监督》2007 年第 9 期，第 35~37 页。

③ 龚旭、赵学文、李晓轩：《关于国家自然科学基金绩效评估的思考》，载于《科研管理》2004 年第 4 期，第 1~8 页。

④ 周建中、李晓轩：《国外科研资助机构的学科评估及其启示》，载于《科研管理》2005 年第 5 期，第 121~126 页。

⑤ 李强、李晓轩：《美国国家科学基金会的绩效管理与评估实践》，载于《中国科技论坛》2007 年第 6 期，第 133~139 页。

⑥ 阎波、吴建南：《研究类项目资助与管理绩效评估：美日科学基金的比较与启示》，载于《西安交通大学学报（社会科学版）》2012 年第 5 期，第 49~54 页。

⑦ 吕立宁：《NH 资助及管理模式给我们的启示》，载于《中国基础科学》2005 年第 4 期，第 46~51 页。

⑧ 曾婧婧：《国家科研资助体制下"科技悬赏奖"的制度架构研究》，载于《科技进步与对策》2014 年第 31 期，第 107~111 页。

浪费现象，使科研机会更加平等。2010~2011年，财政部和国家自然科学基金委员会通过采用"国内准备+国际评估"的方式，对 NSFC 成立25年的战略定位、资助与管理绩效以及影响进行了全面客观的评估，对 NSFC 管理的成功经验、存在的不足以及面临的挑战进行了分析和总结，获得了国内外科技界的广泛认可①。

2.2.2 科学基金资助绩效评价研究

对于科学基金资助绩效的研究主要是基于科学基金资助对科研产出影响研究，主要包含以下几类研究：第一类是通过比较获得基金资助与未获得基金资助的研究者的科研产出情况，分析基金资助是否有利于获得更多科研产出或更高影响力的论文；第二类是通过文献计量方法研究各国科学基金资助下的科研产出情况。

对于第一类研究，博恩曼等（Bornmann et al.，2010）② 比较了获得基金资助与未获得基金资助研究者的研究发现，并得出结论认为，基金资助过程影响作者影响力分布；布兰施泰特等（Branstetter et al.，2002）③ 和勒纳（Lerner，1999）④ 通过使用匹配的比较组，对政府赞助商业研发的效果进行了评估。不同的研究发现，作为研究质量指标的引用次数，基金资助研究引用显著高于其他研究⑤；而有学者通过对比获得基金资助与未获得基金资助研究者的科研产出，认为基金资助对于科研产出促进作用并不显著。如，雅各布和勒夫格林（Jacob and Lefgren，2011）⑥

① 国家自然科学基金委员会：《科学基金资助与管理绩效国际评估报告》，2011年6月27日。

② Bornmann L，Leydesdorff L，Van den Besselaar P. A meta-evaluation of scientific research proposals：different ways of comparing rejected to awarded applications ［J］. Journal of Informetrics，2010，4（3）：211–213.

③ Branstetter L G，Sakakibara M. When do research consortia work well and why? Evidence from Japanese panel data ［J］. American Economic Review，2002，92（1）：143–159.

④ Lerner J. The government as venture capitalist：The long-run impact of the SBIR program ［J］. Journal of Business，1999，72（3）：285–318.

⑤ Zhao D. Characteristics and impact of grant-funded research：a case study of the library and information science field ［J］. Scientometrics，2010，84（2）：293–306.

⑥ Jacob B A，Lefgren L. The impact of research grant funding on scientific productivity ［J］. Journal of Public Economic，2011（95）：1168–1177.

通过对比 1980～2000 年所有申请 NIH 标准基金 R01 的申请者（成功和不成功），研究了接受 NIH 补助金对随后出版物和引文的影响，发现接受 NIH 研究资助（约 170 万美元），在未来五年内只增加了一种出版物，资助效果并不显著；赵党志（Zhao，2010）[①] 对图书馆与信息科学（LIS）领域领先的 7 种期刊上发表的论文按照基金资助和非基金资助进行分类研究，发现基金资助的论文通常有较高影响力，但并不是所有最好的想法都是在其中产生的，因为在他的分析中被引用最多的一些文献显示没有科学基金资助。

在第二类研究中，里格比（Rigby，2011）[②] 认为运用文献计量法研究科学基金产出已越来越普遍，并深入分析了基金来源数量与论文引用之间的关系；王贤文等（Wang et al.，2012）[③] 对 SCI 论文排名前十位的国家/地区的科学基金以及科研产出情况进行分析，发现不同国家基金资助模式不同，中国、美国、日本平均基金资助率居于世界领先水平；周萍和田汇宝（Zhou and Tian，2014）[④] 利用中国数学领域的 CNKI 和 WoS 的数据对各个地区基金资助状况进行分析，发现科学基金资助分布极不均衡，其中北京、上海、江苏和浙江四个地方收到基金资助最多；尤卡等（Jowkar et al.，2011）[⑤] 采用文献计量方法对伊朗的国家基金资助是否对科研产出引用有作用进行研究，发现 12.5% 的论文获得科学基金资助，获得资助的论文引用在所有学科领域都较高；孙金伟、刘迪、王贤文（2013）[⑥] 通过对 10 个国家 SCI 科学论文的统计分析，发现中国 SCI 论文受基金资助比例达到 77.79%，说明中国科学基金机

① Zhao D. Characteristics and impact of grant-funded research: a case study of the library and information science field [J]. Scientometrics, 2010, 84 (2): 293–306.

② Rigby J. Systematic grant and funding body acknowledgement data for publications: new dimensions and new controversies for research policy and evaluation [J]. Research Evaluation, 2011, 20 (5): 365–375.

③ Wang X W, Liu D, Ding K, Wang X R. Science Funding and Research Output: A Study on 10 Countries [J]. Scientometrics, 2012, 91 (2): 591–599.

④ Zhou P, Tian H. Funded collaboration research in mathematics in China [J]. Scientometrics, 2014, 99 (3): 695–715.

⑤ Jowkar A, Didegah F, Gazni A. The effect of funding on academic research impact: a case study of Iranian publications [J]. Aslib Proceedings, 2011, 63 (6): 593–602.

⑥ 孙金伟、刘迪、王贤文：《科学基金资助与 SCI 论文产出：对 10 个国家的比较分析》，载于《科学学研究》2013 年第 1 期，第 36～42 页。

构对论文资助力度和支持度非常高，特别是 NSFC 对中国 SCI 论文发表起主要支持作用；王贤文、刘则渊、侯海燕（2010）[①] 考察了全球主要论文发表国家的科学基金论文资助情况，各国科学基金对论文的资助比例普遍在 12% ~ 15% 之间，中国的基金论文资助比例为 24.43%，进一步研究发现目前中国科学基金对论文的重复资助现象比较突出；张爱军、高萍、刘素芳（2010）[②] 运用文献计量方法对 2009 年的 SSCI 和 SCI 数据库收录的社会科学领域基金论文按照学科、国家和机构分布与规模进行统计分析，分析当前世界社会科学领域科学基金投入的总体产出绩效。周萍和田汇宝（Zhou and Tian，2014）[③] 认为中国学者在多种基金资助下合作发表的论文更容易发表于国际期刊；董建军（2013）[④]，张诗乐、盖双双、刘雪立（2015）[⑤] 认为科学基金论文从整体上来看能够获得比一般论文更高的被引用。

虽然这些研究通常表明基金资助可以提高科研产出，但柯莱特等（Klette et al.，2000）[⑥] 指出，所有这些研究都容易出现严重的选择偏差。赫尔等（Hall et al.，2000）[⑦] 在对研究与发展的财政激励进行回顾时得出结论，一美元的税收抵免导致了一美元的额外研发费用。佩恩等（Payne et al.，2003）[⑧] 研究了联邦研究经费对大学研究成果水平的影响，并与美国国会拨款委员会的校友代表合作，他们发现 100 万美元的联邦研究经费与 10 多篇文章和 2 项专利有关。博纳科尔西等（Bonac-

---

① 王贤文、刘则渊、侯海燕：《全球主要国家的科学基金及基金论文产出现状：基于 Web of Science 的分析》，载于《科学学研究》2010 年第 1 期，第 61 ~ 66 页。

② 张爱军、高萍、刘素芳：《世界各国社会科学基金论文产出绩效分析》，载于《情报科学》2010 年第 5 期、第 705 ~ 708 页。

③ Zhou P，Tian H. Funded collaboration research in mathematics in China ［J］. Scientometrics，2014，99（3）：695 –715.

④ 董建军：《中国知网收录的基金论文资助现状和被引情况分析》，载于《中国科技期刊研究》2013 年第 2 期，第 307 ~ 312 页。

⑤ 张诗乐、盖双双、刘雪立：《国家自然科学基金资助的效果——基于论文产出的文献计量学评价》，载于《科学学研究》2015 年第 4 期，第 507 ~ 515 页。

⑥ Klette T J，Moen J，Griliches Z. Do subsidies to commercial R&D reduce market failures? Microeconometric evaluation studies ［J］. Research Policy，2000，29（4 – 5）：471 –495.

⑦ Hall B，Van Reenen J. How effective are fiscal incentives for R&D？［J］. Research Policy，2000，29（4 – 5）：449 –469.

⑧ Payne A，Siow A. Does federal research funding increase university research output？［J］. Advances in Economics and Policy，2003，3（1）：68 –77.

corsi et al. ，2008)[①] 表明，在一些国家（如英国）基金资助和研究效率是正相关的，但在其他国家（如葡萄牙、西班牙和瑞士）则不是这种状况。杨红艳（2012)[②] 通过均值差异显著性检验方法对《复印报刊资料》论文的引用量同行评审资料进行分析，结果显示有基金资助的论文影响力不一定高于无基金资助论文，基金资助级别越高，高影响力论文越多。尚虎平、叶杰、赵盼盼（2012)[③] 选取了以"政府"为研究对象的国家自科基金和社科基金项目，通过分析项目结项成果测算科学基金效率，发现科学基金项目存在边际效率递减和低效、无效与挥霍的不良现象。

2.2.3 科学基金项目绩效评价研究

除了整体上对于科学基金资助对科研产出影响的研究外，对科学基金资助的某类项目或某一学科科学基金绩效评价研究也越来越受到学者们的关注。

对于 NSFC 资助项目绩效评价的研究，主要集中在面上项目、青年项目以及杰出青年项目。对 NSFC 面上项目科研产出绩效评价的研究主要有：胡明晖（2008)[④]、侯聃（2008)[⑤]、徐杰等（2007)[⑥] 从资助强度、资助率等方面反映了面上项目资助情况，而章磊等（2010)[⑦] 不仅关注面上项目资助结果，同时也关注面上项目资助过程，构建了基于过

---

① Bonaccorsi A，Daraio C. The differentiation of the strategic profile of higher education institutions. New positioning indicators based on microdata ［J］. Scientometrics，2008，74（1）：15 – 37.

② 杨红艳：《基金资助对我国人文社会科学论文质量的影响——基于〈复印报刊资料〉转载论文评分数据》，载于《情报理论与实践》2012 年第 8 期，第 101～106 页。

③ 尚虎平、叶杰、赵盼盼：《我国科学研究中的公共财政效率：低效与浪费——来自国家自然科学基金、社会科学基金项目产出的证据》，载于《科学学研究》2012 年第 30 期，第 1476～1486 页。

④ 胡明晖：《国家自然科学基金面上项目的学科资助结构》，载于《中国科技论坛》2008 年第 3 期，第 12～16 页。

⑤ 侯聃：《2001～2007 年国家自然科学基金面上项目分布及产出统计分析》，载于《现代情报》2008 年第 12 期，第 197～200 页。

⑥ 徐杰、李正风、陈敬全：《国家自然科学基金面上项目资助额的地区分布规律》，载于《中国基础科学》2007 年第 4 期，第 43～45 页。

⑦ 章磊、阎波、吴建南：《基于过程和结果框架的 NSFC 面上项目资助绩效评估研究——以信息科学部为例》，载于《中国科技论坛》2010 年第 3 期，第 5～10 页。

程和结果的资助框架评价面上项目资助绩效；马亮等（2012）[1] 运用多元回归分析了面上项目绩效影响因素，论证了不同因素组合如何影响国际论文和国内论文产出机制；章磊等（2010）[2]、马亮等（2012）[3] 构建了面上项目资助绩效评价框架，分析了面上项目绩效影响因素，管仕平等（2010）[4]、赵雯（2010）[5]、段庆峰（2012）[6] 运用数据包络分析方法评价面上基金项目的投入产出效率。在青年基金项目方面，罗骏等（2016）[7] 系统研究了青年项目绩效评价指标；王艳芳等（2010）[8]、陈波等（2010）[9] 对青年项目后评估资料进行了统计分析；王艳芳等（2010）[10] 基于知识生产函数建立了绩效评价模型测度体系；郑石明等（2016）[11] 运用定序 Logistic 回归模型分析项目资助额度、单位与所处学科以及年龄对青年项目评价结果的影响；王红梅等（2016）[12] 采用匹配和回归分析探寻青年科研基金的资助与高校青年教师科研绩效之间的因果关系，认为青年项目资助额度对青年教师科研产出绩效影响并不显著等。除了对面上项目和青年项目科研产出绩效的研究，还有杰出青年项目产出绩效的研究。如屈宝强等（2011）[13] 发现杰出青年基金的获得者

① ③　马亮、吴建南、时仲毅：《科研项目绩效的影响因素：医学科学基金面上项目的实证分析》，载于《科学学与科学技术管理》2012 年第 7 期，第 12～20 页。

②　章磊、阎波、吴建南：《基于过程和结果框架的 NSFC 面上项目资助绩效评估研究——以信息科学部为例》，载于《中国科技论坛》2010 年第 3 期，第 5～10 页。

④　管仕平、朱卫东、吴勇：《我国国家自然科学基金面上项目的相对效率分析》，载于《科技进步与对策》2010 年第 12 期，第 32～34 页。

⑤　赵斐：《基于 DEA 的国家自然科学基金投入产出相对效率评价》，载于《图书情报研究》2010 年第 3 期，第 41～46 页。

⑥　段庆锋：《基于两阶段 DEA 的科学基金项目产出评价研究》，载于《统计与信息论坛》2012 年第 11 期，第 87～91 页。

⑦　罗骏、周小丁、黄云生：《青年科学基金项目绩效评价指标体系研究与探讨》，载于《中国科学基金》2016 年第 4 期，第 336～339 页。

⑧ ⑩　王艳芳、刘云、刘喜珍：《数理学部青年科学基金评价模型与实证研究》，载于《北京理工大学学报（社会科学版）》2010 年第 4 期，第 19～22 页。

⑨　陈波、李园园、朱卫东：《管理学部青年科学基金项目后评估的分析与研究》，载于《科学学与科学技术管理》2010 年第 10 期，第 64～68 页。

⑪　郑石明、任柳青：《青年科学基金项目绩效评价及其影响因素》，载于《中国科学基金》2016 年第 3 期，第 255～261 页。

⑫　王红梅、智强、费继鹏：《青年科学基金对我国高校青年教师科研绩效的影响——基于 1995～2013 年国家自然科学基金的实证分析》，载于《教育研究》2016 年第 7 期，第 91～99 页。

⑬　屈宝强、彭乾赵伟，等：《能源领域国家杰出青年科学基金资助效果分析——从科技论文产出视角》，载于《中国科学基金》2011 年第 5 期，第 308～313 页。

在论文数量、论文被引次数以及高影响因子期刊的文章数量方面均有显著提高，说明国家杰出青年基金资助对研究者具有明显的激励效果。马建霞等（2015）[①] 通过研究国家杰出青年基金项目获得者科研产出发现，杰出青年基金资助的文章数量高于国际同领域基准论文数，且论文质量随资助规模增大而提高，但资助项目多少与论文引用次数无关。

对某一学科的科学基金项目产出绩效的研究中，段培新和孟潋（2017）[②] 分析了地理学面上项目和青年项目规模收益；马亮等（2012）[③] 对医学科学基金面上项目绩效及影响因素进行了分析；张爱军（2011）[④] 分析了各国物理学科的科学基金论文产出绩效；李若筠等（2006）[⑤] 分析了管理科学学科的科学基金论文产出情况；官建成等（2003）[⑥]、刘彬等（2016）[⑦]、赵伟等（2016）[⑧]、张杰锋等（2016）[⑨] 分别对信息科学学科、生命科学领域、计算机学科和光学学科的科学基金论文产出以及影响力方面进行了分析评价。

2.2.4 科学基金绩效评价方法

科学基金绩效评价主要有三种方法，即定性评价法、定量评价法、定性与定量相结合的综合评价法。不同的评价方法对应于不同的评估议

---

① 马建霞、张志强、刘静：《2007－2013 年 NSFC 国家杰出青年基金项目的论文产出与影响力分析》，载于《中国科学基金》2015 年第 2 期，第 108～115 页。

② 段培新、孟潋：《科学基金项目资助规模与强度适宜性研究——以地理学面上项目与青年科学基金项目为例》，载于《中国科学基金》2017 年第 4 期，第 371～379 页。

③ 马亮、吴建南、时仲毅：《科研项目绩效的影响因素：医学科学基金面上项目的实证分析》，载于《科学学与科学技术管理》2012 年第 7 期，第 12～20 页。

④ 张爱军：《世界各国物理学基金论文产出绩效分析》，载于《科技管理研究》2011 年第 16 期，第 76～78 页。

⑤ 李若筠、杨列勋：《管理科学基金项目论文产出的定量分析》，载于《科学学与科学技术管理》2006 年第 4 期，第 18～22 页。

⑥ 官建成、史晓敏、彭杰：《国家自然科学基金信息科学重点项目绩效评价——分学科间差异性分析》，载于《科学学研究》2003 年第 1 期，第 160～164 页。

⑦ 刘彬、乔黎黎、张依：《生命科学领域国家杰出青年科学基金项目资助状况及影响力分析》，载于《中国科学基金》2016 年第 2 期，第 122～131 页。

⑧ 赵伟、洪日昌、赵瑞珍、刘克：《计算机学科国家自然科学基金重点项目 10 年资助情况分析》，载于《软件学报》2016 年第 1 期，第 188～194 页。

⑨ 张杰锋、职利、文振煜：《近 10 年科学基金对深圳大学光学学科资助的统计分析》，载于《中国科学基金》2016 年第 2 期，第 143～146 页。

题，比如定性评估关注历史，而定量评估注重现状；呈现规模时采有定量评估，突出亮点时运用定性评估（吴建南等，2010）①。

　　科学基金评价中定性研究方法主要依靠专家的分析与判断，按照一定的标准对被评价对象给出非量化的评价结论，主要包括同行评议、案例分析法以及叙事分析法。应用同行评议方法研究科学基金的主要有：马强等（2001）② 阐述了同行评议方法在科学基金项目管理中应用的可能性及存在的局限性，并给出了德尔菲法、层次分析法、集结方法等在科学基金项目绩效评估中的具体应用。杨锋等（2008）③ 详细分析了现有同行评议制度的缺陷及其产生的根源并提出了相应的解决机制。陈波等（2009）④ 在同行评议的基础上提出了一种基于证据理论的科学基金项目绩效评估方法，提供了一种不完全信息多属性决策方案的评价技术。运用案例分析法研究科学基金的主要有：吴建南等（2010）⑤ 运用案例研究法，对 6 个科学资助机构的国际评估案例进行了系统分析，总结了科学基金国际评估的共同特点与主要特色。张凤珠等（2010）⑥ 通过案例研究法，结合医学科学部的探索与实践，阐述了案例研究需要明确的问题与注意的事项，为更加稳妥地推进科学基金绩效评估提供了依据。运用叙事分析法研究科学基金的主要有：吴建南等（2009）⑦ 以日本学术振兴会国际评估的绩效报告为例采用叙事分析法研究了科学基金绩效报告的框架结构内容和特点。阎波等（2010）⑧ 通过对美国国家科学基金会（NSF）绩效报告的叙事分析，展现了其由来和历史变化，提炼出对国家自然科学基金委员会绩效评估与绩效管理的启

---

　　①⑤　吴建南、马亮、郑永和：《科学基金国际评估的框架、内容与方法》，载于《科学学研究》2010 年第 5 期，第 704 ~ 712 页。

　　②　马强、陈建新：《同行评议方法在科学基金项目管理绩效评估中的应用》，载于《科技管理研究》2001 年第 4 期，第 35 ~ 40 页。

　　③　杨锋、梁樑、苟清龙：《同行评议制度缺陷的根源及完善机制》，载于《科学学研究》2008 年第 3 期，第 569 ~ 572 页。

　　④　陈波、朱卫东：《基于证据理论的科学基金项目绩效评估方法研究》，载于《中国科技论坛》2009 年第 7 期，第 35 ~ 39 页。

　　⑥　张凤珠、马亮、吴建南：《案例研究与国家自然科学基金绩效评估——医学科学部的实践》，载于《中国科学基金》2010 年第 4 期，第 239 ~ 242 页。

　　⑦　吴建南、马亮、郑永和：《科学基金国际评估如何报告绩效——关于日本学术振兴会绩效报告的叙事分析》，载于《科学学与科学技术管理》2009 年第 12 期，第 55 ~ 69 页。

　　⑧　阎波、吴建南、马亮：《科学基金绩效报告与绩效问责——美国 NSF 的叙事分析》，载于《科学学研究》2010 年第 11 期，第 59 ~ 65 页。

示。尚虎平等（2014）[①] 以结题的国家自然科学基金产出作为既定绩效，通过倒叙评价法检验项目承担者既有特征因素与产出绩效的促进关系。

科学基金评价中定量研究方法一方面是运用文献计量方法，对科学基金资助情况进行分析，并根据领域分布、机构分布、期刊分布、论文出版年度趋势、学科分布、被引频次和项目 h 指数等进行分析，来反映科学基金的资助效果。王贤文等（Wang et al.，2012）[②] 采用文献计量方法对世界各国科学基金论文产出情况进行研究。尤卡等（Jowkar et al.，2011）[③] 采用文献计量方法对伊朗的国家基金资助是否对科研产出引用有作用进行了研究，周萍和田汇宝（Zhou and Tian，2014）[④] 采用文献计量法对中国数学领域各个地区基金资助状况做出分析。目前用文献计量法研究科学基金产出已越来越普遍（Rigby，2011）[⑤]，该方面的研究还有志兵等（2016）[⑥]、张诗乐等（2015）[⑦]、白玉等（2016）[⑧]、冯磊等（2017）[⑨]、马建霞等（2015）[⑩]、刘斌等（2016）[⑪]。有学者主要运

---

① 尚虎平、赵盼盼：《项目申请者的那些特征影响科研绩效提升？——一个面向国家自然科学基金产出的倒序评估》，载于《科学学研究》2014 年第 9 期，第 1378～1389 页。

② Wang X W，Liu D，Ding K，Wang X R. Science Funding and Research Output：A Study on 10 Countries [J]. Scientometrics，2012，91（2）：591－599.

③ Jowkar A，Didegah F，Gazni A. The effect of funding on academic research impact：a case study of Iranian publications [J]. Aslib Proceedings，2011，63（6）：593－602.

④ Zhou P，Tian H. Funded collaboration research in mathematics in China [J]. Scientometrics，2014，99（3）：695－715.

⑤ Rigby J. Systematic grant and funding body acknowledgement data for publications：new dimensions and new controversies for research policy and evaluation [J]. Research Evaluation，2011，20（5）：365－375.

⑥ 汪志兵、孙竹梅：《从 SCI 论文看 NSFC 对普通高校的资助效果》，载于《中国高校科技》2016 年第 10 期，第 22～25 页。

⑦ 张诗乐、盖双双、刘雪立：《国家自然科学基金资助的效果——基于论文产出的文献计量学评价》，载于《科学学研究》2015 年第 4 期，第 507～515 页。

⑧ 白玉、郑童桐、赵镇、赵醒村：《基于文献计量的国家自然科学基金资助效果分析：以南方医科大学为例》，载于《中国科学基金》2016 年第 4 期，第 340～345 页。

⑨ 冯磊、梁明修、吕相征、贾秀萍：《国科金资助预防医学学科产出 SCI 论文的文献计量学分析——基于 2011～2014 年科学引文索引数据》，载于《公共卫生与预防医学》2017 年第 1 期，第 71～76 页。

⑩ 马建霞、张志强、刘静：《2007－2013 年 NSFC 国家杰出青年基金项目的论文产出与影响力分析》，载于《中国科学基金》2015 年第 2 期，第 108～115 页。

⑪ 刘彬、乔黎黎、张依：《生命科学领域国家杰出青年科学基金项目资助状况及影响力分析》，载于《中国科学基金》2016 年第 2 期，第 122～131 页。

用数学模型对科学基金的投入、产出等相关数据进行计算，得出定量的评价结论。部分学者采用 DEA 方法，通过构建科学基金项目效率评价指标，对投入产出相对效率进行评价，分析科学基金投入产出效率及影响因素，这方面的研究主要有管仕平等（2010）[①]、赵斐（2010）[②]、李新杰等（2012）[③]、李志兰等（2015）[④]，其中大部分学者采用经典 BCC 和 CCR 模型分析科学基金效率，而段庆锋（2012）[⑤] 将改进的两阶段 DEA 方法应用于科学基金项目产出效率评价。另外一些学者通过构建回归模型，分析科学基金项目绩效的影响因素（马亮等，2012；郑石明等，2016；王红梅等，2016）[⑥⑦⑧]，其中马亮等（2012）利用 NSFC 医学科学的数据对不同变量进行回归分析，从而验证影响科学基金项目绩效的因素。刘云等（2011）[⑨] 则运用知识生产函数的投入产出测度方法，建立了科学基金重大项目绩效测度的指标和模型，实证测算出每个科学基金重大项目的绩效水平。

综合评价法是一类将定性与定量评价手段相结合的评价方法，主要包括案例分析、文本分析、问卷调查与文献计量等方法的结合运用。王汉熙等（2011）[⑩] 通过嵌入科学存在原型结构（PSSB）认知本体的科

47

① 管仕平、朱卫东、吴勇：《我国国家自然科学基金面上项目的相对效率分析》，载于《科技进步与对策》2010 年第 12 期，第 32～34 页。

② 赵斐：《基于 DEA 的国家自然科学基金投入产出相对效率评价》，载于《图书情报研究》2010 年第 3 期，第 41～46 页。

③ 李新杰、李雄诒、孙泽厚：《基于 DEA 方法的省级自然科学基金效率实证研究》，载于《软科学》2012 年第 6 期，第 78～82 页。

④ 李志兰、何学东：《基于 DEA 模型的自然科学基金投入产出效率分析——以浙江省自然科学基金为例》，载于《浙江大学学报（理学版）》2015 年第 2 期，第 246～252 页。

⑤ 段庆锋：《基于两阶段 DEA 的科学基金项目产出评价研究》，载于《统计与信息论坛》2012 年第 11 期，第 87～91 页。

⑥ 马亮、吴建南、时仲毅：《科研项目绩效的影响因素：医学科学基金面上项目的实证分析》，载于《科学学与科学技术管理》2012 年第 7 期，第 12～20 页。

⑦ 郑石明、任柳青：《青年科学基金项目绩效评价及其影响因素》，载于《中国科学基金》2016 年第 3 期，第 255～261 页。

⑧ 王红梅、智强、费继鹏：《青年科学基金对我国高校青年教师科研绩效的影响——基于 1995～2013 年国家自然科学基金的实证分析》，载于《教育研究》2016 年第 7 期，第 91～99 页。

⑨ 刘云、杨雨、郑永和：《基于知识生产函数的科学基金重大项目绩效测度研究》，载于《预测》2011 年第 1 期，第 30～34 页。

⑩ 王汉熙、周祖德、宋以超：《国家自然科学基金资助绩效评价模型研究》，载于《中南大学学报（社会科学版）》2011 年第 6 期，第 41～49 页。

学评价行为模型（SEBM），建立起由 SEBM 规范的面向科学优先权体系的科学研究能力体系信息监测与评价模型（IMEM – SRAS – FSPS），基于 IMEM – SRAS – FSP 模型，对 NSFC 机械学科 1986～2006 年资助进行绩效评价。杨芳娟等（2014）① 运用循证评估设计方法，以中国博士后科学基金为对象，建立基于"评估议题—关键问题—证据"的整体资助绩效评估框架，通过文本分析、数理统计、文献计量和问卷调查等评估方法进行定性与定量研究。张凤珠等（2011）② 通过深入的项目资助案例研究与受资助者的学术履历分析，试图破解多元资助格局下科学基金绩效评估难题。段庆锋等（2010）③ 认为国家自然科学基金合作与交流类项目绩效评价的对象是一个复杂的系统，需采用定性结合定量指标的综合分析方法，通过多角度、多层次的指标进行评估。

其他评价方法的研究与运用，一些机构和学者通过对项目负责人及参与部门大规模的问卷调查，来分析科学基金的资助绩效以及科学基金的适宜资助强度。美国国家科学基金会（NSF）为了研究适度的资助规模及资助期限，提高 NSF 资助的效率和效果，于 2002 年分别对受资助项目负责人（principal investigator，PI）和项目承担单位管理人员进行了问卷调查和访谈，旨在通过这项调查获得的信息帮助 NSF 制定关于适度的资助规模和资助期限的战略规划④。2011 年中国自然科学基金委员会对其过去和现在对中国研究和创新体系发展所做的贡献进行回顾和评价。此次评价采用"国内准备 + 国际评估"的模式，从科学基金的战略定位、资助绩效、管理绩效和影响四个方面收集资料进行评估。国际评估的一个主要趋势即多种评估方法并举，采取三角测量（triangulation）的方式，定性评估与定量评估相匹配，多侧面、多角度地反映科学资助机构的绩效水平（Arnold et al.，2001）⑤。

---

① 杨芳娟、刘云、宋赛赛：《基于循证设计的中国博士后科学基金整体资助绩效评估》，载于《科学学与科学技术管理》2014 年第 8 期，第 152～161 页。

② 张凤珠、马亮、吴建南：《多元资助格局下的科学基金绩效评估：案例研究与学术履历分析》，载于《科学学与科学技术管理》2011 年第 6 期，第 5～11 页。

③ 段庆锋、汪雪锋、朱东华：《国家自然科学基金合作与交流类项目绩效评估方法研究》，载于《科学学与科学技术管理》2010 年第 9 期，第 5～8 页。

④ National Science Foundation. National science foundation principal investigator 2001 grant award survey［EB/OL］. https：//www. nsf. gov/pubs/2004/nsf04205/mathematica_nsfrptfinal6. pdf.

⑤ Arnold E，Kuhlman S，Meulen Bvd. A Singular Council – Evaluation of the Research Council of Norway［J］. Technopolis，2001.

吴建南等（2011）[①] 通过分析某科学部已有相关定性资料，结合面向该科学部面上项目负责人发放调查问卷获取的数据信息，从政策制度、管理模式和管理过程三个方面评估其管理绩效状况以及存在的问题。

2.3　科学基金资助规模与资助绩效关系研究

长期以来关于组织规模与绩效关系的研究，没有一致的定论。在当前公共财政愈发强调绩效的情境下，为了更加合理地配置科学资源，使资源得到最大限度利用，科学基金决策者不仅要关注基金绩效情况，更要关注基金规模与基金绩效的关系。而关于科学基金规模与科学基金绩效的研究一直存在对立观点，学者们之间并未达成共识，争论点在于科学基金规模与科学基金绩效之间是否存在规模效应，即随着规模的扩大，研究绩效增加。有些学者认为研究存在规模效益或者集聚效应，研究成果随着规模增加而增加；也有学者认为科学基金资助强度增加或者团队规模扩大反而不利于创新思想的产生，会降低研究绩效。对于科学基金规模与绩效关系的研究主要有几下几种。

2.3.1　科学基金规模与科学基金绩效呈正相关关系

赫斯塔等（Herstad et al.，2010）[②] 通过对各国创新政策的研究，认为由于知识的性质和互动的重要性，科研经费的集中被看作是促进互动和学习的媒介，有利于促进科研绩效提升。马约卡等（Magjuka et al.，1991）[③] 提出，较大规模的团队可以通过更多元化的视角来探讨问题，拥有更丰富的人力资源和网络关系，更有可能拥有较有影响力的人物，以推动一些创新思想的执行，因而创新性更强。祖克等（Zucker

---

①　吴建南、章磊、阎波：《NSFC 面上项目管理绩效评估研究——以某科学部为例》，载于《软科学》2011 年第 1 期，第 40～44、60 页。

②　Herstad S，Bloch C，Ebersberger B，van de Velde E. National innovation policy and global open innovation：Exploring balances，tradeoffs and complementarities［J］. Science and Public Policy，2010（37）：113－124.

③　Magjuka R J，Baldwin T T. Team-based employee involvement programs：effects of design and administration［J］. Personnel Psychology，1991（44）：793－812.

et al., 2002)[①] 利用 1976~1991 年美国生物技术公司取得的专利权的数据建立了一个关于"专利—成功"的面板数据模型，通过小组分析和横截面分析，认为顶级研究员在一起工作的协同效应对研究绩效有积极影响。艾达等（Ida et al., 2013)[②] 采用双重区分估计函数评估了日本政府对大学大规模的科研资助的效果，并用文章发表数和文章引用数作为衡量大学成果的指标，发现资助规模会导致文章数量和引用数量的增加。布洛克等（Bloch et al., 2014)[③] 梳理了科研基金规模增加背后的原因以及研究经费规模增长的影响，发现科研经费规模扩大对于科研绩效有促进作用，合作的协同能够增加产量和促进开创性研究，增加资助强度有助于提高负责人对高风险项目的追求等。刘云等（2011)[④] 运用知识生产函数的投入产出测度方法，以 NSFC 已结题的 178 项重大项目为例，以资金投入和人员投入为两个关键投入指标，以发表论文和培养的学生为两个关键产出指标对其项目绩效进行了研究，发现科学基金重大项目经费与人员投入量和科学产出总体存在正相关关系。段庆锋（2012)[⑤] 选取资助项目数和资助总额作为投入指标，以发表论文、专利、培养人才和获奖作为产出指标，采用 DEA 方法对 NSFC 面上项目 1993~2008 年总体资助效率进行了分析，发现科学基金项目产出效率总体呈现提高趋势，而且产出效率提升与项目资助强度提高有密切关系。

2.3.2 科学基金规模与科学基金绩效呈负相关关系

格克等（Gök et al., 2016)[⑥] 采用负二项回归分析方法，对欧洲六

---

① Zucker L G, Darby M R, Armstrong J S. Commercializing knowledge: university science, knowledge capture, and firm performance in biotechnology [J]. Management Science, 2002 (48): 138–153.

② Ida T, Fukuzawa N. Effects of large-scale research funding programs: A Japanese case study [J]. Scientometrics, 2013 (94): 1253–1273.

③ Bloch C, Sorensen M P. The size of research funding: Trends and implications [J]. Science and Public Policy, 2014 (42): 1–14.

④ 刘云、杨雨、郑永和：《基于知识生产函数的科学基金重大项目绩效测度研究》，载于《预测》2011 年第 1 期，第 30~34 页。

⑤ 段庆锋：《基于两阶段 DEA 的科学基金项目产出评价研究》，载于《统计与信息论坛》2012 年第 11 期，第 87~91 页。

⑥ Gök A, Rigby J, Shapira P. The impact of research funding on scientific outputs: Evidence from six smaller European countries [J]. Journal of the Association for Information Science and Technology, 2016, 67 (3): 715–730.

个小型发达国家受科学基金资助科研人员的 242406 篇文章进行了科学基金资助强度与引用之间关系的研究，实证结果显示资助强度与第一次引用无关，但与引用总次数显著相关，引用与科学基金种类呈正相关，与资助强度负相关。皮尔斯等（Pearce et al.，2004）[①] 研究发现，较大规模团队的成员满意感较低、参与度较低，协作也少于小型团队，并得出团队规模与团队创新负相关。博德曼等（Boardman et al.，2007）[②] 基于半结构化访谈对大学科研人员调查发现，大规模研究团队会导致研究者的角色冲突，在科研部门和其他部门的角色竞争需求不仅阻碍个体研究者发展，也不利于他们的科研产出。哈里森（Harrison，2010）[③] 认为扩大资助基金和团队规模会对团队研究造成有害的影响。海因茨等（Heinze et al.，2009）[④] 针对 20 个具有高度创造性研究结果的案例，研究了科学研究机构和组织对创造力的影响，发现小规模的组织机构会更有利于创造性的产生。布洛克等（Bloch et al.，2014）[⑤] 也提出科研经费规模扩大会对科研绩效产生消极影响，如与大学竞争导致关系紧张；获得大项目的研究者比小项目的研究者更容易获得国家基金的其他资助，从而导致马太效应；大规模机构容易消除内部异质性，从而不利于真正变革性研究的开展。增加项目的资助强度使得成功率下降。资源集中对公平不利，特别是在性别方面。赵斐（2010）[⑥] 选取科研经费作为投入指标，以发表论文和专利作为产出指标，采用经典 DEA 模型对 1996～2005 年 NSFC 资助的面上项目和重点项目的投入产出效率进行了分析，认为受资助项目存在规模效益递减的现象。

---

①　Pearce C L, Herbik P A. Citizenship Behavior at the Team Level of Analysis: The Effects of Team Leadership, Team Commitment, Perceived Team Support, and Team Size [J]. The Journal of Social Psychology, 2004 (3): 293 – 311.

②　Boardman C, Bozeman B. Role strain and university research centers [J]. Journal of Higher Education, 2007 (78): 430 – 463.

③　Harrison M. Does high-quality research require "critical mass"? [M]//Pontikakis D, Kyriakou D, van Bavel R. The Question of R&D Specialisation: Perspectives and Policy Implications. Luxembourg: Office for Official Publications of the European Communities, 2010: 57 – 59.

④　Heinze T, Shapira P, Rogers J D, Senker J M. Organizational and institutional influences on creativity in scientific research [J]. Research Policy, 2009 (38): 610 – 623.

⑤　Bloch C, Sorensen M P. The size of research funding: Trends and implications [J]. Science and Public Policy, 2014 (42): 1 – 14.

⑥　赵斐:《基于 DEA 的国家自然科学基金投入产出相对效率评价》，载于《图书情报研究》2010 年第 3 期，第 41～46 页。

2.3.3　科学基金规模与科学基金绩效呈其他相关关系

除了上述两种研究认为科学基金规模与科学基金绩效呈正相关或者负相关关系外，也有学者认为两者间呈现其他关系，主要包括两者没有关系或呈倒 U 形关系。

第一，两者间没有相关关系。里格比（Rigby，2009）[①] 通过研究奥地利科学基金的项目资助强度和协作网络对科研产出与科研质量的影响时，发现两者对科研质量（引用率）的影响并无显著区别。大学联盟（University Alliance，2011）[②] 通过英国研究规模和绩效间关系进行研究，发现并没有证据能证明科研规模和绩效、生产力、引用存在关系。

第二，两者之间呈倒 U 形关系。林德斯利等（Lindsley et al.，1995）[③] 认为团队规模对团队绩效呈倒 U 形关系，即团队规模过大或过小时都会降低绩效，团队规模适中有利于团队绩效的提高。布雷斯基等（Breschi et al.，2011）[④] 分析了在信息和通信技术下 FP6 项目中规模对于科研成果的影响，发现项目的参与者数量和科技产出之间存在倒 U 形关系，然而对于最大的工具——卓越网络来说每一个参与者都是最有效率的。斯帕诺斯等（Spanos et al.，2012）[⑤] 基于大样本问卷调查，通过对欧盟 FP 资助项目绩效决定因素以及投入规模对协作研发项目绩效的影响进行分析，发现项目预算与绩效之间呈正 U 形关系，建立合作之后，基金规模与绩效呈倒 U 形关系，仅有小部分证据可以证明增加基金规模可以提高研发绩效。

---

① Rigby J. Comparing the scientific quality achieved by funding instruments for single grant holders and for collaborative networks within a research system：Some observations［J］. Scientometrics，2009（78）：45 –164.

② University Alliance. Funding Research Excellence：Research Group Size，Critical Mass and Performance，Report prepared by Evidence［M］. London：University Alliance，2011.

③ Lindsley H，et al. Efficacy-performance spirals：A multilevel perspective［J］. Academy of Management Review，1995，20（3）：645 –678.

④ Breschi S，Malerba F. Assessing the scientific and technological output of EU Framework Programmes：Evidence from the FP6 projects in the ICT field［J］. Scientometrics，2011（88）：239 –257.

⑤ Spanos Y E，Vonortas N S. Scale and performance in publicly funded collaborative research and development［J］. R&D Management，2012，42（5）：494 –513.

2.3.4　科学基金最佳资助规模相关研究

科纳和贝尔什 （Kenna and Berche，2010）[①] 基于英国研究评估 （RAE）数据分析不同学科的团队规模与团队研究质量的关系，发现团队规模与团队研究质量之间存在规模效益，但是当团队规模增大到一定程度时团队研究质量反而下降，即存在临界规模。瓦德曼 （Wadman，2010）[②] 对受 NIH 资助的 3000 名研究人员进行问卷调查，研究其科研生产力，发现中等资助规模的产出最高，最佳资助强度为 75 万美元。布洛克等（Bloch et al.，2014）[③] 认为基金规模的确定，需要更加全面分析其产生的影响，不仅要考虑项目主持人，还需要考虑项目其他参与者。

2010 年 NSFC 的国际评估报告中，对于面上项目和青年项目负责人的有关资助强度适宜性的问卷调查结果显示，53.8% 的面上项目负责人认为资助强度适当，43.5% 的负责人认为资助强度偏低，仅有 0.6% 的负责人选择偏高，其余 2.1% 选择无法判断；45.5% 的青年项目负责人认为项目资助强度与实际研究成本相比适当，而 52.3% 的负责人认为青年项目资助强度偏低，仅有 0.4% 负责人认为偏高，其余的 1.8% 选择了无法判断[④]。

段培新、孟溦 （2017）[⑤] 采用问卷调查与方向 DEA 相结合的方法，对 NSFC 地理学科的面上项目和青年项目最佳资助规模进行研究发现，面上项目规模收益整体状态优于青年科学基金项目，但当前面上项目不宜进一步增加资助强度；青年科学基金项目资助强度和资助范围不宜继续扩大，应进一步提高青年科学基金项目资助质量。段培

53

---

①　Kenna R，Berche B. Critical mass and the dependency of research quality on group size ［J］. Scientometrics，2010，86 （2）：527 – 540.

②　Wadman M. Study says middle-sized labs do best ［J］. Nature，2010 （468）：356 – 357.
Wang X W，Liu D，Ding K，Wang X R. Science Funding and Research Output：A Study on 10 Countries ［J］. Scientometrics，2012，91 （2）：591 – 599.

③　Bloch C，Sorensen M P. The size of research funding：Trends and implications ［J］. Science and Public Policy，2014 （42）：1 – 14.

④　国家自然科学基金委员会：《科学基金资助与管理绩效国际评估综合证据报告》，http：//www. nsfc. gov. cn/publish/portal0/tab112/。

⑤　段培新、孟溦：《科学基金项目资助规模与强度适宜性研究——以地理学面上项目与青年科学基金项目为例》，载于《中国科学基金》2017 年第 4 期，第 371 ~ 379 页。

新、孟澍（2018）[1] 根据 NSFC 面上科学基金项目资助实际情况，研究阻塞存在情况下的方向规模收益变化，构建了阻塞条件下方向 DEA 模型，并根据科学基金特点确定相对最佳投入方向和最优投入区间，以 2011 年 NSFC 三个学科面上项目数据为例进行了实证分析，发现相对最佳投入方向和最优资助区间存在学科差异。

2.4　基于 DEA 方法对规模收益的研究

规模收益是经济学中一个经典概念，涉及生产要素变化与产量变化之间的关系，即关注所有投入成比例变化时产出的相对变化率（Pindyck et al.，2000）[2]。目前对规模收益的研究，一种是经济学假设已知的生产函数形式，来分析规模收益；另外一种是运用 DEA 方法，通过对决策单元（DMU）组成的生产可能集（PPS）的有效前沿面（凸性假定下）来拟合前沿生产函数。DEA 方法一般不需要预先假设生产函数的形式，通过 PPS 的有效前沿面（凸性假定下）来拟合前沿生产函数，可以处理多输入多输出问题，也可以判别出任一个 DMU 单元是否位于前沿面上，对于不在前沿面上的点，还能通过投影（projection）将其映射到前沿面上，进而来处理规模收益问题。

2.4.1　基于 DEA 研究径向（同比例）规模收益

班克等（Banker et al.，1984）[3] 在经典 DEA 假设前提下将经济学中规模收益的定义引入 DEA 研究框架中，由此发展出研究规模收益的诸多 DEA 模型。这些模型对规模收益研究的定义来源于经济学，即投入是等比例变化的，研究的是径向（同比例）变化下的规模收益情况。

———————

① 段培新、孟澍：《阻塞条件下科学基金项目方向规模收益研究》，载于《科研管理》2018 年第 2 期，第 152~160 页。

② Pindyck R S, Rubinfeld D L. Microeconomics ［M］. Prentice Hall, 2000.

③ Banker R D, Charnes A, Cooper W W. Some models for estimating technical and scale inefficiencies in data envelopment analysis ［J］. Management Science, 1984, 30 (9)：1078–1092.

1. 运用 FGL 模型研究规模收益

运用 FGL 模型研究规模收益是在 BCC 和 CCR 模型基础上构建前沿面非递增（NIRS）模型，并根据这些径向测度 DEA 模型效率的比例估算被评价单元的规模收益，简称 FGL 方法。不同模型比例是通过 DEA 模型的最优解得到的，而这些模型的不同在于约束条件有所不同。法尔等（Färe et al.，1985，1994）[1][2] 构建的 NIRS 模型除了约束条件 $\sum_{j=1}^{n} \lambda_j \geqslant 1$ 与 BCC 模型不同外，其余条件均相同。符号"＊"代表最优解，θ_{NIRS}^{*} 是模型（3－3）的最优解，θ_{BCC}^{*} 和 θ_{CCR}^{*} 分别是 BCC 模型和 CCR 模型的最优解。法尔等（Färe et al.，1985）[3] 认为三种模型最优解满足 $\theta_{CCR}^{*} \leqslant \theta_{NIRS}^{*} \leqslant \theta_{BCC}^{*}$。当 $\theta_{CCR}^{*} = \theta_{BCC}^{*}$ 时，规模收益不变；当 $\theta_{CCR}^{*} < \theta_{BCC}^{*}$ 时，若 $\theta_{CCR}^{*} = \theta_{NIRS}^{*}$，规模收益递增，若 $\theta_{CCR}^{*} < \theta_{NIRS}^{*}$，规模收益递减。

$$\theta_{NIRS}^{*} = \min \theta_{NIRS}$$

$$\text{s. t.} \quad \theta_{NIRS} x_{i0} = \sum_{j=1}^{n} x_{ij}\lambda_j + s_i^{-}, \ i = 1, 2, \cdots, m,$$

$$y_{r0} = \sum_{j=1}^{n} y_{rj}\lambda_j - s_r^{+}, \ r = 1, 2, \cdots, s, \tag{2-8}$$

$$\sum_{j=1}^{n} \lambda_j \geqslant 1, \ 0 \leqslant \lambda_j, \ s_i^{-}, \ s_r^{+} \quad \forall i, \ r, \ j$$

FGL 模型也可以避免 CCR 模型中 $\sum \lambda_j^{*}$ 多重最优解问题。魏权龄（2004）[4]、韩松（2016）[5] 运用 CCR 模型（2－1）、BCC 模型（2－2）、FG 模型（2－3）、ST 模型（2－4）的最优解共同判定规模收益情况，

---

① Färe R, Grosskopf S, Lovell C A K. The Measurement of Efficiency of Production［M］. Boston：Kluwer Nijhoff Publishing，1985：128－155.

② Färe R, Grosskopf S, Lovell C A K. Production Frontiers［M］. Cambridge：Cambridge University Press，1994：76－103.

③ Färe R, Grosskopf S, Lovell C A K. The Measurement of Efficiency of Production［M］. Boston：Kluwer Nijhoff Publishing，1985：128－235.

④ 魏权龄：《数据包络分析》，科学出版社 2004 年版，第 139～151 页。

⑤ 韩松：《DEA 效率分解与规模收益评价》，载于《数学的实践与认识》2016 年第 24 期，第 60～68 页。

当 DMU_0 为弱 BCC 有效时，则存在当 DMU_0 为弱 ST 有效，不为弱 FG 有效为规模收益递增；当 DMU_0 为弱 ST 有效和弱 FG 有效为规模收益不变；当 DMU_0 不为弱 ST 有效，弱 FG 有效为规模收益递减。

2. 运用 BCC 和 CCR 模型研究规模收益

运用 BCC 模型对规模收益研究（Banker et al.，1984[①]；Banker and Thrall，1992[②]；Banker et al.，1996a[③]），是在戈拉尼等（Golany and Yu，1994)[④]提出的 BCC 模型的对偶模型中，通过支撑超平面在生产可能集上的截距的符号（正的，负的，0）来判断 DMU 的规模收益。规模收益是指在前沿面上的 DMU，因此当 DMU_0 有效时，根据模型（2-9），符号"*"代表最优 u_0 的最优解 u_0^*（2-9）可以用来表示规模收益。对于所有最优解，当且仅当 $u_0^* < 0$ 时，在 $DMU_0(\hat{x}_0, \hat{y}_0)$ 处规模收益递增；对于所有最优解，当且仅当 $u_0^* > 0$ 时，在 $DMU_0(\hat{x}_0, \hat{y}_0)$ 处规模收益递减；至少有一个最优解，当且仅当 $u_0^* = 0$ 时，在 $DMU_0(\hat{x}_0, \hat{y}_0)$ 处规模收益不变。运用 BCC 模型判断规模收益，只能根据 u_0^* 的符号定性表达规模收益的情况。

$$\max z = \sum_{r=1}^{s} u_r y_{r0} - u_0,$$

$$\text{s. t.} \quad \sum_{r=1}^{s} u_r y_{rj} - \sum_{i=1}^{m} v_i x_{ij} - u_0 \leq 0, \ j = 1, 2, \cdots, n, \quad (2-9)$$

$$\sum_{i=1}^{m} v_i x_{i0} = 1, \ v_i \geq \varepsilon, \ u_r \geq \varepsilon,, \ u_0 \text{free}$$

$$x_{ij}, \ y_{rj} \geq 0 \quad \forall i, r, j$$

班克等（Banker et al.，1992)[⑤]在规模报酬不变前提下，通过计算

① Banker R D, Charnes A, Cooper W W. Some models for estimating technical and scale inefficiencies in data envelopment analysis [J]. Management Science, 1984, 30 (9): 1078 - 1092.

②⑤ Banker R D, Thrall R M. Estimation of returns to scale using data envelopment analysis [J]. European Journal of Operational Research, 1992, 62 (1): 74 - 84.

③ Banker R D, Chang H, Cooper W W. Equivalence and implementation of alternative methods for determining returns to scale in data envelopment analysis [J]. European Journal of Operational Research, 1996 (89): 473 - 481.

④ Golany B, Yu G. Estimating returns to scale in DEA [J]. European Journal of Operational Research, 1994 (103): 28 - 37.

CCR 模型中 $\sum \lambda_j^*$ 的值并与 1 进行比较，来确定规模收益。$\sum \lambda_j^*$ 表示模型（2 – 10）的最优解，对于所有最优解当且仅当 $\sum \lambda_j^* < 1$ 时，在 $\mathrm{DMU}_0(\hat{x}_0, \hat{y}_0)$ 处规模收益递增；对于所有最优解，当且仅当 $\sum \lambda_j^* > 1$ 时，在 $\mathrm{DMU}_0(\hat{x}_0, \hat{y}_0)$ 处规模收益递减；对于任意最优解，当且仅当 $\sum \lambda_j^* = 1$ 时，在 $\mathrm{DMU}_0(\hat{x}_0, \hat{y}_0)$ 处规模收益不变。

$$\min\theta_0 - \varepsilon(\sum_{i=1}^m s_i^- + \sum_{r=1}^s s_r^+)$$

$$\text{s. t.} \quad \theta_0 x_{i0} = \sum_{j=1}^n x_{ij}\lambda_j + s_i^-, \ i = 1, 2, \cdots, m,$$

$$y_{r0} = \sum_{j=1}^n y_{rj}\lambda_j - s_r^+, \ r = 1, 2, \cdots, s, \qquad (2-10)$$

$$0 \leqslant \lambda_j, \ s_i^-, \ s_r^+ \quad \forall i, r, j$$

然而 λ_j^* 存在多重最优解的问题，萨福和朱（Seiford and Zhu, 1999）[1] 通过比较 BCC 模型和 CCR 模型的最优解来判断规模收益，从而解决了 λ_j^* 多重最优解的问题。θ_{BCC}^* 和 θ_{CCR}^* 分别是 BCC 模型和 CCR 模型的最优解。当 $\theta_{\mathrm{CCR}}^* = \theta_{\mathrm{BCC}}^*$ 时，规模收益不变；在产出导向 CCR 模型中，当 $\theta_{\mathrm{CCR}}^* \neq \theta_{\mathrm{BCC}}^*$ 时，若 $\sum_{j=1}^n \lambda_j^* < 1$，若 $\sum_{j=1}^n \lambda_j^* > 1$，规模收益递减。该方法提供了一种简单的规模收益估计方法，从而避免检查多个最优解的情况。

3. 运用非径向测度模型研究规模收益

前面几种模型均是径向测度模型，可能会存在遗漏松弛变量的问题，且投入和产出导向不同可能对结果产生差异（Banker et al., 2011）[2]，因此斯若尔（Thrall, 1996a）[3] 提出的加性模型，没有投入和产出导向。

———————

① Seiford L M, Zhu J. An investigation of returns to scale under Data Envelopment Analysis [J]. Omega, 1999 (27)：1 – 11.

② Banker R D, Cooper W W, Seiford L M, Zhu J. Return to scale in DEA [M]//Zhu J. Handbook on Data Envelopment Analysis. 2ed. New York：Springer, 2011：41 – 70.

③ Thrall R M. Duality, classification and slacks in DEA [J]. Annals Operation Research, 1996a (66)：19 – 38.

$$\min \sum_{i=1}^{m} v_i x_{i0} - \sum_{r=1}^{s} u_r y_{r0} + u_0,$$

$$\text{s. t.} \sum_{i=1}^{m} v_i x_{ij} - \sum_{r=1}^{s} u_r y_{rj} + u_0 \geqslant 0, \ j = 1, 2, \cdots, n, \qquad (2-11)$$

$$v_i \geqslant g_i^-, \ u_r \geqslant g_r^+, \ u_0 \text{ free}$$

u_0^* 为模型（2-11）的最优解。当 $u_0^* < 0$ 时，再根据 CCR 模型的极大值 $\hat{u}_0^*$ 来判定投影点 $DM\hat{U}_0(\hat{x}_{i0}, \hat{y}_{r0})$ 的规模收益。当 $\hat{u}_0^* < 0$ 时，在 $DM\hat{U}_0(\hat{x}_{i0}, \hat{y}_{r0})$ 处规模收益递增；当 $\hat{u}_0^* = 0$，在 $DM\hat{U}_0(\hat{x}_{i0}, \hat{y}_{r0})$ 处规模收益不变。若 $u_0^* > 0$，根据 CCR 模型的极小值 $\hat{u}_0^*$ 来判定投影点 $DM\hat{U}_0(\hat{x}_{i0}, \hat{y}_{r0})$ 的规模收益。当 $\hat{u}_0^* > 0$ 时，在 $DM\hat{U}_0(\hat{x}_{i0}, \hat{y}_{r0})$ 处规模收益递减；当 $\hat{u}_0^* = 0$，在 $DM\hat{U}_0(\hat{x}_{i0}, \hat{y}_{r0})$ 处规模收益不变。

加性模型规模收益的判定规则与 BCC 径向测度模型判定一致。这几类模型对于规模收益的研究局限于定性特征描述，只能判别出规模收益状态是"递增"、"递减"还是"不变"，无法对规模收益进行定量估计。

查恩斯等（Charnes et al., 1982）[1]、查恩斯等（Charnes et al., 1983）[2] 以及班克等（Banker et al., 1986）[3] 通过乘积模型提出了规模收益的定量表达，用分段柯布—道格拉斯（Cobb-Douglas）函数（取对数）的边界取代 DEA 分段线性生产前沿面，通过柯布—道格拉斯函数的指数得到规模弹性。班克等（Banker et al., 1986）[4] 提出的乘法模型如下：

$$\max \gamma_0$$

$$\text{s. t.} \prod_{j=1}^{n} x_{ij}^{\lambda_j} \leqslant x_{i0}, \ i = 1, 2, \cdots, m,$$

$$\prod_{j=1}^{n} y_{rj}^{\lambda_j} \geqslant \gamma_0 y_{r0}, \ r = 1, 2, \cdots, s, \qquad (2-12)$$

$$\sum_{j=1}^{n} \lambda_j = 1, \ \gamma_0, \ \lambda_j \geqslant 0$$

① Charnes A, Cooper W W, Seiford L M, Stutz J. A multiplicative model for efficiency analysis [J]. Socio-economic Planning Science, 1982 (16): 213-224.

② Charnes A, Cooper W W, Seiford L M, Stutz J. Invariant multiplicative efficiency and piecewise Cobb-Douglas envelopments [J]. Operation Research Letter, 1983 (2): 101-103.

③④ Banker R D, Maindiratta A. Piecewise loglinear estimation of efficient production surfaces [J]. Management Science, 1986 (32): 126-135.

通过取对数得到对偶模型（2-13）：

$$\max \sum_{r=1}^{s} \beta_r \tilde{y}_{r0} - \sum_{i=1}^{m} \alpha_i \tilde{x}_{i0} - \alpha_0$$

$$\text{s. t.} \quad \sum_{r=1}^{s} \beta_r \tilde{y}_{rj} - \sum_{i=1}^{m} \alpha_i \tilde{x}_{ij} - \alpha_0 \leqslant 0, \ j = 1, 2, \cdots, n, \quad (2-13)$$

$$\sum_{r=1}^{s} \beta_r = 1, \ \alpha_i \geqslant \varepsilon, \ \beta_r \geqslant \varepsilon, \ \alpha_0 \ \text{free}$$

α_i^*，β_r^*，α_0^* 为模型（2-13）的最优解，$\sum_{r=1}^{s} \beta_r^* \tilde{y}_{r0} - \sum_{i=1}^{m} \alpha_i^* \tilde{x}_{i0} - \alpha_0^* = 0$ 表示 DMU_0 的支撑超平面（对数坐标），若 DMU_0 有效，可以根据原始投入产出变量重写此对数线性的支撑超平面：$\prod_{r=1}^{s} y_{r0}^{\beta_r^*} = e^{\alpha_0^*} \prod_{i=1}^{m} x_{i0}^{\alpha_i^*}$，乘法模型规模收益判定规则为：对于所有最优解，当且仅当 $\sum \alpha_i^* > 1$ 时，规模收益递增；对于所有最优解，当且仅当 $\sum \alpha_i^* < 1$ 时，规模收益递减；当且仅当 $\sum \alpha_i^* = 1$ 时，规模收益不变。

4. 运用规模弹性研究规模收益

在新古典经济学中通常用规模弹性来解释规模收益（Frisch，1965）[1]，运用 DEA 方法研究规模收益，除了通过上述模型定性表达规模收益情况外，还对规模弹性进行计算，定量估计规模收益。乘法模型是定量估计规模收益的一种方法，班克和斯若尔（Banker and Thrall，1992）[2] 对规模弹性进行了估计。福松（Førsund，1996）[3] 不仅讨论了规模收益的类型，还提出了规模弹性，讨论了如何定量衡量规模收益的大小。福山（Fukuyama，2001）[4] 则进一步扩展到规模弹性的定量估算方法。班克和斯若尔（Banker and Thrall，1992）[5] 定义了生产可能集 T，

① Frisch R. Theory of Production [M]. Dordrecht：D. Reidel，1965.

②⑤ Banker R D，Thrall R M. Estimation of returns to scale using data envelopment analysis [J]. European Journal of Operational Research，1992，62（1）：74-84.

③ Førsund F R. On the Calculation of the Scale Elasticity in DEA Models [J]. The Journal of Productivity Analysis，1996（7）：283-302.

④ Fukuyama H. Returns to scale and scale elasticity in data envelopment analysis [J]. European Journal of Operational Research，2001（16）：225-239.

T = $\{(X, Y) | $产出向量 Y ≥ 0 是由投入向量 X ≥ 0 产生$\}$，若满足 $\beta(t) = \max\{\beta | (tX, \beta Y) \in T\}$，t > 0，令所有投入均按相同比例 t 变化，产出变化最大可能比例为 β。在生产前沿面上的点 DMU(X_0，Y_0) 处的规模收益量化表示为 $\rho = \lim_{t \to 1} \dfrac{\beta(t) - 1}{t - 1}$。$\rho > 1$ 代表规模收益递增，$\rho = 1$ 代表规模收益不变，$\rho < 1$ （在 Pareto 偏好下 ρ 不会小于 0） 时，代表规模收益递减。规模收益的概念是根据生产前沿面上给定的点 (X，Y) 附近的小邻域内定义的，这很容易验证以上概念是对单个输出的情况定义的归一化概念的直接泛化。

运用规模弹性研究规模收益的 DEA 模型使用标准 DEA 模型，标准 DEA 模型的前沿面的分段线性特征导致用标准 DEA 模型估算规模弹性存在固有限制 （Førsund，1996）[1]。这类 DEA 模型的研究没有考虑到多参照集情况以及多投影的情况。

2.4.2　基于 DEA 研究方向规模收益

前面 DEA 模型对于规模收益的研究，都是在基于班克在经典 DEA 假设前提下对规模收益的定义，即投入是等比例变化的。杨国梁 （2012）[2] 认为在知识经济下，特别是对科研活动的评价由于其复杂性各类投入 （产出） 并不一定按同一比例变化的情况下，应用径向测度思想的传统规模收益定义，与投入变化的现实情况相去甚远，难以直接满足多投入多产出情况下通过 DEA 方法进行科研机构规模收益估算的需要。他提出了方向规模收益和方向规模弹性的经济学概念，并基于有限差分方法 FDM 方法，通过对有效前沿面 DMU(X_0，Y_0) 设定右侧和左侧的一个小邻域，构建了方向规模收益 DEA 模型。模型 （2 - 14） 是对 DMU(X_0，Y_0) 右侧方向规模收益的判定，模型 （2 - 15） 是对 DMU(X_0，Y_0) 左侧方向规模收益的判定。

① Førsund F R. On the Calculation of the Scale Elasticity in DEA Models ［J］. The Journal of Productivity Analysis，1996 （7）：283 - 302.

② 杨国梁：《科研机构相对效率与方向规模收益分析方法研究》，中国科学院大学博士学位论文，2012 年。

$$\max \xi = \beta / t_0$$

$$\text{s. t. } \sum_{j=1}^{n} x_{ij}\lambda_j \leqslant (1 + \omega_i t_0) x_{i0}, \quad i = 1, \cdots, m$$

$$\sum_{j=1}^{n} y_{rj}\lambda_j \geqslant (1 + \delta_r\beta) y_{r0}, \quad r = 1, \cdots, s \tag{2-14}$$

$$\sum_{j=1}^{n} \lambda_j = 1, \quad \lambda_j, \beta \geqslant 0, \quad j = 1, \cdots, n$$

$$\min \psi = \beta / t_0$$

$$\text{s. t. } \sum_{j=1}^{n} x_{ij}\lambda_j \leqslant (1 - \omega_i t_0) x_{i0}, \quad i = 1, \cdots, m$$

$$\sum_{j=1}^{n} y_{rj}\lambda_j \geqslant (1 - \delta_r\beta) y_{r0}, \quad r = 1, \cdots, s \tag{2-15}$$

$$\sum_{j=1}^{n} \lambda_j = 1, \quad \lambda_j, \beta \geqslant 0, \quad j = 1, \cdots, n$$

其中，$(\omega_1, \omega_2, \cdots, \omega_m)^T$ 是投入的方向因子，$(\delta_1, \delta_2, \cdots, \delta_r)^T$ 是产出的方向因子。$\sum_{i=1}^{m} \omega_i = 1$，$t_0$，$\beta$ 为系数，$DMU(X_0, Y_0)$ 的方向规模收益情况如下：当 $\xi(X_0, Y_0) > 1$（$\psi(X_0, Y_0) > 1$）时，在指定方向右侧（左侧）规模收益递增；当 $\xi(X_0, Y_0) = 1$（$\psi(X_0, Y_0) = 1$）时，在指定方向右侧（左侧）规模收益不变；当 $0 < \xi(X_0, Y_0) < 1$（$0 < \psi(X_0, Y_0) < 1$）时，在指定方向右侧（左侧）规模收益递减。

同时，杨国梁和刘文斌（Yang and Liu，2017）[①] 也指出在很多情况下（$\Omega_t X_0$，$\Phi_\beta Y_0$）∈ PPS 并不总是成立。以一个简单例子为证，当 $y_1 = x_1 + x_2$，$y_2 = x_2$ 时，可以很容易证明当投入方向给定时，只能有一个确定的产出方向。基于严谨性考虑，为了使得规模收益有意义，我们假定（$\Omega_t X_0$，$\Phi_\beta Y_0$）∈ PPS 在（$\omega_1, \cdots, \omega_m$；$\delta_1, \cdots, \delta_s$）^{T} 方向上均成立。如果该假设不成立，该点的方向规模收益在我们的方法中是不能被定义的。因此这种假设限制性较强，在 DEA 模型中很难被检验。但是单产出，即 $s = 1$，则满足我们的假定，有更广泛的适用性。

---

① Yang G L, Liu W B. Estimating directional returns to scale in DEA [J]. INFOR：Information Systems and Operational Research，2017，55（3）：243 - 273.

针对这一问题，福山（Fukuyama，2003）① 提出了一种方向技术规模弹性公式，Farrell 投入产出规模弹性可以被囊括在其中作为一个特例；波迪诺夫斯基和福松（Podinovski and Forsund，2010）② 推导出最优值函数相关理论，将传统规模收益进行了拓展，并引入了一个新的规模收益；杨国梁（2012）③ 给出了方向规模收益和方向规模弹性的经济学概念，基于 DEA 方法框架下的规模收益的定义，采用可变比例规模收益的思想，定义了 DEA 框架下的方向规模收益，并基于有限差分方法（FDM）和上下界方法提出了科研机构方向规模收益分析的方法；巴尔克等（Balk et al.，2015）④ 将规模弹性视作方向导数，然后在投入产出集合中给定的点上，计算了沿任意方向的规模弹性。段培新、孟溦（2018）⑤ 针对科学基金存在阻塞的情况，构建了阻塞条件下的方向 DEA 模型，并根据科学基金资助的特点，修正了以往相对最佳投入方向的判定方法，通过确定相对最佳投入方向和最优投入区间的判定，利用 MATLAB 拟合模型计算出的阻塞率的变化规律曲线，将阻塞率最低的方向确定为相对最佳投入方向。

以上研究主要是 DEA 理论方面的研究，在针对现实问题进行模型的应用与验证的研究中，杨国梁、刘文斌（2015）⑥，杨国梁、刘文斌（2014）⑦ 利用方向规模收益估算方法，分析了中国科学院研究所方向规模收益情况，找到了各研究所方向规模递增（递减、不变）区域，以及相对最佳投入方向，发现部分研究所在某些方向存在阻塞效应。段

---

① Fukuyama H. Scale characterizations in a DEA directional technology distance function framework［J］. European Journal of Operational Research，2003（144）：108 – 127.

② Podinovski V V，Førsund F R. Differential characteristics of efficient frontiers in data envelopment analysis［J］. Operation Research，2010（58）：1743 – 1754.

③ 杨国梁：《科研机构相对效率与方向规模收益分析方法研究》，中国科学院大学博士学位论文，2012 年。

④ Balk B M，Färe R，Karagiannis G. On directional scale elasticities［J］. Journal Productivity Analysis，2015（43）：99 – 104.

⑤ 段培新、孟溦：《阻塞条件下科学基金项目方向规模收益研究》，载于《科研管理》2018 年第 2 期，第 152～160 页。

⑥ 杨国梁、刘文斌：《基于 DEA 的生物领域研究所规模收益分析》，载于《科研管理》2015 年第 1 期，第 104～111 页。

⑦ 杨国梁、刘文斌：《基于 DEA 方法的科研机构方向规模收益研究》，载于《管理工程学报》2014 年第 4 期，第 48～58 页。

培新、孟溦（2017）[1] 采用方向 DEA 模型研究了阻塞存在情况下地理学科学基金项目的方向规模收益情况，并选取投入等比例方向，计算规模最优状态下的投入，与问卷调查数据比对，确定最优投入。

2.4.3　基于 DEA 对阻塞的研究

在实际规模收益研究中，往往涉及阻塞的概念。阻塞是指随着某一投入要素的增加，产出反而下降（McFadden，1978）[2]。库伯等（Cooper et al.，1996）[3] 在 DEA 框架下提出了阻塞的定义，即对某个决策单元，增加（减少）一种或多种投入的投入量，可以使一些产出的产出量减少（增加），而不会影响到其他投入和产出。目前基于 DEA 方法测量阻塞的研究主要有以下几种模型。

1. 运用 FGL 模型研究阻塞

费尔和格罗斯科普夫（Färe and Grosskopf，1983）[4]、费尔和洛弗尔（Färe and Lovell，1978）[5] 开发了一个 DEA 模型来计算阻塞，简称 FGL 模型。该模型是一种径向测度的方法，阻塞效应是用来衡量弱可处置性投入和强可处置性下投入技术效率的差别。随后费尔和格罗斯科普夫（Färe and Grosskopf，2000）[6] 又进一步对 FGL 模型做了进一步发展。FGL 模型最大的优势在于它可以将整体技术效率分解为纯技术效率、规模效率和阻塞效率。但是 FGL 模型在某些情况下无法检测到阻塞，特别是当只有一个输入时，并且它无法测量阻塞的数量。

———————

① 段培新、孟溦：《科学基金项目资助规模与强度适宜性研究——以地理学面上项目与青年科学基金项目为例》，载于《中国科学基金》2017 年第 4 期，第 371～379 页。

② McFadden D. Cost，Revenue and Profit Functions［M］//Fuss M，McFadden D. eds. Production Economics：A Dual Approach to Theory and Applications，1978.

③ Cooper W W，Tompson R G，Thrall R. M. Introduction：extensions and new developments in DEA［J］. Annals of Operations Research，1996（66）：3 – 45.

④ Färe R，Grosskopf S. Measuring congestion in production［J］. Zeitschrif fur Nationalokonomie，1983，43（3）：257 – 271.

⑤ Färe R，Lovell C A K. Measuring the technical efficiency of production［J］. Journal of Economic Theory，1978，19（1）：150 – 162.

⑥ Färe R，Grosskopf S. Decomposing technical efficiency with care［J］. Management Science，2000，46（1）：167 – 168.

2. 运用 Cooper 模型研究阻塞

库伯等（Cooper, Tompson and Thrall, 1996）[①] 基于 BCC 模型，提出了测量阻塞问题的二阶段 DEA 模型，简称 CTT 模型，该模型采用松弛变量来确定阻塞数量。在此方法中，阻塞效应通过测量被观测到的数量与预期量之前的差值来计算。这一方法随后被布罗克特等（Brockett et al.，1998）[②] 在研究中国经济存在的阻塞问题时进一步扩展，称为 BCSW 模型，而后库伯等（Cooper et al.，2000）[③] 又将 BCSW 模型扩展到加性模型中，并将二阶段模型整合成一阶段模型，称为 CSZ 模型。简单起见，这个过程被称为 Cooper 方法。与径向测度估计阻塞需要所有投入同比例减小不同，在该方法中各个投入可以按不同比例变化。

3. 运用 WY/TS 模型研究阻塞

以前的方法用过度投入来表示阻塞效应。根据定义，当增加一些投入导致一些产出减小时，阻塞效应产生。因此，也可以用产出的不足来衡量阻塞。魏权龄和闫洪（Wei and Yan, 2004）[④] 以及汤恩和萨霍（Tone and Sahoo, 2004）[⑤] 从产出的角度发展了一种方法，他们都认为阻塞是一种特殊的规模收益状态，这一模型后来被称为 WY/TS 模型，成为处理阻塞中应用较多的模型。魏权龄和闫洪（Wei and Yan, 2004）[⑥] 在 BCC、CCR、FG、ST 模型的基础上，提出了 WY 模型，该模型与原有模型的区别在于生产可能集无效性公理假设中仅有产出无效性假设，不包含投入无效性假设，即投入不满足经济学中的自由处置公

① Cooper W W, Tompson R G, Thrall R. M. Introduction: extensions and new developments in DEA [J]. Annals of Operations Research, 1996 (66): 3 – 45.

② Brockett P L, Cooper W W, Wang Y Y. Inefficiency and congestion in Chinese production before and after the 1978 economic reforms [J]. Socio – Economic Planning Sciences, 1998 (32): 1 – 20.

③ Cooper W W, Seiford L M, Zhu J. A unified additive model approach for evaluating inefficiency and congestion with associated measures in DEA [J]. Socio – Economic Planning Sciences, 2000 (34): 1 – 25.

④⑥ Wei Q L, Yan H. Congestion and returns to scale in data envelopment analysis [J]. European Journal of Operational Research, 2004, 153 (3): 641 – 660.

⑤ Tone K, Sahoo B K. Degree of scale economies and congestion: a unified DEA approach [J]. European Journal of Operational Research, 2004, 158 (3): 755 – 772.

理。并根据 WY 模型与其他模型的判定关系来判断 DMU 是否处于阻塞。汤恩和萨霍（Tone and Sahoo，2004）[1] 也引用了投入非自由处置公理下的生产可能集构成的 DEA 模型，计算规模弹性系数，当规模弹性系数 ρ < 0 时处于阻塞。弗莱格和艾伦（Flegg and Allen，2007）[2] 应用上述方法来检验英国大学生数量的快速增长是否导致了阻塞。杨国梁（2012）[3] 根据 WY/TS 判断阻塞的模型，引入方向向量，对方向阻塞进行了界定，研究投入不等比例变化时不同方向的阻塞问题。

4. 运用 Khodabakhshi 模型研究阻塞

在 DEA 中，投入比例的变化通常基于投入的减少。显然，这一问题从经济学角度是有合理正当性的，因为投入减少成本降低。但是，在某些情况下，投入的较少可能会面临社会紧张形势，比如发生在中国的劳动力投入的减少。贾汉沙洛等（Jahanshahloo et al.，2004）[4] 提出了一种基于投入松弛组合的方法，来确定阻塞的源头和数量，这一方法的框架与库伯等学者提出的方法类似。后来，胡达巴克什（Khodabakhshi，2009）[5] 基于投入松弛模型提出了投入阻塞的方法。这个方法减少了求解由贾汉沙洛等（Jahanshahloo et al.，2004）[6] 提出的模型方法的三个问题，这从计算角度来说当然是很重要的，此后胡达巴克什等（Khodabakhshi et al.，2009）[7] 和胡达巴克什（Khodabakhshi，2010）[8] 又进

65

---

① 　Tone K，Sahoo B K. Degree of scale economies and congestion：a unified DEA approach ［J］. European Journal of Operational Research，2004，158（3）：755 – 772.

② 　Flegg A T，Allen D O. Does expansion cause congestion? The case of the older British universities：1994 – 2004 ［J］. Education Economics，2007，15（1）：75 – 102.

③ 　杨国梁：《科研机构相对效率与方向规模收益分析方法研究》，中国科学院大学博士学位论文，2012 年。

④⑥ 　Jahanshahloo G R，Khodabakhshi M. Determining assurance interval for non – Archimedean element in the improving outputs model in DEA ［J］. Applied Mathematics and Computation，2004，151（2）：501 – 506.

⑤ 　Khodabakhshi M. A one-model approach based on relaxed combinations of inputs for evaluating input congestion in DEA ［J］. Journal of Computational and Applied Mathematics，2009，230（2）：443 – 450.

⑦ 　Khodabakhshi M，Asgharian M. An input relaxation measure of efficiency in stochastic data envelopment analysis ［J］. Applied Mathematical Modelling，2009，33（4）：2010 – 2023.

⑧ 　Khodabakhshi M. Chance constrained additive input relaxation model in stochastic data envelopment analysis ［J］. Journal of Information and Systems Sciences，2010，6（1）：99 – 112.

一步改进了模型，这一模型被称为胡达巴克什模型。TS模型中的一点不足是不能识别每个投入中的过度数量。另外，在存在可选最优方案时，该方法无法检测阻塞（强和弱）。此外，在此方法中，所有决策单元的投入和产出都被假定为正，然而在实际应用中，数据常常是非负的。霍维尼等（Khoveyni et al.，2013）[①] 消除了汤恩等人提出的方法中的这一缺陷。另外，胡达巴克什（Khodabakhshi，2010）[②] 和阿斯加里安等（Asgharian et al.，2010）[③] 提出了一些在随机条件下确定投入阻塞的方法。贾汉沙洛等（Jahanshahloo et al.，2011）[④] 和胡达巴克什等（Khodabakhshi et al.，2013）[⑤] 提出了一些在具有生产折中和权重约束的DEA模型中计算阻塞的方法。

5. 运用Noura模型和Wu模型研究阻塞

努拉等（Noura et al.，2010）[⑥] 提出了另一种等效于Cooper方法的算法。他们的方法比Copper方法需要进行更少的计算。该方法被称为Noura模型。Cooper方法只考虑理想的产出。但是，在生产过程中，不理想的产出，比如烟尘污染或废物，经常会伴随着理想产出。理想产出对消费者是好的产出，而不理想的产出对消费者而言是坏的产出。因此，伴随着不良产出的阻塞与传统情景下的阻塞不同。吴杰等（Wu

---

① Khoveyni M, Eslami R, Khodabakhshi M, et al. Recognizing strong and weak congestion slack based in data envelopment analysis [J]. Computers & Industrial Engineering, 2013, 64 (2): 731–738.

② Khodabakhshi M. An output oriented super-efficiency measure in stochastic data envelopment analysis: considering Iranian electricity distribution companies [J]. Computers & Industrial Engineering, 2010, 58 (4): 663–671.

③ Asgharian M, Khodabakhshi M, Neralic L. Congestion in stochastic data envelopment analysis: an input relaxation approach [J]. International Journal of Statistics and Management System, 2010, 5 (1): 84–106.

④ Jahanshahloo G R, Khodabakhshi M, Lotf F H, et al. Computation of congestion in DEA models with productions trade-offs and weight restrictions [J]. Applied Mathematical Sciences, 2011, 5 (14): 663–676.

⑤ Khodabakhshi M, Goudarzi R M, Maryaki M Y, et al. A one-model approach for computation of congestion with productions trade-offs and weight restrictions [J]. International Journal of Applied Operational Research, 2013, 3 (4): 69–80.

⑥ Noura A A, Hosseinzadeh F H, Jahanshahloo G R, et al. A new method for measuring congestion in data envelopment analysis [J]. Socio–Economic Planning Sciences, 2010, 44 (4): 240–246.

et al.，2012）[①] 结合之前的方法（Seiford and Zhu，2002[②]；Wei and Yan，2004[③]），提出了一个计算有不良产出情况下投入阻塞的方法，被命名为 Wu 模型。

2.4.4　现有 DEA 模型在科学基金项目规模收益研究中的局限

运用 DEA 方法对规模收益的研究大致分为两类：一类是基于不同 DEA 模型对规模收益进行定性描述；另一类是通过计算规模弹性定量估算规模收益。径向测度的 BCC 模型、CCR 模型和 FGL 模型以及非径向测度的加性模型对于规模收益的判定都只能判别出规模收益状态是"递增""递减"还是"不变"，无法对规模收益进行定量估计。而乘法模型和规模弹性估算规模收益的研究，在寻找投影过程中，常出现多参照集和多投影的情况。两类基于 DEA 方法对规模收益的研究，都是基于班克（Banker）在经典 DEA 假设前提下对规模收益的定义，即投入是等比例变化的。在传统工业生产中，人力和资本的投入比例往往是固定的，采用径向（同比例）研究规模收益是符合现实需要的。但在科研活动中，科研人员和科研经费的投入增长往往不成比例，项目投入也无法等比例变化。如表 1 - 2 所示，2001～2011 年，NSFC 面上项目 A 学科项目资助金额已提升 3 倍（除个别年份资助金额基本保持不变外），大部分年份的资助金额较上年都有大幅增加，特别是 2011 年比 2010 年增长了 63.73%。而对于科学基金项目的另外一项投入——科研人员，受制于培养学生（尤其是博士生招生）规模、科研投入时间等限制，A 学科在 2001～2011 年项目科研人员投入基本维持在 6～7 人，变化不大，更无法达到成倍变化，因此科学基金投入难以成比例变化。因此，用 DEA 方法研究规模收益在绝大多数的实际案例中是受限的。

---

① Wu J，An Q，Xiong B，Chen Y. Congestion measurement for regional industries in China：a data envelopment analysis approach with undesirable outputs [J]. Energy Policy，2012：577 –613.

② Seiford L M，Zhu J. Modeling undesirable factors in efficiency evaluation [J]. European Journal of Operational Research，2002，142（1）：16 –20.

③ Wei Q L，Yan H. Congestion and returns to scale in data envelopment analysis [J]. European Journal of Operational Research，2004，153（3）：641 –660.

杨国梁（2012）[①] 在引入方向因子后提出的研究方向规模收益的 DEA 模型，仅在研究多产出方向规模收益判定中存在限制。因此需要从规模收益概念出发，发展出对于多投入多产出方向规模收益更加适用的 DEA 模型。

综上所述，规模收益不可避免地存在阻塞现象，运用 DEA 方法对阻塞的研究主要有 FGL 模型、Cooper 模型、WY/TS 模型、Khodabakhshi 模型、Noura 模型和 Wu 模型。目前对于阻塞研究使用较多的是 WY/TS 模型，其中 WY 模型是以 DMU 同时满足既非 FG 有效性也非 ST 有效性不同情况来判断阻塞；TS 模型是通过不同情况分步骤选择不同模型计算规模弹性系数来判断决策单元规模收益情况。WY 模型建模、计算相对简单，但不能区分阻塞程度；TS 模型计算步骤多，过程复杂，但可以区分强阻塞和弱阻塞。虽然每种模型在特定领域很有用，但没有一种模型可以作为阻塞问题的完整解决方案。不同模型研究阻塞问题出现差异的原因在于各模型对于阻塞的定义和研究出发点不同，各模型基于不同的理论假设。

目前运用 DEA 方法研究规模收益的模型大部分只是分别判断规模收益或者阻塞，同时判断阻塞存在情况下的规模收益的研究较少。另外，基于实际中投入常出现不等比例变化的特点，需要研究在投入产出不同方向变化时的规模收益。杨国梁（2012）[②] 引入方向因子，研究了科研院所方向规模收益和方向阻塞，但并未将方向阻塞与方向规模相结合。本书将研究阻塞存在下的方向规模收益问题。

2.5　研究现状述评

目前对于科学基金绩效评价的相关研究主要集中在对科学基金制度绩效的评价、从产出角度评价基金制度整体资助效果以及基于基金项目的投入产出评价其资助效率，从微观层面关注科学基金项目资助强度的适宜性以及科学基金项目规模收益的相关研究相对缺乏，而科学基金项目资助强度的适宜性和规模收益研究又是科学基金绩效评价的重中之

---

①② 杨国梁：《科研机构相对效率与方向规模收益分析方法研究》，中国科学院大学博士学位论文，2012 年。

重，理应受到关注和重视。

对科学基金资助规模与资助绩效关系的研究大多是基于问卷调查、访谈、统计分析、DEA 等方法进行实证分析。基于不同实证方法得出的结论不尽相同，目前对于科学基金资助规模与资助绩效呈现以下几种结论：两者正相关、两者负相关、两者不相关或者呈倒 U 形关系等。同时每一种研究方法在处理科学基金适宜性时都有其局限性：单纯采用问卷调查可能会出现经费越多越好的倾向；统计分析方法难以解决多投入多产出的测量；运用 DEA 方法评价科学基金资助绩效，主要运用经典 DEA 模型，对于科学基金规模收益的研究较少。

运用 DEA 方法对规模收益的研究主要基于经典 DEA 模型假设，与科学基金内在特点不一致（投入不等比例变化，出现阻塞情况），因此针对科学基金资助特点，需要进一步拓展 DEA 规模收益理论模型，建构更加适合科学基金项目规模收益分析的 DEA 模型。同时为了验证模型的可靠性，在基于 DEA 方法对客观数据进行实证分析的基础上，需要结合对相关负责人的问卷调查进行验证。

第3章 阻塞存在的方向规模收益
DEA 模型建构

本章旨在针对现有研究规模收益的 DEA 模型在科学基金资助项目规模收益分析中的局限性，构建基于科学基金项目资助特点的 DEA 模型，从而提出科学基金项目规模收益的分析方法。具体包括：（1）已有 DEA 对规模收益的研究主要是根据经济学对规模收益的定义，即投入是等比例变化的。而在科学基金资助活动中，科研人员和项目经费的投入增长并不成比例变化，因此需要侧重研究投入不成比例变化时规模收益状况。本章根据规模收益的概念，从测度角度，通过推广径向测度定义进而对其他方向新的距离进行定义，通过严密的数学推导，计算多投入多产出情况下不同方向上规模弹性。并进一步将规模弹性应用到 DEA 模型中，构建方向 DEA 模型，从而测量生产前沿面上 DMUs 的方向规模收益。（2）由于科学基金资助在实际中已出现阻塞现象，对其规模收益进行研究，需要研究阻塞存在情况下的方向规模收益变化。利用已有对于阻塞的研究，以及构建的方向规模收益 DEA 模型，构建阻塞存在的方向规模收益 DEA 模型。（3）根据科学基金资助的实际情况，修正以往研究中通过主观指定方向计算规模收益的缺陷，用 MATLAB 拟合模型计算阻塞率的变化规律曲线，将阻塞率最低的方向作为相对最佳投入方向，在最佳方向下分析规模收益状态，进而对最优投入区间进行测算和分析。

3.1 基于测度的方向规模收益
理论推导及 DEA 模型建构

在研究科学基金项目规模收益时，不能简单运用传统 DEA 模型进行研究，需要基于科学基金资助的特点，着重研究投入不成比例时的规模收益状况。杨和刘（Yang and Liu，2017）[①] 引入方向因子研究不同方向规模收益，但其也指出了该研究在多产出方向规模收益中限制性较强，在 DEA 模型中很难被检验。因此本章基于规模收益概念，从测度角度，扩展多投入多产出方向规模收益的研究，并将其从一般生产函数推广到模型，构建基于测度的多投入多产出方向规模收益 DEA 模型。

3.1.1　基于径向变化研究规模收益的限制

规模收益是指生产要素相对变化与产量相对变化之间的关系，关注投入的变化引起产出变化的相对变化率（Pindyck et al.，2000）[②]。规模弹性源于经济学中弹性的概念，是指在某一点投入的微小相对变化引起产出的相对变化情况，在新古典经济学中通常用规模弹性来解释规模收益（Frisch，1965）[③]。因此规模收益的研究实质是分别测量投入和产出相对变化的距离增量，进而求得两者的比例。对于生产函数 $Y = F(X)$，其中 $X = (x_1, \cdots, x_m)$ 代表 m 种投入，$Y = (y_1, \cdots, y_s)$ 代表 s 种产出，若投入 X 按照一定比例变动后变为 $\widehat{X} = ((1 + a_1)x_1, (1 + a_2)x_2, \cdots, (1 + a_m)x_m)$，则产出相应地变为 $\widehat{Y} = ((1 + b_1)y_1, (1 + b_2)y_2, \cdots, (1 + b_s)y_s)$。此时，如何测量投入和产出相对变化的距离增量则成为研究 $Y = F(X)$ 的规模收益的关键。

用规模弹性来描述规模收益，根据规模弹性的定义，函数 $Y = F(X)$ 在 (X, Y) 点处的规模弹性为：

$$\lim_{X \to \widehat{X}} \frac{dis(\widehat{Y}, Y) - 1}{dis(\widehat{X}, X) - 1} \tag{3-1}$$

其中，$dis(\widehat{X}, X) - 1$ 表示变动后的投入 $\widehat{X}$ 与原有投入 X 间的相对距离增量比，$dis(\widehat{Y}, Y) - 1$ 表示变动后的产出 $\widehat{Y}$ 与原有产出 Y 的相对距离增量比。实际中投入可能存在不成比例变化的情况，因此这里将 $\widehat{X}$ 与 X 的相对距离 $dis(\widehat{X}, X)$ 定义为 $\overrightarrow{D}_T(X, \widehat{X}; v) = \max_t \{1 + t \mid X + $

①　Yang G L, Liu W B. Estimating directional returns to scale in DEA [J]. INFOR：Information Systems and Operational Research，2017，55（3）：243 - 273.

②　Pindyck R S, Rubinfeld D L. Microeconomics [M]. Prentice Hall，2000.

③　Frisch R. Theory of Production [M]. Dordrecht：D. Reidel，1965.

$tv \leqslant \widehat{X}$，其中 v 代表投入变化的方向，同理产出的相对距离 $dis(\widehat{Y}, Y)$ 定义为 $\overrightarrow{D}_T(Y, \widehat{Y}; u) - \max_{\beta}\{1 + \beta \mid Y + \beta u \leqslant \widehat{Y}\}$，其中 u 代表产出变化的方向。

在式（3-1）中，当 m = 1，s = 1 时，对于单变量极限通常是存在的，此时若 $a_i = t$，$b_r = \beta$，则规模弹性为 β/t 的极限。在经济学中，对生产函数规模收益的分析是基于单产出，且投入是等比例变化的。因此对于多投入单产出生产函数，若 m > 1，s = 1，$a_i = t$，则 $dis(\widehat{X}, X) - 1 = t$，$dis(\widehat{Y}, Y) - 1 = \beta$，此时规模弹性为 β/t，这也是传统经济学中对规模收益的定义。若扩展到多产出情况，当 $a_i = t$，$b_r = \beta$ 时（当然投入我们可以控制，但这种产出情况并不多见），此时 $dis(\widehat{X}, X) - 1 = t$，$dis(\widehat{Y}, Y) - 1 = \beta$，规模弹性为 β/t。在这种情况下，变动后的投入和产出与原有投入和产出分别按照 1 + t，1 + β 比例变动。这说明变动后投入和产出仍然按照原有投入和产出的方向变化，即投入产出均是基于径向方向变化。但是在实际中，特别是科研生产活动中，这种投入径向比例变化的情况并不多见，基于径向方向变化研究规模收益在实际中的应用性受到诸多限制。

通常投入和产出常会沿着不同的方向变化，假设 $a_i = v_i t$，$b_r = u_r \beta$，令 $v = (v_1, \cdots, v_m)$ 作为投入的方向向量，$u = (u_1, \cdots, u_s)$ 作为产出的方向向量，同时令 $\sum_{i=1}^{m} v_m = m$，$\sum_{r=1}^{s} u_s = s$。对于多投入多产出在不同方向变化时，$dis(\widehat{X}, X) - 1 = t$，$dis(\widehat{Y}, Y) - 1 = \beta$。然而，由于投入是我们可以控制的，变化后的投入与原有投入间的相对距离 $dis(\widehat{X}, X)$ 可以按照这种方式计算，而产出不受我们控制，故变化后的产出与原有产出间的相对距离 $dis(\widehat{Y}, Y)$ 不一定满足该形式。我们需要借助径向距离的定义来对其他方向新的距离进行定义。因此本书研究的重点在于如何测量多投入多产出在不同方向变化时的相对距离，从而计算不同方向的规模弹性系数来描述多投入多产出方向规模收益问题。

3.1.2　基于测度的多投入多产出方向规模收益理论推导

多投入多产出规模收益实质是测量投入和产出在不同方向上的距离增量问题。而此时投入和产出都是多维向量，如何测量两个向量间的距离就成了研究规模收益首先要解决的问题。要测量投入产出间的距离，需要引入测度函数（merit function）。

1. 测度函数的主要形式

测度函数就是在给定决策者偏好的基础上，用来测量 DMUs 绩效好坏的某种测量尺度。例如，X 若比 Y 好，那么 X 比 Y 好多少？如何测量？这是测度函数需要解决的问题。测度函数是指用来测量某 DMU 单元到其比照标杆的绝对或者相对距离的函数。在这里我们只研究一些与 DEA 模型密切相关的相对距离测度函数，因此，它们须满足某些经济效率的公理条件。同时我们只研究目标可以实现的情况，并希望知道在最初的目标之外还有多少额外的绩效是可以实现的，以及如何通过测度函数测算这些额外绩效。

令 $S \subset R^n$ 是生产技术集合且 $\lambda = (\lambda_1, \cdots, \lambda_n)^t \in S$，$l$ 维向量 $Z_i = (z_{1i}, z_{2i}, \cdots, z_{li})^t$，$i = 1, 2, \cdots, n$。$G^0$ 为 Z_i 的改进目标，那么 DMU_0 的测度函数一般形式如下：

$$Z(\lambda) = \sum_1^n \lambda_i Z_i \geqslant G^0, \quad \lambda \in S \qquad (3-2)$$

其中，$s^+ = Z(\lambda) - G^0 = (s_1^+, s_2^+, \cdots, s_l^+)^t$，$w = (w_1, \cdots, w_l)^t$ 为权重向量，满足 $w_j > 0$，$j = 1, 2, \cdots, l$，$\sum_{j=1}^l w_j = 1$。当 $s^+ \geqslant 0$ 时，用松弛变量的加权之和 $\sum_{j=1}^l w_j s_j^+$ 来测量 $Z(\lambda)$ 多于 G^0 的额外部分。本书采用的是 Pareto 序，因此 $s_j^+ \geqslant 0$。若 $Z \geqslant W$ 且 $A = (a_{ij})_{l \times l}$ 是一个 $l \times l$ 的矩阵，在 Pareto 序下，则有 $AZ \geqslant AW$。刘等（Liu et al.，2006）[1] 介绍了 DEA 模型中的几种常用测度。

（1）加性测度函数。

根据下面公式定义 $Z(\lambda)$ 的加性测度函数：

$$m(Z(\lambda) - G^0) = w^t A(Z(\lambda) - G^0) \qquad (3-3)$$

由于 G^0 是固定的，通常我们将 $m(Z, G^0)$ 记作 $m(Z)$。该函数对于 $Z(\lambda) \geqslant G^0$ 是严格递增的，因此若 $Z(\lambda_1) > Z(\lambda_2)$，则 $m(Z(\lambda_1)) >$

---

① Liu W B, Sharp J, Wu Z M. Preference, production and performance in data envelopment [J]. Annals of Operations Research, 2006 (145)：105 – 127.

$m(Z(\lambda_2))$，它与 Koopmans 效率（Koopmans，1951）[①] 相容，我们可以得到：$m(aZ + (1-a)W) = am(Z) + (1-a)m(W)$，$0 \leq a \leq 1$。在 Pareto 序下，A 是一个单位矩阵，因此：

$$m(Z(\lambda), G^0) = \sum_{\sum_1^n z_{1i}\lambda_i - s_1^+ = g_1^0, \cdots, \sum z_{li}\lambda_i - s_l^+ = g_l^0, s_j^+ \geq 0, j=1,\cdots,l} w_j s_j^+ \qquad (3-4)$$

$G^0 = (g_1^0, \cdots, g_l^0)^t \in R^l$ 是目标标杆。加性测度函数通常被用在加性 DEA 模型中。

（2）Russell 测度函数。

由于很多情况下 s_j^+ 的量纲并不一致，其加和 $\sum_1^l w_j s_j^+$ 没有一个清晰的含义。为解决不同评估指标之间的量纲问题，根据采取法尔等（Färe et al.，1978）[②] 定义的另一种测度：

$$m(Z(\lambda)) = \sum_{\Theta: AZ(\lambda) = \Theta AG^0, j=1,\cdots,l} w_j \theta_j \qquad (3-5)$$

其中，Θ 是对角矩阵 $diag\{\theta_1, \cdots, \theta_n\}$，$G^0 = (g_1^0, \cdots, g_l^0)^t \in R^l$ 是目标标杆，$g_j^0 > 0$，$Z(\lambda) > 0$。Pareto 序在公式中用 ≥ 体现，该函数对于 $Z(\lambda) \geq G^0$ 是严格递增的。这里 $m(G^0) = 1$ 与加性测度函数中的 $m(G^0) = 0$ 是等价的。很明显，这个测度函数是正齐次的。在 Pareto 偏好下，该函数：

$$m(Z(\lambda)) = \sum_{\sum_1^n z_{1i}\lambda_i = \theta_1 g_1^0, \cdots, \sum z_{li}\lambda_i = \theta_1 g_l^0, \theta_j \geq 0, j=1,\cdots,l} w_j \theta_j \qquad (3-6)$$

$\sum w_j \theta_j$ 反映决策者对于不同绩效指标重要性的价值判断，其中 $\sum w_j = 1$，基于拉赛尔（Russell，1988）[③] 在这一领域的系统研究，该测度被称为 Russell 测度，同时该类测度函数被朱乔（Zhu，1996）[④] 运用。

① Tjalling C. Koopmans. Efficient Allocation of Resources [J]. Econometrica, 1951, 19 (4): 455-465.

② Färe R, Lovell C A. Measuring the technical efficiency of production [J]. Journal of Economic Theory, 1978, 19 (1): 150-162.

③ Russell R. On the Axiomatic Approach to the Measurement of Technical Efficiency [M]// Eichhorn W. ed. Measurement in Economics. Heidelberg: Physica-Verlag, 1988: 207-217.

④ Zhu J. Data Envelopment Analysis with Preference Structure [J]. Journal of the Operational Research Society, 1996 (47): 136-150.

（3）径向测度函数。

假设上述两个向量所有分量都是正的，若上述测度函数所有分量用同一个比例，我们称之为径向测度。

$$m(Z(\lambda)) = \max_{\theta\,:\,AZ \geq \theta AG^0} \theta \qquad (3-7)$$

令 $\theta \geq 1$，$G^0 = (g_1^0,\ \cdots,\ g_1^0)^t \in R^1$ 是目标标杆，$g_1^0 > 0$，$j = 1,\ \cdots,\ l$，Pareto 序下该测度函数为：

$$m(Z(\lambda)) = \max_{\sum_1^n z_{1i}\lambda_i \geq \theta g_1^0,\cdots,\sum_1^n z_{li}\lambda_i \geq \theta g_l^0,\theta \geq 1} \theta \qquad (3-8)$$

虽然该函数是正齐次的，但在 Pareto 序下并不是严格单调的，因此尽管 $Z(\lambda) \geq G^0$ 属于 Pareto 序 ［在 Koopmans 效率概念中 $Z(\lambda)$ 效率优于 G^0］，我们仍能得到 $m(Z(\lambda)) = m(G^0) = 1$。

（4）几乎径向测度函数。

径向测度并不是严格单调的，因此无法进一步精确测量 DMU 一些额外的绩效。所以，通过引入松弛变量（slacks）来定义一个几乎径向的严格单调的测度函数：

$$m(Z(\lambda)) = \max_{\theta \geq 1,s^+ \geq 0\,:\,AZ(\lambda)-s^+ = \theta AG^0} \theta + \varepsilon \sum_{i=1}^{1} s_i^+ \qquad (3-9)$$

令 $\theta \geq 1$，$g_1^0 > 0$，$j = 1,\ \cdots,\ l$，ε 是非常小的正数（Non－Archimedean 无穷小量）。因此这个测度函数也可以分为两部分：$(\theta,\ \varepsilon \sum_1 s_i^+)$，当用径向测度无法进一步测量 DMU$_0$ 绩效时，可以使用松弛变量来测量不同 DMU 之间的绩效。在 Pareto 序下该测度函数为：

$$m(Z(\lambda)) = \max_{\sum_1^n z_{1i}\lambda_i - s_i^+ = \theta g_1^0,\cdots,\sum_1^n z_{li}\lambda_i - s_i^+ = \theta g_l^0,\theta \geq 1,s_j^+ \geq 0,j=1,\cdots,l} \theta + \varepsilon (s_1^+ + \cdots + s_1^+)$$

$$(3-10)$$

该测度函数常被用在经典 DEA 模型如 CCR 和 BCC 模型中。

（5）方向距离函数。

钱伯斯等（Chambers et al.，1998）[1] 提出了方向距离函数，在生产可能集 S 中，投入为 $x = (x_1,\ \cdots,\ x_n) \in R^n$，$y = (y_1,\ \cdots,\ y_m) \in R^m$，

---

[1] Chambers R G, Chung Y, and Färe R. Profit, Directional Distance Functions and Nerlovian Efficiency ［J］. Journal of Optimization Theory and Application，1998（2）：351－364.

令 $g = (-g_x, g_y)$ 作为方向向量，代表投入产出绩效改进的方向，那么 S 生产技术集合中的方向距离函数定义为：

$$\vec{D}_T(x, y; -g_x, g_y) = \max_{\beta:(x-\beta g_x, y+\beta g_y) \in S, \beta \geq 0} \beta \qquad (3-11)$$

2. 基于方向距离相对测度的方向规模收益理论推导

本部分基于测度角度，通过推广径向测度定义对其他方向新的距离进行定义，进而求得规模弹性来描述多投入多产出方向规模收益问题。

对于向量（X，Y），其中 $X = (x_1, \cdots, x_m)$ 代表 m 种投入，$Y = (y_1, \cdots, y_s)$ 代表 s 种产出。令 $v = (v_1, \cdots, v_m)$ 作为投入的方向向量，$u = (u_1, \cdots, u_s)$ 作为产出的方向向量，其中 $v_i \geq 0$，$u_r \geq 0$，$i = 1, \cdots, m$，$r = 1, \cdots, s$，同时满足 $\sum\limits_{i=1}^{m} v_m = m$，$\sum\limits_{r=1}^{s} u_s = s$。根据方向距离函数测度，测量两个向量在不同方向上的比例关系为：

定义 3 - 1：基于径向测度的方向测度：

$$m(X, G_0) = \min_{x_1 \leq (1+v_1\theta)g_0^1, \cdots, x_m \leq (1+v_m\theta)g_0^m} 1+\theta \qquad (3-12)$$

$$m(Y, G_0) = \max_{y_1 \geq (1+u_1\theta)g_0^1, \cdots, y_s \geq (1+u_s\theta)g_0^s} 1+\theta \qquad (3-13)$$

以两个产出 y_1，y_2 为例，u_1，u_2 代表产出的变化方向。假设向量 A 为原来产出，当 $u_1 = u_2 = 1$ 时，新产出沿 A 的方向增加，需要测量在 A 方向上增加的距离 β_1，如图 3 - 1 所示。此时两个产出沿原来方向同比例增加即为（1，1）方向，也就是所说的径向方向；但新产出常常不沿 A 的方向增加，如图 3 - 2 所示，而是沿（u_1，u_2）方向变化，需要测量在（u_1，u_2）上增加的距离 β_2。

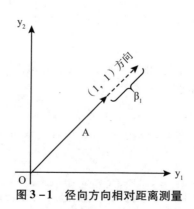

图 3 - 1　径向方向相对距离测量

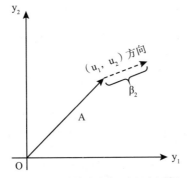

图 3 - 2　其他方向相对距离测量

定义 3 - 2：基于几乎径向测度的方向测度：

$$m(X, G_0) = \min_{x_1 + s_1^- = (1 + v_1\theta)g_0^1, \cdots, x_m + s_m^- = (1 + v_m\theta)g_0^m} 1 + \theta - \varepsilon(s_1^- + \cdots + s_m^-)$$

$$(3 - 14)$$

$$m(Y, G_0) = \max_{y_1 - s_1^+ = (1 + u_1\theta)g_0^1, \cdots, y_s - s_s^+ = (1 + u_s\theta)g_0^s} 1 + \theta + \varepsilon(s_1^+ + \cdots + s_s^+)$$

$$(3 - 15)$$

在公式（3 - 14）和公式（3 - 15）中，s^+ 和 s^- 为松弛变量，ε 代表高阶无穷小量。

我们定义一种较严格的生产关系，满足 $Y = f(X)$，$X \in R_+^m$，$Y \in R_+^s$，基于上述方向测度定义，测量生产关系上某一点处的规模收益。考虑投入 x 在 v 方向上成比例变化 $x + (t - 1)x \odot v$，$t \geq 1$，其中 $x \odot v = (x_1 v_1, \cdots, x_m v_m)$，产出相应变化为 $f(x + (t - 1)x \odot v)$，若 $f(x)$ 在 v 方向上是严格递增的，即 $f(x + (t - 1)x \odot v) > f(x)$ 对任意 $t > 1$ 均成立。

定义 3 - 3：生产函数距离测度：

$$\rho(f(x + (t - 1)x \odot v), f(x)) = 1 + \min_{1 \leq r \leq s}\left\{\frac{f_r(x + (t - 1)x \odot v) - f_r(x)}{u_r f_r(x)}\right\}$$

$$(3 - 16)$$

当 $u_r f_r(x) = 0$，我们定义 $1/0 = +\infty$，$-1/0 = -\infty$，$0/0 = +\infty$ 若存在松弛变量，则定义为：

$$\rho(f(x + (t - 1)x \odot v), f(x)) = \max_{(1 + u_1\theta)f_r(x) = f_r(x + (t - 1)x \odot v) - s_r^+, r = 1, \cdots, s} 1 + \theta$$
$$+ \varepsilon(s_1^+ + \cdots + s_s^+) \qquad (3 - 17)$$

定义 3 – 4：不含松弛变量的规模弹性：

$$e^+(x) = \lim_{t \to 1^+} \frac{\rho(f(x + (t-1)x \odot v), \ f(x)) - 1}{t - 1} \tag{3 – 18}$$

$$e^-(x) = \lim_{t \to 1^-} \frac{\rho(f(x + (t-1)x \odot v), \ f(x)) - 1}{t - 1} \tag{3 – 19}$$

定理 3 – 1： 令 $Y = f(X)$，$X \in R_+^m$，$Y \in R_+^s$，$v = (v_1, \cdots, v_m)$ 为 $\mathbf{X}$ 的方向向量，$u = (u_1, \cdots, u_s)$ 为 $\mathbf{Y}$ 的方向向量。其中 $v_i \geq 0$，$u_r \geq 0$，$i = 1, \cdots, m$，$r = 1, \cdots, s$，同时满足 $\sum_{i=1}^{m} v_m = m$，$\sum_{r=1}^{s} u_s = s$。不含松弛变量的规模弹性满足式（3 – 20）和式（3 – 21）：

$$e^+(x) = \min_{1 \leq r \leq s} \left\{ \frac{\sum_{i=1}^{m} v_i x_i \frac{\partial f_r}{\partial x_i}(x)}{u_r f_r(x)} \right\} \tag{3 – 20}$$

$$e^-(x) = \max_{1 \leq r \leq s} \left\{ \frac{\sum_{i=1}^{m} v_i x_i \frac{\partial f_r}{\partial x_i}(x)}{u_r f_r(x)} \right\} \tag{3 – 21}$$

证明： 我们首先计算 $e^+(x)$。不失一般性，对于任意 $x \in R_+^m$，假设

$$u_r f_r(x) > 0, \ r = 1, \cdots, l, \ u_r f_r(x) = 0, \ r = l+1, \cdots, s$$

令

$$g_r(t) = \frac{f_r(x + (t-1)x \odot v) - f_r(x)}{u_r f_r(x)}, \ r = 1, \cdots, l$$

另外不失一般性，我们还可以假设：

$$e_1^+ = \frac{dg_1}{dt}(1) = \cdots = \frac{dg_w}{dt}(1) < \frac{dg_{w+1}}{dt}(1) \leq \cdots$$

$$\leq \frac{dg_u}{dt}(1) < \frac{dg_{u+1}}{dt}(1) = \cdots = \frac{dg_l}{dt}(1) = e_1^-$$

对于任意 $\varepsilon > 0$，存在 $\delta_1 > 0$，使得 $\left| e_1^+ - \frac{g_r(t) - g_r(1)}{t - 1} \right| < \varepsilon$ 对于所有 $r = 1, \cdots, w$，$0 < t - 1 < \delta_1$ 均成立。同时还存在 $\delta_2 > 0$，使得 $g_r(t) - g_r(1) > g_j(t) - g_j(1)$ 对于所有 $r = 1, \cdots, w$，$j = w + 1, \cdots, l$，$0 < t - 1 < \delta_2$ 均成立。注意到 $g_r(1) = 0$ 对所有 $r = 1, \cdots, l$ 成立，令 $\delta = \min\{\delta_1, \delta_2\}$，对于所有 $0 < t - 1 < \delta$，以下式子成立：

$$\left| \frac{\rho(f(x + (t-1)x \odot v),\ f(x)) - 1}{t - 1} - e_1^+ \right|$$

$$= \left| \frac{\min\limits_{1 \leq r \leq l} g_r(t)}{t - 1} - e_1^+ \right| = \left| \frac{\min\limits_{1 \leq r \leq w} g_r(t)}{t - 1} - e_1^+ \right| < \varepsilon \qquad (3-22)$$

由此可得 $\lim\limits_{t \to 1^+} \dfrac{p(f(tx),\ f(x)) - 1}{t - 1} = e_1^+$，因此：

$$e^+(x) = e_1^+ = \min_{1 \leq r \leq l} \left\{ \frac{dg_r}{dt}(1) \right\} = \min_{1 \leq r \leq l} \left\{ \frac{\sum\limits_{i=1}^{m} v_i x_i \dfrac{\partial f_i}{\partial x_i}(x)}{u_r f_r(x)} \right\}$$

$$= \min_{1 \leq r \leq s} \left\{ \frac{\sum\limits_{i=1}^{m} v_i x_i \dfrac{\partial f_i}{\partial x_i}(x)}{u_r f_r(x)} \right\} \qquad (3-23)$$

$e^+(x)$ 的表达式证明完毕。

　　然后我们计算 $e^-(x)$。不失一般性，如果 $u_r f_r(x) > 0$，$\forall 1 \leq r \leq s$，那么 $l = m$ 对任意 $\varepsilon > 0$，都存在 $\delta_3 > 0$，使得 $\left| e_1^- - \dfrac{g_r(t) - g_r(1)}{t - 1} \right| < \varepsilon$ 对所有 $r = u + 1, \cdots, sj = 1, \cdots, u$ 以及 $-\delta_4 < t - 1 < 0$ 均成立。由于 $r = 1, \cdots, t\ g_i(1) = 0$，令 $\delta = \min\{\delta_3, \delta_4\}$，则对所有 $0 < t - 1 < \delta$，可以得到：

$$\left| \frac{\rho(f(tx + (t-1)x \odot v),\ f(x)) - 1}{t - 1} - e_1^- \right| =$$

$$\left| \frac{\min\limits_{1 \leq r \leq s} g_r(t)}{t - 1} - e_1^- \right| = \left| \frac{\min\limits_{u+1 \leq r \leq s} g_r(t)}{t - 1} - e_1^- \right| < \varepsilon \qquad (3-24)$$

我们得到 $\lim\limits_{t \to 1^-} \dfrac{\rho(f(tx),\ f(x)) - 1}{t - 1} = e_1^-$，因此：

$$e^-(x) = e_1^- = \max_{1 \leq r \leq s} \left\{ \frac{dg_i}{dt}(1) \right\} = \max_{1 \leq r \leq s} \left\{ \frac{\sum\limits_{i=1}^{m} v_i x_i \dfrac{\partial f_r}{\partial x_i}(x)}{u_r f_r(x)} \right\} \qquad (3-25)$$

如果存在 r_0 使得 $u_{r_0} f_{r_0}(x) = 0$，那么对所有的 $t < 1$，$\rho(f(tx),\ f(x)) = -\infty$，因此：

$$e^-(x) = +\infty = \max_{1 \leq r \leq s} \left\{ \frac{\sum\limits_{i=1}^{m} v_i x_i \dfrac{\partial f_r}{\partial x_i}(x)}{u_r f_r(x)} \right\} \qquad (3-26)$$

$e^-(x)$ 的表达式证明完毕。

若 $e^+(x)$ 与 $e^-(x)$ 存在松弛变量，那么有如下定理：

定理3-2：与定理3-1参数相同，且 s^+ 和 s^- 为松弛变量，ε 代表高阶无穷小量，若考虑松弛变量，则规模弹性满足下式：

$$e^+(x) = \max_{\sum_{i=1}^{m} v_i x_i \frac{\partial f_r}{\partial x_i}(x) - s_r^+ = \theta u_r f_r(x), 1 \leq r \leq s} \{\theta + \varepsilon(s_1^+ + \cdots + s_s^+)\} \quad (3-27)$$

$$e^-(x) = \max_{\sum_{i=1}^{m} v_i x_i \frac{\partial f_r}{\partial x_i}(x) + s_r^- = \theta u_r f_r(x), 1 \leq r \leq s} \{\theta - \varepsilon(s_1^- + \cdots + s_s^-)\} \quad (3-28)$$

证明：当采用极限 $t \to 1^+$ 或者 $t \to 1^-$ 时，$t - 1 \neq 0$，因此在计算 e^+ 和 e^- 时 $\dfrac{\varepsilon(s_1^+ + \cdots + s_s^+)}{t-1} = 0$，因此不含松弛变量的部分与定理3-1的结论一致，下面我们只需要对松弛变量的部分取极限即可。

在公式（3-27）中，我们可知：

$$s_r^+ = f_r(x + (t-1)x \odot v) - \left(1 + \min_{1 \leq j \leq s}\left\{\frac{\sum_{k=1}^{m} v_k x_k \frac{\partial f_j}{\partial x_k}(x)}{u_r f_r(x)}\right\}(t-1)u_r\right)f_r(x)$$

$$(3-29)$$

因此有：

$$\lim_{t \to 1^+} \frac{s_r^+}{t-1} = \sum_{k=1}^{m} v_k x_k \frac{\partial f_r}{\partial x_k}(x) - \min_{1 \leq j \leq s}\left\{\frac{\sum_{k=1}^{m} v_k x_k \frac{\partial f_j}{\partial x_k}(x)}{u_j f_j(x)}\right\}u_r f_r(x)$$

$$(3-30)$$

从而可以得到：

$$e^+(x) = \min_{1 \leq j \leq s}\left\{\frac{\sum_{k=1}^{m} v_k x_k \frac{\partial f_j}{\partial x_k}(x)}{u_r f_r(x)}\right\} + \varepsilon\left(\lim_{t \to 1^+} \frac{s_1^+ + \cdots + s_s^+}{t-1}\right)$$

$$= \min_{1 \leq j \leq s}\left\{\frac{\sum_{k=1}^{m} v_k x_k \frac{\partial f_j}{\partial x_k}(x)}{u_r f_r(x)}\right\} +$$

$$\varepsilon \sum_{r=1}^{s}\left\{\sum_{k=1}^{m} v_k x_k \frac{\partial f_r}{\partial x_k}(x) - \min_{1 \leq j \leq s}\left\{\frac{\sum_{k=1}^{m} v_k x_k \frac{\partial f_j}{\partial x_k}(x)}{u_j f_j(x)}\right\}u_r f_r(x)\right\}$$

$$= \max_{\sum_{r=1}^{s} v_r x_r \frac{\partial f_i}{\partial x_r}(x) - s_i^+ = \theta u_i f_i(x), 1 \leq i \leq m} \{\theta + \varepsilon(s_1^+ + \cdots + s_m^+)\} \quad (3-31)$$

在公式（3 – 28）中，我们可知：

$$s_r^+ = f_r(x + (t-1)x \odot v) - \left(1 + \max_{1 \leq j \leq r}\left\{\frac{\sum_{k=1}^m v_k x_k \frac{\partial f_j}{\partial x_k}(x)}{u_r f_r(x)}\right\}(t-1)u_r\right)f_r(x)$$

$$(3 – 32)$$

因此有：

$$\lim_{t \to 1^-}\frac{s_r^+}{t-1} = \sum_{k=1}^m v_k x_k \frac{\partial f_r}{\partial x_k}(x) - \max_{1 \leq j \leq s}\left\{\frac{\sum_{k=1}^m v_k x_k \frac{\partial f_j}{\partial x_k}(x)}{u_j f_j(x)}\right\}u_r f_r(x)$$

$$(3 – 33)$$

从而可得：

$$e^-(x) = \max_{1 \leq j \leq s}\left\{\frac{\sum_{k=1}^m v_k x_k \frac{\partial f_j}{\partial x_k}(x)}{u_r f_r(x)}\right\} + \varepsilon\left(\lim_{t \to 1^+}\frac{s_1^+ + \cdots + s_s^+}{t-1}\right)$$

$$= \max_{1 \leq j \leq s}\left\{\frac{\sum_{k=1}^m v_k x_k \frac{\partial f_j}{\partial x_k}(x)}{u_r f_r(x)}\right\} +$$

$$\varepsilon \sum_{r=1}^s\left\{\sum_{k=1}^m v_k x_k \frac{\partial f_r}{\partial x_k}(x) - \max_{1 \leq j \leq s}\left\{\frac{\sum_{k=1}^m v_k x_k \frac{\partial f_j}{\partial x_k}(x)}{u_j f_j(x)}\right\}u_r f_r(x)\right\}$$

$$= \min_{\sum_{r=1}^s v_r x_r \frac{\partial f_r}{\partial x_r}(x) + s_r^- = \theta u_r f_r(x), 1 \leq r \leq s}\{\theta - \varepsilon(s_1^- + \cdots + s_s^-)\} \quad (3 – 34)$$

证毕。

3.1.3　基于测度的方向规模收益 DEA 模型建构

生产可能集为 PPS $= \left\{(X, Y) \mid \sum_{j=1}^n \lambda_j X_j \leq X, \sum_{j=1}^n \lambda_j Y_j \geq Y, \sum_{j=1}^n \lambda_j = 1,\right.$
$\left.\lambda_j \geq 0\right\}$，其中 $X = (x_1 \cdots, x_m)$ 代表 m 种投入，$Y = (y_1 \cdots, y_s)$ 代表 s 种产出。假设 PPS 的生产前沿面满足函数 $Y = f(X)$，$X \in R_+^m$，$Y \in R_+^s$，且 (X_0, Y_0) 在生产前沿面上，令 $v = (v_1, \cdots, v_m)$ 作为投入的方向增加向量，t 为投入增加的比例，投入变为 $\hat{X}_0 = (x_{10} + (t-1)v_1 x_{10}, \cdots, x_{m0} + (t-1)v_m x_{m0})$，$u = (u_1, \cdots, u_s)$ 作为产出的方向增加向量，β 为产出

增加的比例，产出变为 $\hat{Y}_0 = (y_{10} + (\beta - 1)u_1 y_{10}, \cdots, y_{s0} + (\beta - 1)u_s y_{s0})$，其中 $(\hat{X}_0, \hat{Y}_0) \in PPS$ 且在生产前沿面上。

将式（3-16）中测度的定义应用到 DEA 模型中：

$$\rho(PPS, Y_0) = \max_{y \in pps}\left\{1 + \min_{1 \leqslant r \leqslant s}\left\{\frac{y_r - y_{r0}}{u_r y_{r0}}\right\}\right\} \tag{3-35}$$

这相当于解决以下优化问题：

$$\rho(PPS, y_0) = \max_{y_r \geqslant (1+(\beta-1)u_r)y_{r0}, y \in PPS}\beta \tag{3-36}$$

定理 3-3： 式（3-35）和式（3-36）在 PPS 中有共同的最大值，假设 ρ^* 是式（3-35）的最优解，β^* 是式（3-36）的最优解，由此得出 $\beta^* = \rho^*$：

证明： 令 $\dot{y}$ 为式（3-35）的最优解，$\rho^* = 1 + \min_{1 \leqslant r \leqslant s}\left\{\frac{\dot{y}_r - y_{r0}}{u_r y_{r0}}\right\}$，由此可得 $\dot{y}_r \geqslant y_{r0} + (\rho^* - 1)u_r y_{r0}$。$(\rho^* - 1, \dot{y})$ 是式（3-34）的可行解，因此 $\beta^* - 1 \geqslant \rho^* - 1$，$\beta^* \geqslant \rho^*$。令 $\ddot{y}$ 为式（3-36）在 PPS 中最优解，$\ddot{y}_r \geqslant y_r^0 + (\beta^* - 1)u_r y_r^0$，由此可得 $1 + \min_{1 \leqslant r \leqslant s}\left\{\frac{\ddot{y}_r - y_r^0}{u_r y_r^0}\right\} \geqslant 1 + \beta^*$，$\ddot{y}$ 是式（3-35）的可行解，因此 $\rho^* \geqslant \beta^*$。由此可以证明 $\beta^* = \rho^*$。

根据前面方向测度的定义，不含规模弹性为：

$$e^+(x) = \lim_{t \to 1^+}\frac{\rho - 1}{t - 1} = \lim_{t \to 1^+}\frac{\beta - 1}{t - 1}, \quad e^-(x) = \lim_{t \to 1^-}\frac{\rho - 1}{t - 1} = \lim_{t \to 1^-}\frac{\beta - 1}{t - 1}$$

$$\tag{3-37}$$

令 $\hat{t} = t - 1$，$\hat{\beta} = \beta - 1$，则：

$$e^+(x) = \lim_{t' \to 0^+}\frac{\hat{\beta}}{\hat{t}} \tag{3-38}$$

$$e^-(x) = \lim_{t' \to 0^-}\frac{\hat{\beta}}{\hat{t}} \tag{3-39}$$

综上所述，$DMU_0(X_0, Y_0)$ 右侧的方向规模收益为：

$$\max \xi = \hat{\beta}/\hat{t}$$

$$s.t. \sum_{j=1}^{n}x_{ij}\lambda_j \leqslant (1 + v_i\hat{t})x_{i0}, \quad v_i \geqslant 0, \quad \sum_{i=1}^{m}v_i = m$$

$$\sum_{j=1}^{n}\lambda_j y_{rj} \geqslant (1 + u_r\hat{\beta})y_{r0}, \quad u_r \geqslant 0, \quad \sum_{r=1}^{s}u_r = s$$

$$\sum_{j=1}^{n}\lambda_j = 1, \quad \lambda_j \geqslant 0, \quad r = 1, \cdots, s, \quad i = 1, \cdots, m, \quad \hat{t} \to 0$$

$$\tag{3-40}$$

$DMU_0(X_0，Y_0)$ 左侧的方向规模收益为：

$$\min \psi = \hat{\beta}/\hat{t}$$

$$\text{s. t.} \sum_{j=1}^{n} x_{ij}\lambda_j \leqslant (1 - v_i\hat{t})x_{i0}，v_i \geqslant 0，\sum_{i=1}^{m} v_i = m$$

$$\sum_{j=1}^{n} \lambda_j y_{rj} \geqslant (1 - u_r\hat{\beta})y_{r0}，u_r \geqslant 0，\sum_{r=1}^{s} u_r = s$$

$$\sum_{j=1}^{n} \lambda_j = 1，\lambda_j \geqslant 0，r = 1，\cdots，s，i = 1，\cdots，m，\hat{t} \to 0$$

$$(3-41)$$

其中，$v = (v_1，\cdots，v_m)$ 作为投入的方向向量，$\sum_{i=1}^{m} v_i = m$，$u = (u_1，\cdots，u_s)$ 作为产出的方向向量，$\sum_{r=1}^{s} u_r = s$。根据 Pareto 序原则，当 $\hat{t} > 0$ 时，$\hat{\beta} \geqslant 0$，$\hat{t} < 0$ 时，$\hat{\beta} \leqslant 0$。

班克等（Banker et al.，1984）[1] 将规模收益概念从经济学中引入 DEA 模型，对生产可能集 $T = \{(X，Y) | $ 产出向量 $Y \geqslant 0$ 是由投入向量 $X \geqslant 0$ 产生 $\}$ 前沿面上的点 $(X，Y)$，引入 t 和 β 来表示投入和产出的变化，使得 $\beta(t) = \max\{\beta | (tX，\beta Y) \in T\}$，$t > 0$，即所有投入均按相同比例 t 变化，产出变化最大可能比例为 β。因此点 $(X，Y)$ 处的规模收益为 $\rho = \lim_{t \to 1} \frac{\beta(t) - 1}{t - 1}$。式（3-40）和式（3-41）在 $(1，1)$ 方向也就是径向方向上的规模弹性与班克等的研究是一致的。从这一角度看，班克等对规模收益的研究也可以看作基于测度角度的研究。

1. 生产前沿面 DMU 的方向规模收益判定

令模型（3-40）和模型（3-41）的最优解为 $(\lambda^*，\hat{\beta}^*)$，如果存在一个足够小的 $\hat{t}^*$，当 $0 \leqslant \hat{t} \leqslant \hat{t}^*$ 时，满足：（1）$(X_0，Y_0)$ 和 $(\hat{X}_0，\hat{Y}_0)$ 均在有效前沿面上；（2）$(X_0，Y_0)$ 和 $(\hat{X}_0，\hat{Y}_0)$ 有共同的支撑超平面，其中 $\hat{X}_0 = (x_{10} + \hat{t}v_1x_{10}，\cdots，x_{m0} + \hat{t}v_mx_{m0})$，

① Banker R D，Charnes A，Cooper W W. Some models for estimating technical and scale inefficiencies in data envelopment analysis [J]. Management Science，1984 (30)：1078-1092.

$v = (v_1, \cdots, v_m)$ 作为投入的方向向量，$\hat{t}$ 为投入增加的比例，$\hat{Y}_0 = (y_{10} + \hat{\beta}u_1 y_{10}, \cdots, y_{s0} + \hat{\beta}u_s y_{s0})$，$u = (u_1, \cdots, u_s)$ 作为产出的方向向量，$\hat{\beta}$ 为产出增加的比例。若 $\xi^*(X_0, Y_0)$ 和 $\psi^*(X_0, Y_0)$ 分别为模型（3–40）和模型（3–41）的目标函数最优解 [如果模型不存在最优解，则 DMU（X_0，Y_0）左侧或右侧方向规模收益没有意义]，因此有效前沿面 DMU（X_0，Y_0）单元的右侧和左侧的方向规模收益如下：

（1）当 $\xi^*(X_0, Y_0) > 1(\psi^*(X_0, Y_0) > 1)$ 时，在 $(v_1, \cdots, v_m)^T$ 确定方向上右侧（左侧）规模收益递增。

（2）当 $\xi^*(X_0, Y_0) = 1(\psi^*(X_0, Y_0) = 1)$ 时，在 $(v_1, \cdots, v_m)^T$ 确定方向上右侧（左侧）规模收益不变。

（3）当 $\xi^*(X_0, Y_0) < 1(\psi^*(X_0, Y_0) < 1)$ 时，在 $(v_1, \cdots, v_m)^T$ 确定方向上右侧（左侧）规模收益递减。

备注：由于规模收益与方向规模收益均是在 Pareto 序下，因此当 $\hat{t} > 0$ 时 $\hat{\beta} \geqslant 0$，当 $\hat{t} < 0$ 时 $\hat{\beta} \leqslant 0$。由于这里假设 $\hat{t} > 0$，故 $\xi^*(X_0, Y_0)$ 和 $\psi^*(X_0, Y_0)$ 均大于等于 0。

根据 DMU（X_0，Y_0）左侧和右侧的规模收益状态，判定该 DMU（X_0，Y_0）最终的方向规模收益。

（1）当左侧为规模递增，右侧也为规模递增，则判定为 DMU（X_0，Y_0）在该方向为规模递增。

（2）当左侧为规模递增，右侧为规模递减，则判定为 DMU（X_0，Y_0）在该方向为规模最优。

（3）当左侧为规模递减，右侧也为规模递减，则判定为 DMU（X_0，Y_0）在该方向为规模递减。

2. 生产可能集内部 DMU 的方向规模收益判定

对规模收益和方向规模收益的研究均是针对有效 DMU 单元，即处于强有效前沿面上的 DMU 单元，对于处于生产可能集内部或者弱有效 DMU 单元，需要对其进行投影。投影的方式有径向测度、Russell 测度、加性 DEA 模型等，运用非径向测度投影，易产生多重参照集问题。

步骤 1：本书选用基于投入的 BCC 模型（3 - 42）进行投影。

$$\min \; \theta - \varepsilon \left(\sum_{i=1}^{m} s_i^- + s^+ \right)$$

$$s.t \quad \sum_{j=1}^{n} x_{ij} \lambda_j + s_i^- = \theta x_{i0}, \; i = 1, \cdots, m$$

$$\sum_{j=1}^{n} y_j \lambda_j - s^+ \geqslant y_0$$

$$\sum_{j=1}^{n} \lambda_j = 1, \; \lambda_j \geqslant 0, \; s_i^- \geqslant 0, \; s^+ \geqslant 0, \; j = 1, \cdots, n, \; 0 \leqslant \theta \leqslant 1$$

$$(3 - 42)$$

投影方式如下：

$$\begin{cases} \tilde{x}_{i0} \leftarrow \theta_0^* x_{i0} - s_i^-, \; i = 1, \cdots, m \\ \tilde{y}_0 \leftarrow y_{r0} + s^+ \end{cases} \quad (3 - 43)$$

步骤 2：确定强有效前沿面上的投影点后，然后再根据 3.1.3（1）小节生产前沿面 DMU 方向规模收益判定来判断生产可能集的 DMU 的方向规模收益，判定规则与 3.1.3（1）小节一致，在这里不再赘述。

85

3.2 阻塞存在的方向规模 DEA 模型建构

科学基金资助由于投入不成比例变化，如项目经费不断增加，科研人员时间和精力有限，项目产出也并非会持续增加，甚至会下降，出现阻塞现象，如图 1 - 2 所示。图 1 - 2 显示当投入金额在 65 万元时，产出不论是论文数量［见图 1 - 2（a）］还是论文引用［见图 1 - 2（b）］达到最高值，但随着项目经费的增加，产出最大值反而下降，这说明在科学基金资助活动中存在着阻塞效应。因此我们需要根据科学基金项目资助的特点，在阻塞存在的情况下，构建 DEA 模型研究方向规模收益。

3.2.1 阻塞存在的径向规模收益 DEA 模型

在规模收益研究中，不可避免会遇到阻塞现象。当阻塞存在时，在计算规模收益时，首先应判定是否存在阻塞，然后再计算规模收益。本部分内容根据 WY 模型判定阻塞，然后在不考虑方向的情况下，基于 FDM 方法计算规模收益。

1. 基于 WY 模型判定阻塞

目前对于阻塞研究较多的是使用 WY 模型，其中 WY 模型建模、计算相对简单，应用较为广泛，魏权龄和闫洪（Wei and Yan，2004）[①] 从产出的角度发展了一种方法，他们都认为阻塞是一种特殊的规模收益状态，当投入增大时，产出不但不会增加，反而会减少。他们在 BCC、CCR、FG、ST 模型的基础上，提出了 WY 模型，见式（3-44）。

$$
\begin{aligned}
&\max \eta \\
&\text{s. t} \quad \sum_{j=1}^{n} x_{ij}\lambda_j = x_{i0}, \ i = 1, \cdots, m \\
&\qquad \sum_{j=1}^{n} y_{rj}\lambda_j \geq \eta y_{r0}, \ r = 1, \cdots, s \\
&\qquad \sum_{j=1}^{n} \lambda_j = 1, \ \lambda_j \geq 0, \ j = 1, \cdots, n, \ \eta \ \text{free}
\end{aligned} \tag{3-44}
$$

式（3-44）对应的生产可能集为：

$$
T_{WY} = \{(X, Y) \mid \sum_{j=1}^{n} \lambda_j X_j = X, \ \sum_{j=1}^{n} \lambda_j Y_j \geq Y,
$$
$$
\sum_{j=1}^{n} \lambda_j = 1, \ \lambda_j \geq 0, \ j = 1, \cdots, n\}
$$

该模型与原有模型的区别在于生产可能集无效性公理假设中仅有产出无效性假设，不包含投入无效性假设，即投入不满足经济学中的自由处置公理。此模型允许生产函数向下弯曲，弯曲部分的点规模弹性为负值，即发生阻塞效应。

魏权龄和闫洪（Wei and Yan，2004）[②] 给出判断阻塞的充分必要条件是 DMU(X_0, Y_0) 为弱 DEA 有效（WY 模型），且不为弱 DEA 有效（BCC）模型。基于此判断规则，判断阻塞的步骤为：

步骤 1：求解 WY 模型（3-44）的最优解 η^*。若 $\eta^* = 1$，进入步

---

①② Wei Q L, Yan H. Congestion and returns to scale in data envelopment analysis [J]. European Journal of Operational Research, 2004, 153 (3): 641-660.

骤 2。若 $\eta^* \neq 1$，进入步骤 3。

步骤 2：求解 BCC 模型（3 – 42）的最优解 θ^*。阻塞效应判断规则为 $\eta^* = 1$，$\theta^* \neq 1$。

步骤 3：当 $\eta^* \neq 1$ 时，要对 DMU(X_0，Y_0) 根据 WY 模型进行投影，投影方式如下：

$$\begin{cases} \tilde{x}_{i0} \leftarrow x_{i0}，i = 1，\cdots，m \\ \tilde{y}_{r0} \leftarrow \eta * y_{r0} + s_r^+，r = 1，\cdots，s \end{cases}$$

保证 DMU($\tilde{X}_0$，$\tilde{Y}_0$) 处于 WY 模型前沿面，然后再将 DMU($\tilde{X}_0$，$\tilde{Y}_0$) 代入 BCC 模型（2 – 2）的最优解 θ^*。阻塞效应判断规则为 $\eta^* = 1$，$\theta^* \neq 1$。

2. 去掉阻塞点，计算剩余 DMUs 的规模收益

首先根据径向测度基于产出导向的 BCC – DEA 模型（3 – 45）计算 DMU 单元的效率值，判断强有效前沿面和弱有效前沿面；其次将生产可能集 P_{convex}(X，Y) 内部 DMU 进行投影，投影方式如（3 – 46）所示：

$$\max \theta + \varepsilon(s_i^- + s_r^+)$$

$$\text{s. t} \sum_{j=1}^{n} x_{ij}\lambda_j + s_i^- \leq x_{i0}，i = 1，\cdots，m$$

$$\sum_{j=1}^{n} y_{rj}\lambda_j - s_r^+ \geq \theta y_{r0}，r = 1，\cdots，s$$

$$\sum_{j=1}^{n} \lambda_j = 1，\lambda_j，s_i^-，s_r^+ \geq 0，j = 1，\cdots，n，\theta \geq 1$$

$$(3 - 45)$$

$$\begin{cases} \tilde{x}_{i0} \leftarrow x_{i0} - s_i^-，i = 1，\cdots，m \\ \tilde{y}_{r0} \leftarrow \theta * y_{r0} + s_r^+，r = 1，\cdots，s \end{cases} \quad (3 - 46)$$

接下来，计算 DMU 单元"右侧"和"左侧"方向规模收益情况。模型（3 – 47）为有效前沿面 DMU(X_0，Y_0) 单元右侧规模收益，模型（3 – 48）为有效前沿面 DMU(X_0，Y_0) 单元左侧规模收益：

$$\max \xi = \beta / t_0$$

$$\text{s. t. } \sum_{j=1}^{n} x_{ij} \lambda_j \leqslant (1 + t_0) x_{i0}, \ i = 1, \cdots, m$$

$$\sum_{j=1}^{n} y_{rj} \lambda_j \geqslant (1 + \beta) y_{r0}, \ r = 1, \cdots, s \qquad (3-47)$$

$$\sum_{j=1}^{n} \lambda_j = 1, \ \lambda_j, \ \beta \geqslant 0, \ j = 1, \cdots, n, \ t_0 \rightarrow 0$$

$$\min \psi = \beta / t_0$$

$$\text{s. t. } \sum_{j=1}^{n} x_{ij} \lambda_j \leqslant (1 - t_0) x_{i0}, \ i = 1, \cdots, m$$

$$\sum_{j=1}^{n} y_{rj} \lambda_j \geqslant (1 - \beta) y_{r0}, \ r = 1, \cdots, s \qquad (3-48)$$

$$\sum_{j=1}^{n} \lambda_j = 1, \ \lambda_j, \ \beta \geqslant 0, \ j = 1, \cdots, n, \ t_0 \rightarrow 0$$

若 $\xi^*(X_0, Y_0)$ 和 $\psi^*(X_0, Y_0)$ 分别为模型（3-47）和模型（3-48）的目标函数最优解，因此有效前沿面 $DMU(X_0, Y_0)$ 单元的右侧和左侧的方向阻塞和方向规模收益判定如下：（1）当 $\xi^*(X_0, Y_0) > 1(\psi^*(X_0, Y_0) > 1)$ 时，右侧（左侧）规模收益递增；（2）当 $\xi^*(X_0, Y_0) = 1(\psi^*(X_0, Y_0) = 1)$ 时，右侧（左侧）规模收益不变；（3）当 $0 < \xi^*(X_0, Y_0) < 1(0 < \psi^*(X_0, Y_0) < 1)$ 时，右侧（左侧）规模收益递减。

3. 根据决策单元左右两侧规模收益状态判断最终的方向规模收益

当左侧为规模递增，右侧也为规模递增时，则判定为 $DMU(X_0, Y_0)$ 在为规模递增；当左侧为规模递增，右侧为规模递减时，则判定为 $DMU(X_0, Y_0)$ 为规模最优；当左侧为规模递减，右侧也为规模递减，则判定为 $DMU(X_0, Y_0)$ 为规模递减。

3.2.2 阻塞存在的方向规模收益 DEA 模型建构

WY 模型中对阻塞的判定仍然是基于投入等比例变化对阻塞进行

判定。杨国梁（2012）[①] 认为在复杂的科研活动中，当投入不等比例变化时，径向方向上出现阻塞，可能在其他方向不存在阻塞。基于这一问题，杨国梁（2012）[②] 提出了方向阻塞的概念，本书通过前面的文献梳理，发现多产出方向规模弹性在 DEA 模型中很难被检验，单产出有更广泛的适用性。我们构建单产出阻塞存在的方向规模收益 DEA 模型。

若在生产可能集 PPS（X，Y）的强有效前沿面上存在一点 (X_0, Y_0)，并且至少存在另外一个 $DMU(\tilde{X}_0, \tilde{Y}_0) \in PPS(X, Y)$，且 $DMU(\tilde{X}_0, \tilde{Y}_0)$ 也处于强有效前沿面上，$(\tilde{X}_0, \tilde{Y}_0)$ 比 (X_0, Y_0) 沿某一方向 $(\omega_1, \cdots, \omega_m)^T$ 使用更少（更多）的投入可以获得更多（更少）的产出。即存在 t_0，β_0 使得 $(\tilde{X}_0, \tilde{Y}_0) = (\Omega_0 X_0, \beta_0 Y_0)$，其中 $\Omega_0 = diag\{1 + \omega_1 t_0, \cdots, 1 + \omega_m t_0\}$，$(\omega_1, \cdots, \omega_m)^T$ 代表投入的方向，并且满足 $\sum_{i=1}^{m} \omega_i = m$，$t_0$，$\beta_0$ 表示投入和产出的变化量，若满足 $t_0 \times \beta_0 < 0$，则称 (X_0, Y_0) 存在方向阻塞效应。

1. 阻塞存在的生产前沿面 DMU 方向规模收益判定

根据 WY 模型，阻塞存在情况下的生产可能集 PPS 满足：

$$PPS = \left\{ (X, Y) \mid \sum_{j=1}^{n} \lambda_j X_j = X, \ \sum_{j=1}^{n} \lambda_j Y_j \geqslant Y, \right.$$

$$\left. \sum_{j=1}^{n} \lambda_j = 1, \ \lambda_j \geqslant 0, \ j = 1, \cdots, n \right\}$$

根据前述内容可知规模收益和阻塞都是针对生产前沿面的 DMU 而言，根据阻塞存在下的 PPS 集以及构建的方向规模收益 DEA 模型，阻塞存在下方向规模收益 DEA 模型。基于有限差分法（FDM）（Rosen et al.，1998）[③] 对有效前沿面 $DMU(X_0, Y_0)$ 设定右侧和左侧的一个小邻域，来估算有效前沿面 $DMU(X_0, Y_0)$ 单元的右侧和左侧阻塞下的方向规模收益，分别见模型（3-49）和模型（3-50）。

---

①② 杨国梁：《科研机构相对效率与方向规模收益分析方法研究》，中国科学院大学博士学位论文，2012 年。

③ Rosen D，Schaffnit C，Paradi J C. Marginal rates and two-dimensional level curves in DEA [J]. Journal of Productivity Analysis，1998（9）：205-232.

$$\max \xi = \hat{\beta}/\hat{t}$$

$$\text{s. t.} \sum_{j=1}^{n} x_{ij}\lambda_j = (1 + v_i\hat{t})x_{i0}, \ v_i \geqslant 0, \ \sum_{i=1}^{m} v_i = m$$

$$\sum_{j=1}^{n} \lambda_j y_{rj} \geqslant (1 + u_r\hat{\beta})y_{r0}, \ u_r \geqslant 0, \ \sum_{r=1}^{s} u_r = s$$

$$\sum_{j=1}^{n} \lambda_j = 1, \ \lambda_j \geqslant 0, \ r = 1, \ \cdots, \ s, \ i = 1, \ \cdots, \ m, \ \hat{t} \rightarrow 0$$

$$(3-49)$$

$$\min \psi = \hat{\beta}/\hat{t}$$

$$\text{s. t.} \sum_{j=1}^{n} x_{ij}\lambda_j = (1 - v_i\hat{t})x_{i0}, \ v_i \geqslant 0, \ \sum_{i=1}^{m} v_i = m$$

$$\sum_{j=1}^{n} \lambda_j y_{rj} \geqslant (1 - u_r\hat{\beta})y_{r0}, \ u_r \geqslant 0, \ \sum_{r=1}^{s} u_r = s$$

$$\sum_{j=1}^{n} \lambda_j = 1, \ \lambda_j \geqslant 0, \ r = 1, \ \cdots, \ s, \ i = 1, \ \cdots, \ m, \ \hat{t} \rightarrow 0$$

$$(3-50)$$

其中，$v = (v_1, \cdots, v_m)$ 作为投入的方向向量，$\sum_{i=1}^{m} v_i = m$，$u = (u_1, \cdots, u_s)$ 作为产出的方向向量，$\sum_{r=1}^{s} u_r = s$。令模型（3-49）和模型（3-50）的最优解为 $(\lambda^*, \hat{\beta}^*)$，如果存在一个足够小的 $\hat{t}^*$，当 $0 \leqslant \hat{t} \leqslant \hat{t}^*$ 时，满足：第一，(X_0, Y_0) 和 $(\Omega X_0, \Theta^* Y_0)$ 均在有效前沿面上；第二，(X_0, Y_0) 和 $(\Omega X_0, \Theta^* Y_0)$ 有共同的支撑超平面，其中 $\Omega = \text{diag}\{1 + v_1\hat{t}, \cdots, 1 + v_m\hat{t}\}$，$\Theta^* = \text{diag}\{1 + u_1\hat{\beta}^*, \cdots, 1 + u_s\hat{\beta}^*\}$。若 $\xi^*(X_0, Y_0)$ 和 $\psi^*(X_0, Y_0)$ 分别为模型（3-49）和模型（3-50）的目标函数最优解，因此有效前沿面 DMU(X_0, Y_0) 单元的右侧和左侧的方向阻塞和方向规模收益判定如下：

（1）当 $\xi^*(X_0, Y_0) > 1(\psi^*(X_0, Y_0) > 1)$ 时，在 $(v_1, \cdots, v_m)^T$ 确定方向上右侧（左侧）规模收益递增。

（2）当 $\xi^*(X_0, Y_0) = 1(\psi^*(X_0, Y_0) = 1)$ 时，在 $(v_1, \cdots, v_m)^T$ 确定方向上右侧（左侧）规模收益不变。

（3）当 $0 < \xi^*(X_0, Y_0) < 1(0 < \psi^*(X_0, Y_0) < 1)$，在 $(v_1, \cdots, v_m)^T$

确定方向上右侧（左侧）规模收益递减。

（4）当 $\xi^*(X_0，Y_0)<0(\psi^*(X_0，Y_0)<0)$，在 $(v_1，\cdots，v_m)^T$ 确定方向上右侧（左侧）存在阻塞。

根据 $DMU(X_0，Y_0)$ 左侧和右侧的阻塞和规模收益状态，判定该 $DMU(X_0，Y_0)$ 最终的方向规模收益。

（1）当左侧为规模递增，右侧也为规模递增时，则判定为 DMU 在该方向为规模递增。

（2）当左侧为规模递增，右侧为规模递减时，则判定为 DMU 在该方向为规模最优。

（3）当左侧为规模递减，右侧也为规模递减时，则判定为 DMU 在该方向为规模递减。

（4）当左侧或右侧任意一侧在指定方向为阻塞状态，则判定为 DMU 在该方向为阻塞状态。

2. 阻塞存在下的生产可能集内部 DMU 方向规模收益判定

上述研究均是对有效前沿面 $DMU(X_0，Y_0)$ 方向规模收益和方向阻塞的判定，而对于生产可能集内部 $DMU(X_0，Y_0)$ 方向规模和方向阻塞的判定则需要先投影。由于存在阻塞，生产可能集无效性公理假设中仅有产出无效性假设，不包含投入无效性假设，即投入不满足经济学中的自由处置公理。

步骤 1：选用 WY 模型（3 - 44）进行投影。投影方式如下：

$$\begin{cases} \tilde{x}_{i0} \leftarrow x_{i0}，i = 1，\cdots，m \\ \tilde{y}_{r0} \leftarrow \eta * y_{r0} + s_r^+，r = 1，\cdots，s \end{cases} \quad (3-51)$$

步骤 2：去掉强有效前沿面上的投影点后，然后再根据 3.2.2（1）小节生产前沿面 DMU 方向阻塞和方向规模收益的步骤，来判断生产可能集的 DMU 的规模收益状态，判定规则与 3.2.2（1）小节一致，在这里不再赘述。

3.3　相对最佳投入方向和投入区间的判定

3.3.1　相对最佳投入方向判定

对于最佳投入方向的判定，以往的做法通常是对某个 DMU 而言，通过选取某个指定投入方向下规模弹性系数大小来确定最佳投入方向（杨国梁，2012）[①]，这种方法通常是分析某个指定方向上规模收益情况。根据前文分析，NSFC 项目资助中存在着投入不等比例变化和阻塞现象的特点。通过模型（3 – 49）和模型（3 – 50）可以将 NSFC 项目分为规模递增、规模最优、规模递减和规模阻塞四种状态。通常而言，在规模递增和规模最优状态下可以增加投入，有利于获得更多产出，而在规模递减状态，尽管伴随投入的增加产出依旧增加，只是增加幅度不如规模递增和规模最优。产出在阻塞状态下投入增加产出反而下降，是一种需要避免的状态。我们将规模递增、规模最优和规模递减看成是一种规模良好的状态，而将阻塞看作是一种需要避免的状态。

　　根据 NSFC 项目资助的实际情况，本书将阻塞率最低的方向作为相对最佳投入方向。用 MATLAB 拟合模型计算阻塞率的变化规律曲线，找到阻塞率最低的点即为相对最佳投入方向，具体判定步骤如下：

　　步骤 1：各方向阻塞率计算。DMU(X_0，Y_0）处于生产前沿面上，在不同方向上规模收益状态各不相同。由于模型（3 – 49）和模型（3 – 50）满足 $\sum_{i=1}^{m} v_i = m$，$\sum_{r=1}^{s} u_r = s$，为了简便说明，我们假设 $m = 2$，$s = 1$，即两个投入一个产出情况。首先我们在 $v_1 \in [0, 2]$，$v_2 \in [0, 2]$，$v_1 + v_2 = 2$ 方向上选取 x 个方向，根据模型（3 – 49）和模型（3 – 50）判定在各个方向上 N 个 DMUs 的规模收益状态。然后计算每个方向上 N 个 DMU 中处于阻塞状态的 DMUs 的数量，假设阻塞状态 DMUs 的数量为 Q，那么在该方向上的阻塞率即为 $Q/N \times 100\%$。

　　步骤 2：利用 MATLAB 中的 polyfit 多项式拟合阻塞率变化曲线。在 $v_1 \in [0, 2]$，$v_2 \in [0, 2]$，$v_1 + v_2 = 2$ 方向上每隔 0.1 选取一个方向，共选取 21 个方向，按照步骤 1 计算各个方向的阻塞率，如图 3 – 3 所示，图中的小三角形即为选取方向计算的阻塞率。然后应用 MATLAB 软件中的 polyfit 多项式拟合的方法，拟合得到阻塞率的变化规律曲线，即为图 3 – 3 中的变化曲线，用以预测阻塞率的极值区间。

　　[①]　杨国梁：《科研机构相对效率与方向规模收益分析方法研究》，中国科学院大学博士学位论文，2012 年。

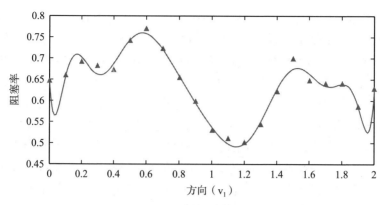

图 3 - 3　阻塞率变化曲线

步骤 3：确定相对最佳投入方向。根据前文对于相对最佳投入方向的定义，在图 3 - 3 中，将阻塞率最低的方向或者方向区间作为相对最佳投入方向，图 3 - 3 中的相对最佳投入方向为 $v_1 \in [1.1, 1.2]$，$v_2 \in [0.8, 0.9]$，$v_1 + v_2 = 2$。

3.3.2　最佳投入区间判定

判定了相对最佳投入方向后，在相对最佳投入方向下，判定最佳投入区间，具体步骤如下：

步骤 1：相对最佳投入方向下规模收益状态分析。根据前面得到的相对最佳投入方向，即 $v_1 \in [1.1, 1.2]$，$v_2 \in [0.8, 0.9]$，$v_1 + v_2 = 2$，将 v_1、v_2 的值代入模型（3 - 49）和模型（3 - 50），再次根据 3.4.2（1）小节计算该方向下 DMU 的规模收益状态。

步骤 2：最佳投入区间的确定。根据前面的分析，确定在相对最佳投入方向下处于规模最优状态的 DMUs，将这些 DMUs 的投入分布状态作为最佳投入分布区间。

3.4　本 章 小 结

本章共分为三节。3.1 节对目前基于 DEA 方法研究规模收益和阻塞的文献进行了比较研究，分析了各种模型在解决规模收益和阻塞中的优势和不足，并分析了现有研究在解决科学基金资助项目中的局限性。3.2 节根据现有 DEA 方法在研究科学基金项目投入不等比例变化中的局限，根据规模收益的概念，从测度角度，通过推广径向测度定义进而对其他方向新的距离进行定义，通过严密的数学推导，计算多投入多产出不同方向上的规模弹性，并进一步将规模弹性应用到 DEA 模型中，构建了方向规模收益 DEA 模型。3.3 节根据科学基金资助在实际中已出现阻塞的现象，研究阻塞存在情况下的方向规模收益变化。通过已有对于阻塞的研究，以及方向规模收益 DEA 模型，构建了阻塞存在下方向规模收益 DEA 模型。同时，根据科学基金资助的实际情况，修正以往研究中通过指定方向计算规模收益，用 MATLAB 拟合模型确定了相对最佳投入方向，并对最优投入区间进行了测算和分析。

与单产出方向规模收益 DEA 模型比较而言，多产出方向规模收益 DEA 模型可以测量多个产出之间同时按照某种比例变化后的规模收益情况，可以考虑不同产出间的关联情况，而单产出模型只能每个产出单独测量，没法考虑产出间的关联情况。同时决策者可以根据自己的价值偏好，通过不同方向来确定产出间的比例关系；单产出方向 DEA 模型只是单独测量一个产出的规模收益情况，但是实际中，特别是在复杂的科技活动中，如科学基金资助过程中，当多个产出间不成比例，或者我们无法确定产出之间具体的比例关系时，应用单产出方向 DEA 模型更有实际意义。

第 4 章　NSFC 面上项目方向规模收益实证分析

本章旨在通过第 3 章构建的模型对在 NSFC 面上项目中选取的三个学科进行实证分析。本章主要包含四节内容：4.1 节是根据科学基金实际资助的特点，对 DEA 模型所用投入产出指标进行筛选，并介绍了指标的数据来源，通过不同的检索方式得到产出数据，剔除"挂名"现象，保证数据的可靠性；4.2 节是在 4.1 节检索到的数据基础上，通过统计分析比较不同学科面上项目投入产出情况；4.3 节是利用第 3 章中 3.2.1 小节阻塞存在的径向（同比例）变化规模收益 DEA 模型对面上项目进行实证分析，并指出其局限性；4.4 节是根据第 3 章 3.2.2 小节建构的阻塞存在的方向 DEA 模型对面上项目进行实证分析，首先根据 3.3 节研究，在该模型下确定相对最佳投入方向，并计算在该方向下的规模收益，进而确定最佳投入区间。

4.1　指标筛选与数据来源

4.1.1　样本选择

国家自然科学基金（NSFC）自建立以来，在科研创新、学科发展与人才培养等方面发挥了重要作用。随着 NSFC 的不断发展，资助类别趋于完善，逐渐形成了由探索、人才、工具、融合四大系列组成的资助格局，各系列又包含多种类型项目，共同构成了 NSFC 项目资助体系。本书运用构建的 DEA 模型对 NSFC 项目进行规模收益实证分析，其中 DMU 是某类项目资助中的各个项目。根据 1.5.5 节，样本选择中首先选取了具有典型代表性和不同资助特点的面上项目及青年项目作为项目样本进行实证分析。其次，由于 NSFC 各类项目最终依托于学部分配到各个学科中，根据 NSFC 管理人员和专家建议，最终选取数学与物理学部的倚重试验仪器从事基础研究的 A 学科、地球科学部侧重野外勘探的 B 学科，以及管理学部重视实证调查偏重人文研究的 C 学科作为学科样本进行实证分析。

在样本的时间选择上，根据图 1 - 2，面上项目 2011 年的资助强度比 2010 年有了大幅度跃升，平均年增长率约为 69%，远远高于前面几年的增长速度。而图 4 - 1 显示，三个学科面上项目 2011 年的资助强度年增长率均超过 50%。

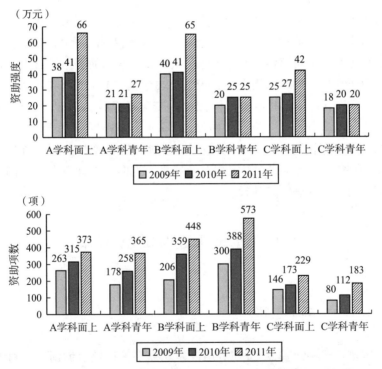

图 4 - 1 A、B、C 三个学科 2009 ～ 2011 年资助强度与资助项数情况

另外根据图 4 - 1 三个学科面上项目和青年项目的资助项数比较发现，三个学科在 2011 年前后资助数量分布不一致，A 学科面上项目与青年项目资助项数基本持平，B 学科青年项目资助项数多于面上项目，

C 学科面上项目资助项数多于青年项目。为了验证在 2011 年项目资助经费强度大幅跃升后，面上基金资助强度是否适宜，能否覆盖项目执行期必要的成本支出，以及三个学科当前的资助策略是否一致，因此本书选取了 2011 年 NSFC 的立项数据进行分析。

另外，在 2016 年初依托 "科学基金项目资助强度及其适宜性" 项目进行样本筛选时，当时已结题并录入 NSFC 结题库中的最新项目的立项年份是 2011 年，因此本书所采用的数据为 2011 年国家自然科学基金委提供的立项数据，结项数据面上项目为 2015 年结题数据，青年项目为 2014 年结题数据（面上项目执行期为 4 年，青年项目执行期为 3 年）。

4.1.2　指标筛选

科学基金项目的资助本质上是一个投入产出的过程。NSFC 依托专家甄别优秀项目并予以资助，受资助项目投入科技人力资源与必要的经费，产生知识溢出，使科学基金投入转化成为论文、专著、专利、产品、工艺或服务等产出（翟立新等，2005）[1]。

科学基金项目作为一项科研项目，最直接的投入是项目经费（财），其次是项目科研人员以及参与时间（人）。对于项目研究过程中需要的实验条件以及大型仪器设备（物），须依托原有的场地设备以及其他大型仪器设备开展研究，不仅仅由本项目提供，因此对于这部分投入我们不计入 NSFC 某个项目投入当中。而当前运用 DEA 方法对于科学基金项目效率评价的研究中，多将年份视为决策单元，因此投入指标常选用资助金额和资助项数（管仕平等，2010；李志兰等，2015）[2][3]。本书要评价项目间的规模收益情况，将 NSFC 资助的各个项目作为决策单元，因此将每个项目的资助金额作为投入指标。另外本书认为一个项目顺利开展除了必要的经费支出外，人力资源和时间投入也是不可或缺的，美国国家科学基金会（NSF，2002）在对项目负责人和管理人员问

---

① 翟立新、韩伯棠、李晓轩：《基于知识生产函数的公共科研机构绩效评价模型研究》，载于《中国软科学》2005 年第 8 期，第 76～80 页。

② 管仕平、朱卫东、吴勇：《我国国家自然科学基金面上项目的相对效率分析》，载于《科技进步与对策》2010 年第 12 期，第 32～34 页。

③ 李志兰、何学东：《基于 DEA 模型的自然科学基金投入产出效率分析——以浙江省自然科学基金为例》，载于《浙江大学学报（理学版）》2015 年第 2 期，第 246～252 页。

卷调查中也把项目人员和资助期限作为项目的必要投入[1]，因此将项目参与人员和参与时间也作为项目投入。

通常科学基金项目的产出主要有期刊论文、专著、专利、研究基地和人才等多种形式，但其中科学论文产出是最能反映基金项目原创性的，对于大部分学科而言，期刊论文也是科学成果最主要的内容载体和出版形式。因此，基金资助成果主要体现在科学基金论文中（岳洪江，2004）[2]。传统的基础科学计量学指标主要基于数量和质量两个方面：首先，论文数量是评价科学项目研究最基本和最常见的指标。数量是质量的基础和载体。一个项目产出的论文较多，通常该项目质量高的概率也相对较高。其次，论文质量通常用期刊影响因子和引用次数等指标反映。而期刊影响因子反映的是对期刊好坏的评价，与某一篇论文质量高低没有直接关系，将论文引用次数作为反映论文质量的指标得到了学术界的公认。因此论文数量和论文引用通常从数量和质量两个方面反映了论文特点。

目前，世界各科研机构常将科学基金论文的产出、分布和影响力情况作为评估科学基金使用效率的重要指标，如孙金伟等（2013）[3]、王贤文等（2010）[4]、周萍和田汇宝（Zhou and Tian，2014）[5] 等采用科学基金论文数量作为产出评价科学基金产出绩效；里格比（Rigby，2011）[6]、尤卡等（Jowkar et al.，2011）[7]、董建军（2013）[8]、张诗乐等

① National Science Foundation. National science foundation principal investigator 2001 grant award survey［EB/OL］. https：//www. nsf. gov/pubs/2004/nsf04205/mathematica_nsfrptfinal6. pdf，2002－07/2017－11－02.

② 岳洪江：《我国科学基金资助成果学科与机构分布特征》，载于《情报杂志》2004 年第 12 期，第 33～35 页。

③ 孙金伟、刘迪、王贤文：《科学基金资助与 SCI 论文产出：对 10 个国家的比较分析》，载于《科学学研究》2013 年第 1 期，第 36～42 页。

④ 王贤文、刘则渊、侯海燕：《全球主要国家的科学基金及基金论文产出现状：基于 Web of Science 的分析》，载于《科学学研究》2010 年第 1 期，第 61～66 页。

⑤ Zhou P，Tian H. Funded collaboration research in mathematics in China［J］. Scientometrics，2014，99（3）：695－715.

⑥ Rigby J. Systematic grant and funding body acknowledgement data for publications：new dimensions and new controversies for research policy and evaluation［J］. Research Evaluation，2011，20（5）：365－375.

⑦ Jowkar A，Didegah F，Gazni A. The effect of funding on academic research impact：a case study of Iranian publications［J］. Aslib Proceedings，2011，63（6）：593－602.

⑧ 董建军：《中国知网收录的基金论文资助现状和被引情况分析》，载于《中国科技期刊研究》2013 年第 2 期，第 307～312 页。

(2015)① 将论文引用作为产出用文献计量方法研究科学基金产出效果；管仕平等（2010）②、李新杰等（2012）③、李志兰等（2015）④、段庆锋（2012）⑤ 采用 DEA 方法选用基金论文数量、专利数量、论文引用等指标评价科学基金的投入产出效率。根据已有研究文献和成果，结合科学基金项目特点，基于数据的可获得性、有效性和可比性，本书选取论文数量、论文引用和专利引用作为产出指标。

最终，本书选取科学基金项目的资助强度（资助经费）、项目人力资本投入与项目持续时间作为投入指标。因 NSFC 同类项目的资助时间是固定的，如面上项目资助期限是 4 年，青年项目资助期限是 3 年，因此本书将参与成员与资助时间合并，以参与人年代表完成项目人力资本投入的实际工作量，最终选取项目资助强度和参与人年为两个投入指标。产出指标分为数量与质量两个方面，数量指标用实际发表的论文数表征，质量指标用论文引用表征，具体见表 4 – 1。

表 4 – 1　　　　　科学基金项目评价指标体系及数据来源

指标		指标说明	数据来源
投入指标	资助强度	结题报告中的资助金额	项目结题报告
	参与人年	申请书中的项目组成员数 × 项目资助时间	项目申请书
产出指标	产出数量	论文总数	Web of Science 数据库
	产出质量	论文总引用数	

注：产出数据主要来自 Web of Science 数据库，其中 C 学科由于其学科性质论文产出还包括了来自 CNKI 数据库的文章，论文检索截止到 2016 年 8 月 30 日。

———————

① 张诗乐、盖双双、刘雪立：《国家自然科学基金资助的效果——基于论文产出的文献计量学评价》，载于《科学学研究》2015 年第 4 期，第 507～515 页。

② 管仕平、朱卫东、吴勇：《我国国家自然科学基金面上项目的相对效率分析》，载于《科技进步与对策》2010 年第 12 期，第 32～34 页。

③ 李新杰、李雄诒、孙泽厚：《基于 DEA 方法的省级自然科学基金效率实证研究》，载于《软科学》2012 年第 6 期，第 78～82 页。

④ 李志兰、何学东：《基于 DEA 模型的自然科学基金投入产出效率分析——以浙江省自然科学基金为例》，载于《浙江大学学报（理学版）》2015 年第 2 期，第 246～252 页。

⑤ 段庆锋：《基于两阶段 DEA 的科学基金项目产出评价研究》，载于《统计与信息论坛》2012 年第 11 期，第 87～91 页。

4.1.3 数据来源

根据国家自然科学基金委提供的 2011 年 A、B、C 三个学科面上项目和青年项目立项的数据资料，对表 4 - 1 中的投入产出指标进行检索筛选。基金委提供的项目数量见表 4 - 2。

表 4 - 2 A、B、C 三个学科项目样本数量 单位：项

学科	项目		小计
	面上项目	青年项目	
A 学科	373	365	738
B 学科	442	570	1012
C 学科	227	183	410
小计	1042	1118	2160

按照表 4 - 2 中基金委提供的项目数，分别对投入产出指标进行筛选。投入指标中的资助强度按照基金委提供的结题报告中的资助金额确定。而参与人年按照申请书中的参与人数乘以项目资助时间得到，来表示完成项目人力资本投入的实际工作量。

目前对于科学基金项目评价中的论文产出指标，大都是基于项目编号在 Web of Science 数据库检索获得（孙金伟等，2013；Zhou and Tian，2014）①②。但在实际中常存在挂名现象，因此我们需要进一步对其进行甄别。

首先，为保障产出指标的真实性，本书采取项目成果与项目人力投入（参与成员）与项目内容（项目关键词）是否相关的甄别策略。本书分别采用"仅项目编号""项目编号 + 参与成员（至少包含一个参与成员，包括负责人在内）""项目编号 + 关键词（至少包含结题报告中

---

① 孙金伟、刘迪、王贤文：《科学基金资助与 SCI 论文产出：对 10 个国家的比较分析》，载于《科学学研究》2013 年第 1 期，第 36 ~ 42 页。

② Zhou P, Tian H. Funded collaboration research in mathematics in China [J]. Scientometrics, 2014, 99 (3)：695 –715.

的一个关键词）""项目编号＋参与成员＋关键词（既包含一个及以上参与成员又包含一个及以上关键词）"四种检索策略对项目产出论文进行甄别，检索结果见表4－3。

表4－3　　　　　　　三个学科不同检索方式的论文数量　　　　　单位：篇

学科	A 学科		B 学科		C 学科 SCI/CNKI	
项目	面上	青年	面上	青年	面上	青年
项目数	373	365	442	570	227	183
S1	6332	4045	2459	1877	367/3215	229/1572
S2	5282	3813	2388	1782	337/2666	205/1127
S3	3128	2336	1493	1158	137/787	92/375
S4	2786	2203	1469	1132	129/766	86/344
S2/S1	0.83	0.94	0.97	0.95	0.92/0.83	0.89/0.74
S3/S1	0.49	0.58	0.61	0.62	0.37/0.27	0.40/0.25
S4/S1	0.44	0.54	0.60	0.60	0.35/0.22	0.38/0.23
S4/S3	0.90	0.94	0.98	0.98	0.94/0.97	0.93/0.92

注：S1代表"仅编号"检索方式；S2代表"编号＋成员"检索方式；S3代表"编号＋关键词"检索方式；S4代表"编号＋成员＋关键词"检索方式。

其次，基于学科特点，A学科和B学科发表论文总数检索以Web of Science为基础数据库。C学科基于学科特点，产出既包含英文文章又包含中文文章，英文文章来源于Web of Science数据库，中文文章来源于CNKI数据库，论文检索截止到2015年底。

最后，产出质量表征指标由论文引文和专利引文组成。A学科和B学科论文引用数的数据来源于Web of Science，而C学科由于既包含英文文章又包含中文文章，因此论文引用数的数据来源于Google Scholar。

本书于2016年7月、8月和10月分别进行了三次大规模的项目产出数据检索与比对分析，最终四种检索方式检索到的论文成果见表4－3。根据4－3中的检索数据，可以看到单纯以"编号"进行检索得到的论文数量非常多，但是这些论文可能不一定与本项目直接相关。为保证定量分析的可靠性，采用"编号＋关键词"检索式表示"用项目编号与结题报告中任意一个关键词"进行检索，该方式检索得到的论文成果检索的论文成果与课题内容直接相关，可靠性较强。而三个学科通过"编号＋关键词"检索与仅用"编号"检索得到的平均相关系数维持在50%左右，也说明在实际中发表论文存在"挂名"现象。而通过"编号＋成员＋关键词"检索得到的论文数与"编号＋关键词"检索得到的论文数相关系数约为95%，说明采用申请书中参与人员作为投入指标是合适的。最终本书论文数据采用S4"编号＋成员＋关键词"检索方式。

4.2　NSFC 面上项目投入产出比较分析

基于上述检索条件，在各学科的面上项目中，都存在一些零产出的项目，基于 DEA 模型投入产出数据的应用条件，我们将零产出项目剔除后，最终 A、B、C 三个学科面上项目进入 DEA 模型计算的项目数分别为 308 项、275 项和 156 项，后续面上项目有关 DEA 模型的计算分析均是基于这些数据进行。本节将对面上项目根据投入产出指标数据进行分析。

4.2.1　面上项目不同学科投入比较

面上项目投入指标包括科学基金项目的资助强度和参与人年，对于面上项目的投入——资助强度而言，三个学科存在差异，其中 A 学科和 B 学科资助强度分布较为类似，资助强度均值、中值基本都集中在约 65 万元，A 学科资助强度众数是 60 万元，而 B 学科资助强度众数是 65 万元，A 学科资助强度的极大值为 85 万元，B 学科为 76 万元，B 学科资助强度的标准差大于 A 学科，说明 B 学科相比 A 学科而言资助强度更为分散；C 学科平均资助强度低于 A、B 两个学科，约为 42 万元，C 学科资助强度极小值为 32.2 万元，极大值为 50 万元，标准差在三个学科中最小，说明 C 学科资助强度最为集中，见表 4－4。

对于面上项目的投入——参与人年而言，三个学科差别不大，其中 A 学科的参与人年投入最小，均值和中值主要集中在 28.00，由于 2011 年面上项目执行期限是 4 年，因此这说明 A 学科团队规模主要是 7 人。

B 学科参与人年投入较 A 学科多，主要集中在 32.00，说明 B 学科团队规模主要是 8 人。C 学科参与人年投入最多，主要集中在 36.00，即 C 学科团队规模主要是 9 人。三个学科中，C 学科参与人年的投入中标准差最大，说明 C 学科参与人年投入分布最为分散。

表 4 - 4　　　　　2011 年面上项目资助强度与参与人员投入数据

投入指标	统计变量	A 学科	B 学科	C 学科
资助强度（万元）	均值	65.83	64.82	42.01
	中值	65.00	65.00	42.03
	众数	60.00	65.00	42.00
	极大值	76.00	85.00	50.00
	极小值	45.00	48.00	32.20
	标准差	7.62	9.01	2.37
参与人年	均值	28.53	31.39	34.08
	中值	28.00	32.00	36.00
	众数	28.00	32.00	36.00
	极大值	40.00	40.00	56.00
	极小值	8.00	20.00	12.00
	标准差	7.36	6.06	8.06

比较面上项目三个学科的投入可以发现，各学科间存在差异。总体而言，三个学科中，资助强度投入差别较大，参与人年投入差别不大。其中，A 学科和 B 学科资助强度投入基本一致，但 A 学科团队规模投入小于 B 学科，C 学科资助强度投入最低，但团队规模投入是最大的。各项目间资助强度投入差别最大的是 B 学科，差别最小的是 C 学科。

4.2.2　面上项目不同学科产出比较

面上项目产出指标包括科学基金项目的论文数量和论文引用，对于面上项目的产出——论文数量而言，A 学科论文数量产出最多，论文数量均值约为 8 篇，论文数量极大值为 50 篇，极小值为 1 篇，标准差为

103

7.64 篇，是三个学科中最大的，说明 A 学科论文数量分布最为分散，各个项目发表论文数量差别较大；B 学科论文数量均值为 4.55 篇，论文数量极大值是 20 篇，极小值 1 篇，标准差为 3.74 篇，在三个学科中最小，说明 B 学科是三个学科中论文数量分布最为集中的，各项目间论文数量差别不大；C 学科论文数量均值为 5.22 篇，论文数量极大值是 28 篇，极小值 1 篇，标准差为 4.18 篇，见表 4 - 5。

表 4 - 5　　　　　2011 年面上项目论文数量和论文引用产出数据

产出指标	统计变量	A 学科	B 学科	C 学科
论文数量（篇）	均值	7.95	4.55	5.22
	中值	6.00	3.00	4.00
	众数	3.00	2.00	2.00
	极大值	50.00	20.00	28.00
	极小值	1.00	1.00	1.00
	标准差	7.64	3.74	4.18
论文引用（次）	均值	59.49	22.85	14.44
	中值	22.00	11.00	8.00
	众数	1.00	1.00	1.00
	极大值	762.00	196.00	112.00
	极小值	1.00	1.00	1.00
	标准差	99.67	30.37	18.31

对于面上项目的产出——论文引用而言，三个学科中，论文引用均值最高的是 A 学科，平均引用数为 59.49 次，论文引用极大值为 762 次，标准差为 99.67 次，说明 A 学科的论文引用分布最为分散，各个项目的论文引用数差别较大；B 学科平均引用数为 22.85 次，极大值为 196.00 次，标准差为 30.37 次，小于 A 学科标准差，说明 B 学科各项目间论文引用差距比 A 学科小；C 学科平均引用均数为 14.44 次，在三个学科中是最小的，论文引用极大值为 112.00 次，标准差为 18.31 次，也是三个学科中最小的，说明 C 学科的各项目在论文引用产出分布最为集中，见表 4 - 5。

比较面上项目三个学科的产出发现，A 学科论文数量和论文引用两个产出的均值都是最高，B 学科论文数量低于 C 学科，但是论文引用高于 C 学科。就三个学科产出来看，篇均论文引用数最高的是 A 学科，其次是 B 学科，最低的是 C 学科；A 学科在论文数量和论文引用两个产出上标准差最大，说明 A 学科各项目在产出上差别较大。

4.3　NSFC 面上项目径向规模收益分析

对于面上项目规模收益分析，本节首先计算没有方向情况下的面上项目传统收益情况。根据 4.1 节的指标筛选，模型中包含资助强度和参与人年两个投入、论文数量和论文引用两个产出。由于科学基金资助的复杂性在实际中我们无法得到论文数量和论文引用之间的比例关系，同时论文数量和论文引用也不存在绝对的相关关系。为了突出决策者对于不同产出的偏好（偏重数量、偏重质量），计算方向规模收益时，本节分别采用论文数量和论文引用的单产出计算。本节中面上项目 DMUs 较多，因篇幅限制，无法对所有 DMUs 结果一一展示，故采取以规模收益状态比例的形式呈现。

由于图 1-2 揭示科学基金项目资助过程中可能会存在阻塞现象，因此对于面上项目径向规模收益判断根据 3.2.1 节的判断步骤，先根据 WY 模型判断是否存在阻塞，然后再根据模型（3-45）投影到 BCC 有效前沿面后，通过模型（3-47）和模型（3-48）共同判断径向规模收益情况。

4.3.1　面上项目径向规模收益计算结果

通过对 A、B、C 三个学科面上项目剔除零产出的 308 项、275 项和 156 项项目按照上述分析步骤，得到径向规模收益的结果如下。

根据计算，面上项目三个学科各规模收益状态占比如图 4-2 所示。其中，当产出为论文数量时，A 学科规模递增、规模最优、规模递减和阻塞的比例分别为 10.06%、8.77%、28.25% 和 52.92%，B 学科规模递增、规模最优、规模递减和阻塞的比例分别为 30.91%、12.36%、

10.18%和46.55%，C学科规模递增、规模最优、规模递减和阻塞的比例分别为15.38%、2.56%、12.82%和62.23%。当产出为论文引用时，A学科四种规模收益状态比例分别为14.15%、6.75%、2.89%和76.21%，B学科四种规模收益状态比例分别为23.64%、5.82%、7.64%和62.91%，C学科规模递增和阻塞比例分别为23.08%和76.92%，具体见图4-3。

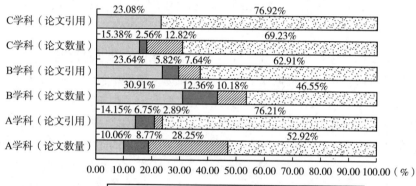

图4-2　面上项目径向规模收益情况比例

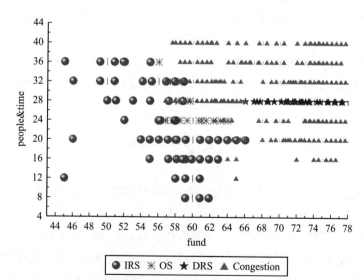

图4-3　面上项目A学科径向规模收益投入分布（产出：论文数量）

总体而言，径向规模收益下的三个学科阻塞状态占比相对都较高，基本都超过 50%，同时当产出为论文引用时，三个学科阻塞比例高于论文数量。就三个学科而言，不论是论文数量还是论文引用产出，阻塞比例最低的是 B 学科，阻塞比例最高的是 C 学科。我们进一步分析在各规模收益状态下投入的具体分布情况。

4.3.2　面上项目径向规模收益在不同学科投入分布

1. A 学科面上项目径向规模收益计算的投入分布

当产出为论文数量时，A 学科面上项目规模收益情况如图 4－4 所示。其中"圆形 IRS"的点表示"规模收益递增"状态；"米字 OS"的点表示"规模收益最优"状态；"五角星 DRS"的点表示"规模收益递减"状态；"三角形 Congestion"的点表示"阻塞"状态。

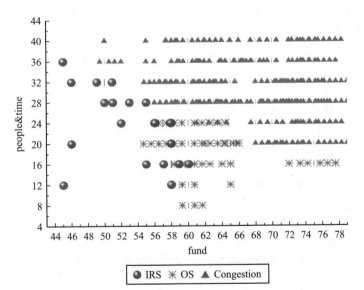

图 4－4　面上项目 A 学科径向规模收益投入分布（产出：论文引用）
注：图中竖线表示该点处数据多于等于两个，竖线旁的点表示该点处数据的数量。

如图 4－3 所示，（1）当资助强度为 60 万元、参与人年为 16～24 时，项目处于规模最优状态，其中在（60，20）最为密集；（2）资助强度少于 60 万元的项目基本处在规模递增状态；（3）当资助强度大于

65 万元、参与人年在 24 人年以下时，或者资助强度在 60 万元，参与人年是 28、32 人年时，项目基本处于规模递减状态；（4）当资助强度大于 68 万元时，项目基本则处于阻塞状态。

当产出为论文引用时，径向规模收益计算的 A 学科的投入分布与产出为论文数量时基本一致，见图 4 - 4。在资助强度 60 万元，参与人年 20 时处于规模最优状态。与论文数量投入分布不一致的是，阻塞状态的分布集中在资助强度大于 60 万元，且参与人年多于 24，其中参与人年超过 24 更容易发生阻塞，说明超过 24 后的参与人年投入并未获得更多论文引用的产出。

2. B 学科面上项目径向规模收益计算的投入分布

当产出为论文数量时，B 学科面上项目规模收益情况如图 4 - 5 所示。（1）当资助强度低于 65 万元，参与人年少于 28 时，项目处于规模递增状态；（2）当资助强度为 65 万元，参与人年为 32 时，或者资助强度 70 万元，参与人年为 28 时，项目处于规模最优状态；（3）当资助强度为 70 万元，参与人年为 36 时，项目处于规模递减状态；（4）资助强度大于 74 万元或者参与人年在 36 以上时，项目则基本处于阻塞状态。

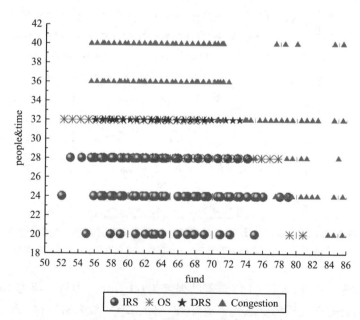

图 4 - 5　面上项目 B 学科径向规模收益投入分布（产出：论文数量）

考虑产出为论文引用时，B 学科规模最优状态的资助强度投入与论文数量产出时的资助强度一致，为 65 万元。但当产出为论文引用时，阻塞率高于论文数量产出的阻塞率，同时发生阻塞状态的参与人年投入要小于产出为论文数量时的参与人年投入，说明较多的参与人年投入并未带来更多论文引用产出，见图 4-6。

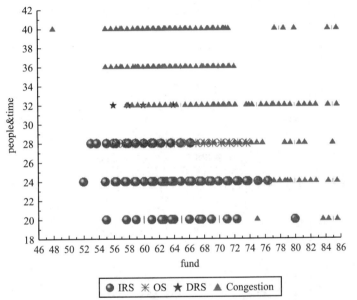

图 4-6　面上项目 B 学科径向规模收益投入分布（产出：论文引用）

3. C 学科面上项目径向规模收益计算的投入分布

当产出为论文数量时，C 学科面上项目规模收益情况如图 4-7 所示。（1）论文数量产出下，C 学科处于规模最优的状态的项目较少，集中在资助强度 40 万元，参与人年为 32；（2）当资助强度小于等于 39 万元，参与人年小于等于 24 时，项目处于规模递增状态；（3）当资助强度超过 41 万元，参与人年超过 28，项目基本处于阻塞状态。

当产出为论文引用时，C 学科面上项目阻塞状态的比例高于论文数量，见图 4-8。考虑产出为论文引用时，阻塞状态的资助强度投入高于论文数量下的投入，即为 42 万元及以上。

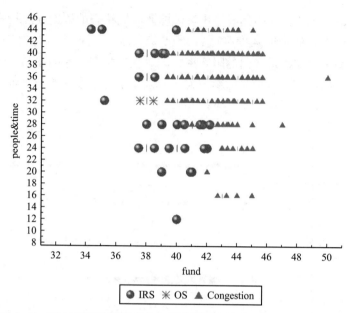

图 4 - 7　面上项目 C 学科径向规模收益投入分布（产出：论文数量）

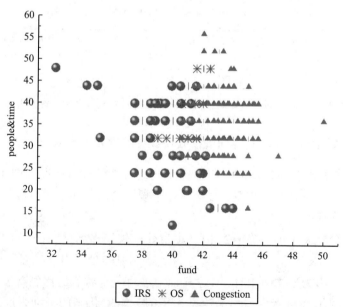

图 4 - 8　面上项目 C 学科径向规模收益投入分布（产出：论文引用）

比较三个学科径向规模收益计算的投入分布，当产出为论文引用时，规模最优的资助强度投入普遍高于论文数量产出，说明要获得更多论文质量的产出，需要更高强度的资助投入；论文引用产出的阻塞率比例高于论文数量产出阻塞率，说明如果要获得论文质量产出，则更容易发生阻塞现象。在三个学科的径向规模收益计算中，规模最优状态下资助强度投入最高的是 B 学科，最低的是 C 学科。

4.4　NSFC 面上项目方向规模收益分析

由于 NSFC 面上项目在实际资助中存在投入不等比例变化和阻塞的现象（见表 1 - 2 和图 1 - 2）。由于这一问题，径向规模收益在计算面上项目规模收益时往往存在局限，如 3.1.1 节所述，因此需要计算面上项目在不同投入方向上的规模收益。我们需要利用 3.2.2 节构建的阻塞存在的方向规模收益 DEA 模型对其进行分析。

在利用模型（3 - 49）和模型（3 - 50）对面上项目进行方向规模收益分析时，根据 4.1 节的指标筛选，模型中包含资助强度和参与人年两个投入、论文数量和论文引用两个产出。由于科学基金资助的复杂性，在实际中我们无法得到论文数量和论文引用之间的比例关系，同时论文数量和论文引用也不存在绝对的相关关系。为了突出决策者对于不同产出的偏好（偏重数量、偏重质量），计算方向规模收益时，本节分别采用论文数量和论文引用的单产出计算。根据 NSFC 面上项目指标特点，本书 3.2.2 节建构的阻塞存在下方向规模收益 DEA 模型的具体展开模型见模型（4 - 1）和模型（4 - 2）。

$$\max \xi = \hat{\beta}/\hat{t}$$

$$\text{s. t.} \sum_{j=1}^{n} x_{1j}\lambda_j = (1 + v_1\hat{t})x_{10}, \ v_1 \geqslant 0$$

$$\sum_{j=1}^{n} x_{2j}\lambda_j = (1 + v_2\hat{t})x_{20}, \ v_2 \geqslant 0 \qquad (4-1)$$

$$\sum_{j=1}^{n} \lambda_j y_j \geqslant (1 + \hat{\beta})y_0$$

$$\sum_{j=1}^{n} \lambda_j = 1, \ \lambda_j \geqslant 0, \ v_1 + v_2 = 2, \ \hat{t} \rightarrow 0$$

111

$$\min \psi = \hat{\beta} / \hat{t}$$

$$\text{s. t.} \sum_{j=1}^{n} x_{1j}\lambda_j = (1 - v_1\hat{t})x_{10}, \ v_1 \geqslant 0$$

$$\sum_{j=1}^{n} x_{2j}\lambda_j = (1 - v_2\hat{t})x_{20}, \ v_2 \geqslant 0 \qquad (4-2)$$

$$\sum_{j=1}^{n} \lambda_j y_j \geqslant (1 - \hat{\beta})y_0$$

$$\sum_{j=1}^{n} \lambda_j = 1, \ \lambda_j \geqslant 0, \ v_1 + v_2 = 2, \ \hat{t} \to 0$$

运用模型（4-1）和模型（4-2）并基于有限差分法（FDM）（Rosen et al.，1998）[1]，通过对有效前沿面 DMU(X_0，Y_0）设定右侧和左侧的一个小邻域，来估算有效前沿面 DMU(X_0，Y_0）单元的右侧和左侧阻塞下的方向规模收益，其中规模收益和阻塞状态的判定根据 3.2.2 节中的判定步骤。在模型（4-1）和模型（4-2）中由于只有两个投入，因此投入的方向向量满足 $v_1 \in [0, 2]$，$v_2 \in [0, 2]$，$v_1 + v_2 = 2$，其中 v_1 代表投入指标——资助强度的变化方向；v_2 代表投入指标——参与人年的变化方向。通过选取 v_1 和 v_2 方向组合，来判定在不同方向下的规模收益状态。根据模型（4-1）和模型（4-2），投入的方向包含无数种情形，我们可以任选一种方向来判定其阻塞下的规模收益状态。考虑到对于实际的参考价值，必须首先判定相对最佳投入方向，并在此方向上判定 DMUs 的规模收益状态。本节中面上项目 DMUs 较多，因篇幅限制，无法对所有 DMU 结果一一展示，故阻塞下规模收益的结果采取以规模收益状态比例的形式呈现。

4.4.1 面上项目相对最佳投入方向判定

在规模收益的四种状态中，在规模递增和规模最优状态下可以增加投入，有利于获得更多产出，而在规模递减状态，伴随投入的增加产出依旧增加，只是增加幅度不如规模递增和规模最优。在阻塞状态下投入增加产出反而下降，是一种需要避免的状态。我们将规模递增、规模最

① Rosen D, Schaffnit C, Paradi J C. Marginal rates and two-dimensional level curves in DEA [J]. Journal of Productivity Analysis, 1998 (9): 205-232.

优和规模递减看成是一种规模良好的状态，而将阻塞看作是一种需要避免的状态。根据 NSFC 项目资助的实际情况，本书将阻塞率最低的方向作为相对最佳投入方向。

1. 面上项目相对最佳投入方向判定步骤

面上项目通过计算各个方向下的阻塞率，然后用 MATLAB 拟合模型计算阻塞率的变化规律曲线，找到阻塞率最低的点即为相对最佳投入方向，具体判定步骤如下：

首先，根据模型（4-1）和模型（4-2）计算各方向的阻塞率。由于资助强度和参与人年两个投入满足 $v_1 \in [0, 2]$，$v_2 \in [0, 2]$，$v_1 + v_2 = 2$，因此我们在此范围内每隔 0.1 选取 21 个方向，运用模型（4-1）和模型（4-2）根据 3.2.2 节的规模收益和阻塞的判定步骤，判定各方向上的规模收益和阻塞状态。

其次，计算各个方向下的阻塞率。通过前面的计算，得到在每个方向上处于阻塞状态的项目数量，除以总的项目数量得到各个方向上的阻塞率。

最后，利用 MATLAB 拟合阻塞率变化曲线，确定阻塞率最低的方向即为相对最佳投入方向。根据计算的 21 个方向上的阻塞率，运用 MATLAB 软件中的 Polyfit 多项式拟合的方法，拟合得到阻塞率的变化规律曲线，用以预测阻塞率的极值区间，找到阻塞率最低的方向即为该项目的相对最佳投入方向。

2. 面上项目不同学科相对最佳投入方向

本书中 v_1 代表投入指标——资助强度的变化方向，v_2 代表投入指标——参与人年的变化方向，约束条件满足 $v_1 + v_2 = 2$，$v_1 \in [0, 2]$，$v_2 \in [0, 2]$。其中，（$v_1 = 0$，$v_2 = 2$）方向表示保持项目资助强度不变、仅增加参与人年的方向，（$v_1 = 2$，$v_2 = 0$）方向代表仅增加资助强度、参与人年不变时的规模效益的变化，其他方向以此类推。

当产出为论文数量时，三个学科的阻塞率变化曲线见图 4-9。其中，A 学科在资助强度两端方向的阻塞率较高，在 [1.0, 1.2] 方向区间范围内，即 $v_1 \in [1.0, 1.2]$，$v_2 \in [0.8, 1.0]$，$v_1 + v_2 = 2$ 范围内处于阻塞率的波谷，在两个投入基本等比例变化的方向阻塞率最低，即判断此方向为相对最佳投入方向。B 学科阻塞率变动曲线在三个学科中最为平缓，自左向右呈下降趋势，在资助强度方向为 [1.7，2.0] 方向区间范围内，即 $v_1 \in [1.7，2.0]$，$v_2 \in [0，0.3]$，$v_1 + v_2 = 2$ 范围内处于阻塞率的波谷，即 B 学科相对最佳投入方向是增加资助强度、参与人年基本不变的方向。C 学科阻塞率的变动曲线波动最大，自左向右呈上升趋势，在资助强度方向为 [0.0，0.3] 方向区间范围内，即 $v_1 \in [0.0，0.3]$，$v_2 \in [1，7，2.0]$，$v_1 + v_2 = 2$ 范围内处于阻塞率的波谷，阻塞率最低，即 C 学科相对最佳投入方向为增加参与人年、资助强度基本不变的方向。

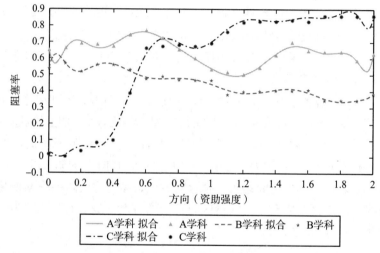

图 4-9　面上项目资助强度投入各方向下的阻塞率（产出：论文数量）

当产出为论文引用时，B 学科阻塞率最低，A 学科整体阻塞率较高，三个学科的阻塞率变化曲线见图4-10。总体看，图4-9与图4-10趋势一致，说明各学科论文数量产出和论文引用产出的阻塞率变化趋势一致，A 学科在中间方向阻塞率较低，B 学科在右侧方向阻塞率较低，C 学科在左侧方向阻塞率较低。具体而言，A 学科在 [0.8，1.3] 方向区间范围内，即 $v_1 \in [0.8，1.3]$，$v_2 \in [0.7，1.2]$，$v_1 + v_2 = 2$ 范围内阻塞率最低，说明相对最佳投入方向为两个投入基本等比例变化的方向；B 学科在资助强度方向为 [1.6，2.0] 方向区间范围内，即 $v_1 \in [1.6，2.0]$，$v_2 \in [0，0.4]$，$v_1 + v_2 = 2$ 范围内阻塞率最低，说明 B 学科在增加资助强度、参与人年基本不变方向为相对最佳投入方向；C 学科在资助强

度方向为 $[0.0，0.3]$ 方向区间范围内，即 $v_1 \in [0.0，0.3]$，$v_2 \in [1，7，2.0]$，$v_1 + v_2 = 2$ 范围内方向阻塞率最低，说明 C 学科在增加参与人年、资助强度基本不变方向为相对最佳投入方向。

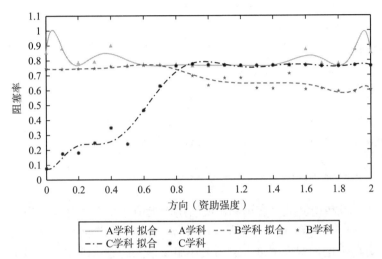

图 4 - 10　面上项目资助强度投入各方向下的阻塞率（产出：论文引用）

考虑项目产出质量，产出为论文引用时，三个学科在各个方向的阻塞率总体高于论文数量产出时的阻塞率。当重视数量产出时，三个学科中 C 学科在各方向阻塞率整体较高，在重视质量产出时，A 学科阻塞率较高。

4.4.2　面上项目相对最佳投入方向下规模收益结果

将 A、B、C 三学科在 4.4.1 节中的最佳投入方向判定代入模型 (4 - 1) 和模型 (4 - 2)，相对最佳投入方向下的规模收益情况见表 4 - 6。当产出为论文数量时，A 学科相对最佳投入方向为（$v_1 = 1.2$，$v_2 = 0.8$）；产出为论文引用时，相对最佳投入方向为（$v_1 = 1.0$，$v_2 = 1.0$）。这说明 A 学科相对最佳投入方向集中在资助强度与参与人年两个投入近似等比例变化的方向区间。在相对最佳投入方向上，A 学科规模最优状态比例分别达到 9.09% 和 6.75%。值得注意的是，即使在相对最佳投入方向上，A 学科的阻塞率仍然等于或超过 50%。在相对最佳投入方向上，A学科论文数量产出的阻塞率低于论文引用产出，说明论文数量绩效优于论文引用绩效。

表4-6 面上项目各学科相对最佳投入方向下规模收益状态比例 单位：%

规模收益	A学科		B学科		C学科	
	论文数量 $\omega_1=1.2$ $\omega_2=0.8$	论文引用 $\omega_1=1.0$ $\omega_2=1.0$	论文数量 $\omega_1=1.9$ $\omega_2=0.1$	论文引用 $\omega_1=1.6$ $\omega_2=0.4$	论文数量 $\omega_1=0.0$ $\omega_2=2.0$	论文引用 $\omega_1=0.0$ $\omega_2=2.0$
规模递增	12.01	14.15	44.36	33.45	90.38	67.31
规模最优	9.09	6.75	11.64	6.18	1.28	12.82
规模递减	28.90	2.89	9.45	0.00	7.05	12.82
阻塞状态	50.00	76.21	34.55	60.36	1.28	7.05

B学科在论文数量产出和论文引用产出中的相对最佳投入方向分别为（$v_1=1.9$，$v_2=0.1$）、（$v_1=1.6$，$v_2=0.4$），说明B学科相对最佳投入方向为增加资助强度、参与人年略微增加的方向。在相对最佳投入方向上，规模最优比例分别达到11.64%和6.18%。在相对最佳投入方向上，B学科论文数量产出的阻塞率低于论文引用产出，说明论文数量绩效优于论文引用绩效。

C学科两个产出的相对最佳投入方向均为（$v_1=0.0$，$v_2=2.0$）方向，说明C学科在增加参与人年、资助强度基本不变的方向为相对最佳投入方向。在相对最佳投入方向上，规模最优比例分别达到1.28%和12.82%，但规模递增比例超过65%。在该投入方向上，C学科阻塞率非常低，特别是论文数量产出，基本没有阻塞现象，说明在该方向上增加投入，C学科易获得更高产出。

在面上项目相对最佳投入方向下对三个学科的规模状态进行比较发现，A学科阻塞率最高，C学科阻塞率最低；三个学科论文引用产出的阻塞率均高于论文引用产出的阻塞率。三个学科中，在相对最佳投入方向下，规模收益最优比例较高的是B学科和C学科，A学科较低。

4.4.3 面上项目相对最佳投入方向下最佳投入区间测算

根据3.3.2节的判定步骤，将4.4.2节的相对最佳投入方向代入模型（4-1）和模型（4-2），计算得到相对最佳投入方向下规模最优状态，并对处于规模最优的 DMUs 进行分析，分析其投入分布区间和投入均值，并与 2011 年实际投入进行比较，结果见表 4-7。

表 4-7　　　　　　　　　　面上项目最佳投入区间

学科	投入	2011 年实际资助情况		DEA 计算最佳投入			
				产出：论文数量		产出：论文引用	
		均值	集中范围	均值	集中范围	均值	集中范围
A 学科	资助强度（万元）	65.83	[60, 65] [70, 75]	59.93	[59, 61]	60.00	[59, 60]
	参与人年	28.53	[20, 32]	16.14	[14, 18]	17.14	[16, 20]
B 学科	资助强度（万元）	64.82	[60, 70]	65.69	[60, 70]	71.25	[70, 80]
	参与人年	31.39	[24, 36]	30.13	[28, 32]	27.00	[24, 28]
C 学科	资助强度（万元）	42.01	[40, 45]	38.00	[38, 38]	41.02	[40, 44]
	参与人年	34.08	[32, 36]	36.00	[36, 40]	39.00	[36, 40]

注：表中显示的 2011 年的实际资助情况是针对 DEA 模型计算中剔除零产出的面上项目而言。

　　A 学科 2011 年实际平均资助强度为 65.83 万元，而通过 DEA 模型计算最优规模资助强度集中在 [59, 61] 万元，均值在 60 万元左右，低于当前实际资助强度。从项目参与人年看，项目实际投入人年集中在 [20, 32]，而根据 DEA 模型计算最优状态下的参与人年集中在 [14, 18]（产出：论文数量）和 [16, 20]（产出：论文引用）之间，低于当前实际参与人年投入。对于 A 学科 2011 年资助情况而言，最佳投入区间应为资助强度在 59 万 ~ 61 万元之间，参与人年在 14 ~ 20 之间，即 4 ~ 5 人团队规模。与 2011 年实际资助比较，不论产出为论文数量还是论文引用，资助强度在当前状态下不适宜进一步增加，应通过其他管理举措提高项目团队工作绩效。

　　B 学科 2011 年实际平均资助强度为 64.82 万元，但通过 DEA 模型计算最优投入为 65.69 万元（产出：论文数量）和 71.25 万元（产出：

论文引用），资助强度区间集中在［60，70］（产出：论文数量）和［70，80］（产出：论文引用），最佳资助强度略高于当前实际资助强度。项目实际参与人年 2011 年主要集中在［24，36］，DEA 测算的最优状态下的参与人年集中在［24，32］之间，略低于当前实际参与人年。对于 B 学科 2011 年资助情况而言，最佳投入区间应为资助强度在 60 万~80 万元之间，参与人年在 24~32 之间，即 6~8 人团队规模。与 2011 年实际资助比较，当考虑数量产出时，当前投入接近最佳投入，较为适宜；当考虑质量产出时，可考虑适当增加资助强度投入。

对 C 学科而言，2011 年实际平均资助强度为 42.01 万元，DEA 模型计算的最优规模下的平均资助强度为 38.00 万元（产出：论文数量）和 41.02 万元（产出：论文引用），主要集中在［38，44］之间，最佳资助强度略低于当前实际资助强度。项目参与人年 2011 年平均为 34.08，最优状态下的参与人年高于当前实际参与人年。对于 C 学科 2011 年资助情况而言，最佳投入区间应为资助强度在 38 万~44 万元之间，参与人年在 36~40 之间，即 9~10 人团队规模。与 2011 年实际资助比较，C 学科不论论文数量产出还是论文引用产出，项目资助强度不宜进一步增加，增加参与人年有利于进一步提高项目产出绩效。

4.5　本 章 小 结

本章以 NSFC 数学物理科学部、地球科学部和管理学部的 A、B、C 三个学科 2011 年资助面上项目为例，首先通过 WY 模型判断阻塞后计算径向（同比例）变化下的规模收益情况，其次根据科学基金项目投入不等比例变化的特点，运用构建的阻塞存在下的方向收益 DEA 模型，通过 MATLAB 拟合相对最佳投入方向区间，并在相对最佳投入方向下根据方向 DEA 模型再次测算规模最优状态，根据规模最优状态下的投入区间，找到最佳投入分布区间。本章主要得到以下结论：

（1）通过对径向规模收益进行计算，三个学科产出为论文引用时的阻塞率均高于产出为论文数量时的阻塞率，当考虑论文数量产出时，A、B、C 三个学科的阻塞率分别为 52.92%、46.55% 和 69.23%，当考虑论文引用产出时，A、B、C 三个学科的阻塞率分别为 76.21%、

62.91% 和 76.92%，三个学科中 B 学科平均阻塞率最低。由于径向规模收益计算的前提假设投入是同比例变化，然而面上项目资助中，资助强度投入可以不断增加，但受制于科研人员时间和精力的限制，参与人年投入可能不会随着资助强度的增加而增加，如表 1 - 2 所示，因此基于径向方向变化研究规模收益在实际中的应用性会受到诸多限制。

（2）根据面上项目投入不等比例变化及存在阻塞的特点，本书运用 3.2 节构建的 DEA 模型对面上项目不同方向上的规模收益进行实证分析。首先需要确定相对最佳投入方向，根据 3.3.1 节的判定步骤，确定面上项目 A、B、C 三个学科的相对最佳投入方向。其中 A 学科相对最佳投入方向为资助强度和参与人年变化比例大致相同的方向；B 学科相对最佳投入方向为增加资助强度、参与人年基本不变的方向；C 学科相对最佳投入方向为增加参与人年、资助强度基本不变的方向。

（3）在相对最佳投入方向下，A、B、C 三个学科的论文引用产出的阻塞率均高于论文数量产出的阻塞率。当考虑论文数量产出时，A、B、C 三个学科的阻塞率分别为 50.00%、34.55% 和 1.28%，当考虑论文引用产出时，A、B、C 三个学科的阻塞率分别为 76.21%、60.36% 和 7.05%。在计算的 21 个方向下，考虑论文数量产出时，A、B、C 三个学科在各个方向的平均阻塞率分别为 63.66%、44.49% 和 58.69%，当考虑论文引用产出时，A、B、C 三个学科在各个方向的平均阻塞率分别为 79.84%、68.47% 和 58.40%，面上项目中 A 学科在各方向下平均阻塞率较高。

（4）在相对最佳投入方向下，根据 3.2.2 节的步骤确定最佳投入区间。就 2011 年资助情况而言，A 学科最佳资助强度投入均值为 60 万元，集中在 59 万 ~ 61 万元，最佳参与人年均值为 16，集中在 16 ~ 20 之间，即 4 ~ 5 人团队规模；B 学科最佳资助强度投入在论文数量产出时均值为 66 万元，集中在 60 万 ~ 70 万元，论文引用产出时均值为 72 万元，集中在 70 万 ~ 80 万元，最佳参与人年投入均值为 28，集中在 24 ~ 32 之间，即 6 ~ 8 人团队规模；C 学科最佳资助强度投入，在论文数量产出时均值为 38 万元，论文引用产出时均值为 41 万元，集中在 40 万 ~ 44 万元，最佳参与人年投入集中在为 36 ~ 40 之间，即 9 ~ 10 人团队规模。

（5）就 DEA 计算的最佳投入区间与 2011 年实际情况比较，结合

DEA 计算出的相对最佳投入方向，以 2011 年资助情况为例进行分析，A 学科最佳资助强度和参与人年投入均低于当年实际投入，说明两类投入均不适宜进一步增加，应通过其他管理举措提高项目科研绩效。B 学科在考虑数量产出时，当年投入接近最佳投入，较为适宜；在考虑质量产出时，当年资助强度投入明显低于最佳资助强度投入，可考虑适当增加资助强度投入。C 学科项目最佳资助强度投入低于当年实际资助强度，最佳参与人年投入低于当年投入，说明 C 学科资助强度投入不宜进一步增加，增加参与人年有利于进一步提高项目产出绩效。

第 5 章　NSFC 青年项目方向规模收益实证分析

本章旨在通过第 3 章构建的模型对选取的三个学科进行实证分析，主要包含四节内容。5.1 节是通过统计分析比较不同学科青年项目投入产出情况；5.2 节是利用第 3 章中 3.2.1 小节阻塞存在的径向（同比例）变化规模收益 DEA 模型对青年项目进行实证分析；5.3 节是根据第 3 章 3.2.2 小节建构的阻塞存在的方向 DEA 模型对青年项目进行实证分析，首先根据 3.3 节研究在该模型下确定相对最佳投入方向，并计算在该方向下的规模收益结果，进而确定最佳投入区间。

5.1　NSFC 青年项目投入产出比较分析

基于 4.1 节的检索方式，在各学科的青年项目中，都存在一些零产出的项目，基于 DEA 模型投入产出数据的应用条件，我们将零产出项目剔除后，最终 A、B、C 三个学科青年项目进入 DEA 模型计算的项目数分别为 306 项、291 项和 91 项，后续青年项目有关 DEA 模型的计算分析均是基于这些数据进行。下面将对剔除零产出的青年项目投入产出数据进行统计分析。

5.1.1　青年项目不同学科投入比较

青年项目投入指标包括科学基金项目的资助强度和参与人年，从青年项目的资助强度看，三个学科差别不大。与面上项目相比（见表

4-4），青年项目资助强度分布较为集中，标准差较小。其中 A 学科和 B 学科资助强度分布较为类似，资助强度均值、中值和众数基本都维持在 25 万 ~ 26 万元，C 学科平均资助强度低于 A、B 两个学科，约为 20 万 ~ 22 万元。三个学科中，A 学科标准差最大，为 2.41 万元，B 学科标准差最小，为 1.53 万元，说明资助强度投入分布最为集中的是 B 学科，而 A 学科资助强度最为分散，见表 5-1。

表 5-1　　　　2011 年青年项目资助强度与参与人员投入数据

投入指标	统计变量	A 学科	B 学科	C 学科
资助强度	均值	26.71	24.73	20.09
	中值	26.00	25.00	20.50
	众数	25.00	26.00	22.00
	极小值	18.00	20.00	16.00
	极大值	30.00	30.00	22.00
	标准差	2.41	1.53	1.67
参与人年	均值	15.13	15.80	22.48
	中值	15.00	15.00	24.00
	众数	18.00	18.00	24.00
	极小值	3.00	12.00	3.00
	极大值	30.00	30.00	39.00
	标准差	4.41	3.85	6.43

　　从青年项目的参与人年看，A、B 两个学科参与人年投入小于 C 学科，A、B 两个学科参与人年主要集中在 15 ~ 18，由于 2011 年青年项目执行期限是 3 年，因此说明 A、B 两个学科团队规模主要是 5 ~ 6 人。C 学科参与人年投入最多，主要集中在 24，即 C 学科团队规模主要是 8 人，整体高于 A、B 两个学科。三个学科中，青年项目团队规模略低于面上项目团队规模，且 C 学科参与人年投入分布最为分散，这与面上项目分布一致。

　　比较青年项目投入可以看到，各学科间存在差异。总体而言，相较于面上项目，青年三个学科中，资助强度差别不大，C 学科资助强度相对偏低；对于参与人年投入，A、B 两个学科参与人年投入基本一致，C 学科参与人年投入最大。

5.1.2　青年项目不同学科产出比较

青年项目产出指标包括科学基金项目的论文数量和论文引用。从青年项目的产出——论文数量看，A 学科青年项目论文数量产出最多，论文数量均值约为 7 篇，论文数量极大值为 49.00 篇，极小值为 1.00 篇，标准差为 6.72 篇，是三个学科中最大的，说明 A 学科论文数量分布最为分散，各个项目间发表论文数量差别较大；B 学科论文数量均值为 3.36 篇，论文数量极大值为 22.00 篇，极小值为 1.00 篇，标准差为 2.73 篇；C 学科论文数量均值为 3.62 篇，论文数量极大值为 10.00 篇，极小值为 1.00 篇，标准差为 2.36 篇，在三个学科中最小，说明 C 学科是三个学科中论文数量分布最为集中的。各项目间论文数量差别不大，见表 5-2。

表 5-2　2011 年青年项目论文数量与论文引用产出数据

产出指标	统计变量	A 学科	B 学科	C 学科
论文数量（篇）	均值	6.81	3.36	3.62
	中值	5.00	3.00	3.00
	众数	2.00	2.00	2.00
	极小值	1.00	1.00	1.00
	极大值	49.00	22.00	10.00
	标准差	6.72	2.73	2.36
论文引用（次）	均值	51.37	15.98	5.01
	中值	21.00	8.00	3.00
	众数	3.00	2.00	1.00
	极小值	1.00	1.00	1.00
	极大值	758.00	348.00	35.00
	标准差	96.74	26.34	6.01

从青年项目的产出——论文引用看，三个学科中，论文引用均值最高的是 A 学科，平均引用数为 51.37 次，论文引用极大值为 758 次，标准差为 96.74 次，说明 A 学科的论文引用分布最为分散，各个项目的论文引用数差别较大；B 学科平均引用数为 15.98 次，极大值为 348.00 次，标准差为 26.34 次，小于 A 学科标准差，说明 B 学科各项目间论文引用差距比 A 学科小；C 学科平均引用数为 5.01 次，在三个学科中是最小的，论文引用极大值为 35.00 次，标准差为 6.01 次也是三个学科中最小的，说明 C 学科的各项目论文引用产出分布最为集中，见表 5 - 2。

比较青年项目的两个产出，A 学科论文数量和论文引用均值均为最高，B 学科论文数量低于 C 学科，但是论文引用高于 C 学科，这种分布与面上项目分布一致（见表 4 - 5）。整体而言，三个学科中，A 学科各项目间论文数量和论文引用分布差距较大，C 学科项目间产出差距较小。

5.2　NSFC 青年项目径向规模收益分析

对于青年项目规模收益分析，本节首先计算没有方向情况下的青年项目传统收益情况。根据 4.1 节的指标筛选，模型中包含资助强度和参与人年两个投入、论文数量和论文引用两个产出。由于科学基金资助的复杂性，在实际中我们无法得到论文数量和论文引用之间的比例关系，同时论文数量和论文引用也不存在绝对的相关关系。为了突出决策者对于不同产出的偏好（偏重数量、偏重质量），计算方向规模收益时，本节分别采用论文数量和论文引用的单产出计算。本节中青年项目 DMUs 较多，因篇幅限制，无法对所有 DMU 结果一一展示，故本书采取以规模收益状态比例的形式呈现。

由于科学基金项目资助过程中可能会存在阻塞现象，因此对于面上项目径向规模收益判断根据 3.2.1 节的判断步骤，先根据 WY 模型判断是否存在阻塞，然后再根据模型（3 - 45）投影到 BCC 有效前沿面后，通过模型（3 - 47）和模型（3 - 48）共同判断径向规模收益情况。

5.2.1　青年项目径向规模收益计算结果

通过对 A、B、C 三个学科青年项目剔除零产出的 306 项、291 项和 91 项项目按照 4.3.1 节的步骤分析，得到径向规模收益的结果。

根据计算，青年项目三个学科各规模收益状态占比如图 5-1 所示。其中，当产出为论文数量时，A 学科规模递增、规模最优、规模递减和阻塞的比例分别为 33.33%、0.33%、2.61% 和 63.73%；B 学科规模递增、规模最优、规模递减和阻塞的比例分别为 29.31%、11.72%、16.21% 和 42.76%；C 学科规模递增和阻塞的比例分别为 36.67% 和 63.33%。当产出为论文引用时，A 学科四种规模收益状态比例分别为 50.98%、0.65%、0.33% 和 48.04%；B 学科规模递增和阻塞的比例分别为 27.93% 和 72.07%；C 学科规模递增、规模最优和阻塞比例分别为 31.03%、2.30% 和 66.67%。

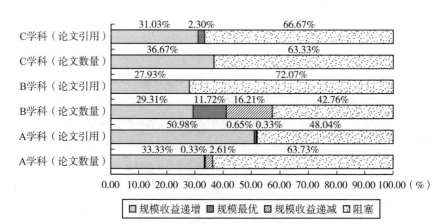

图 5-1　青年项目径向规模收益状态占比

图 4-2 与图 5-1 比较，在径向规模收益计算中，青年项目的阻塞比例普遍低于面上项目，B 学科面上项目阻塞比例最低，而青年项目阻塞比例则较高。A 学科青年项目的阻塞比例明显低于面上项目，C 学科青年项目阻塞率低于面上项目。在径向规模收益计算中，阻塞是一种非良好需要避免的状态，从阻塞率来看，A 学科和 C 学科青年项目优于面上项目，B 学科面上项目优于青年项目。

5.2.2 青年项目径向规模收益在不同学科投入分布

1. A 学科青年项目径向规模收益计算的投入分布

当产出为论文数量时，A 学科青年项目规模收益情况，如图 5 – 2 所示。其中"圆形 IRS"的点表示"规模收益递增"状态，"米字 OS"的点表示"规模收益最优"状态，"五角星 DRS"的点表示"规模收益递减"状态，"三角形 Congestion"的点表示"阻塞"状态。

如图 5 – 2 显示，当产出为论文数量时，A 学科青年项目 2011 年的径向规模收益情况如下：（1）当资助强度少于 25 万元时基本处在规模递增状态，其中资助强度为 25 万元、参与人年为 18 最为集中；（2）当资助强度为 26 万元、参与人年为 21 时处于规模递减的状态；（3）资助强度大于 28 万元基本处于阻塞状态。

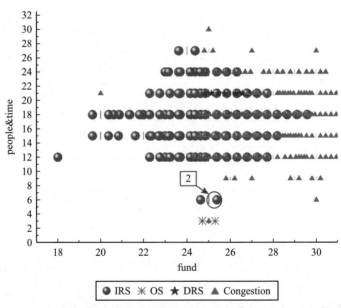

图 5 – 2　青年项目 A 学科径向规模收益投入分布（产出：论文数量）
注：图中竖线表示该点处数据多于等于两个，竖线旁的点表示该点处数据的数量。后同。

当产出为论文引用时，A 学科青年项目 2011 年的径向规模收益情况如图 5 - 3 所示。（1）当资助强度少于 28 万元时，处在规模递增状态，其中资助强度 25 万元、参与人年为 18 最为集中；（2）当资助强度为 25 万元、参与人年为 27 时为规模最优状态；（3）当资助强度大于 28 万元、参与人年小于 14 时，或资助强度大于 30 万元、参与人年在 18 和 20 时基本则处于阻塞状态。

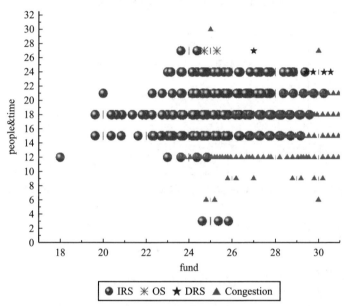

图 5 - 3　青年项目 A 学科径向规模收益投入分布（产出：论文引用）

2. B 学科青年项目径向规模收益计算的投入分布

当产出为论文数量时，B 学科青年项目 2011 年的径向规模收益情况如下：（1）当资助强度为 23 万元、参与人年小于等于 24 时处于规模递增状态；（2）当资助强度为 23 万元、参与人年为 15 时处于规模最优状态最密集；（3）当资助强度大于 25 万元时则基本处于阻塞状态（见图 5 - 4）。

当产出为论文引用总数时，B 学科青年项目 2011 年的径向规模收益情况如下：（1）当参与人年为 12 时，处于规模递增状态；（2）当资助强度为 23 万元、参与人年为 15 时处于规模最优状态；（3）当参与人年大于 18 时，基本处于阻塞状态（见图 5 - 5）。

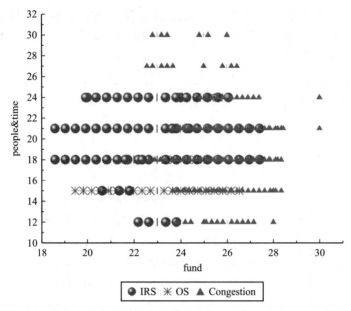

图 5-4　青年项目 B 学科径向规模收益投入分布（产出：论文数量）

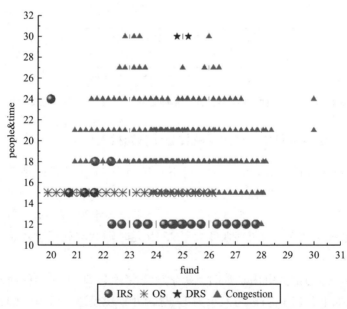

图 5-5　青年项目 B 学科径向规模收益投入分布（产出：论文引用）

3. C 学科青年项目径向规模收益计算的投入分布

当产出为论文数量时，C 学科青年项目 2011 年的规模收益情况如下：（1）当资助强度低于 19 万元时处于规模递增状态；（2）当参与人年维持在 18、资助强度在 18.5 万 ~ 22 万元之间时处于规模最优状态；（3）当资助强度高于 20 万元、参与人年为 2 时基本处于阻塞状态（见图 5 - 6）。

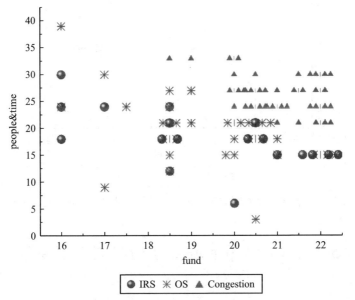

图 5 - 6　青年项目 C 学科径向规模收益投入分布（产出：论文数量）

当产出为论文引用总数时，C 学科青年项目 2011 年的规模收益情况如下：（1）当资助强度少于 19 万元、参与人年低于 18 时处在规模递增状态，其中（18.5，18）最为集中；（2）当资助强度为 22 万元、参与人年为 15 时为规模最优状态；（3）当资助强度大于 20 万元、参与人年大于 21 时基本处于阻塞状态（见图 5 - 7）。

比较青年项目三个学科径向规模收益计算的投入分布，当产出为论文引用时，处于规模最优状态的资助强度普遍高于论文数量产出，说明要获得更多论文质量的产出，需要更高的资助强度；论文引用产出的阻塞率高于论文数量产出阻塞率，说明要获得论文质量产出更容易发生阻

129

塞现象；三个学科中，规模最优资助强度最高的是 A 学科，最低的是 C
学科。

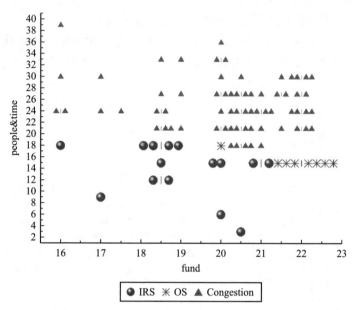

图 5 - 7　青年项目 C 学科径向规模收益投入分布（产出：论文引用）

5.3　NSFC 青年项目方向规模收益分析

本书中 NSFC 青年项目与面上项目选用指标一致，根据 4.1 节的指标筛选，模型中包含资助强度和参与人年两个投入、论文数量和论文引用两个产出。根据 4.4 节的步骤，模型（3 - 49）和模型（3 - 50）对青年项目进行方向规模收益分析时的展开模型见模型（4 - 1）和模型（4 - 2）。

对模型（4 - 1）和模型（4 - 2）中有关变量的解释见 4.4 节，在此不过多赘述。根据模型（4 - 1）和模型（4 - 2），投入的方向包含无数种情形，我们可以任选一种方向来判定其阻塞下的规模收益状态。考虑到对于实际的参考价值，必须首先判定相对最佳投入方向，并在此方向上判定 DMUs 的规模收益状态。本节中面上青年项目 DMUs 较多，因篇幅限制，无法对所有 DMUs 结果一一展示，故阻塞下规模收益的结果采取以规模收益状态比例的形式呈现。

5.3.1　青年项目相对最佳投入方向判定

在计算方向规模收益的过程中，首先要判定相对最佳投入方向，然后在相对最佳投入方向下判定规模收益情况。根据青年项目资助的实际情况，对于青年项目相对最佳投入方向的判定与面上项目相对最佳投入方向判定一致，具体步骤见4.4.1节，在此不过多赘述。

本书中 v_1 代表投入指标——资助强度的变化方向，v_2 代表投入指标——参与人年的变化方向，约束条件满足 $v_1 + v_2 = 2v_1 \in [0, 2]$，$v_2 \in [0, 2]$。其中（$v_1 = 0$，$v_2 = 2$）方向表示保持项目资助强度不变，仅增加参与人年的方向，（$v_1 = 2$，$v_2 = 0$）方向代表仅增加资助强度、参与人年不变方向下规模效益的变化，其他方向以此类推。

当产出为论文数量时，三个学科的阻塞率变化曲线见图 5-8。其中，A 学科阻塞率变动曲线自左向右呈上升趋势，在资助强度左侧方向阻塞率最低，在资助强度方向为 [0.0, 0.2] 区间范围内，即 $v_1 \in [0.0, 0.2]$，$v_2 \in [1.8, 2.0]$，$v_1 + v_2 = 2$ 范围内处于阻塞率的波谷，阻塞率最低，说明 A 学科相对最佳投入方向为增加参与人年、资助强度基本不变的方向；B 学科阻塞率变动曲线在三个学科中最为陡

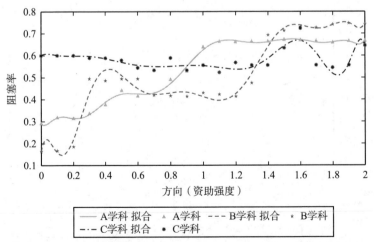

图 5-8　青年项目资助强度投入各方向下的阻塞率（产出：论文数量）

峭，在资助强度左侧方向以及中间方向阻塞率相对较低，在资助强度方向为 [0.0，0.2] 方向区间范围内，即 $v_1 \in [0.0，0.2]$，$v_2 \in [1.8，2.0]$，$v_1 + v_2 = 2$ 范围内处于阻塞率的波谷，阻塞率最低，说明 B 学科相对最佳投入方向为增加参与人年、资助强度基本不变的方向；C 学科阻塞率变动曲线在三个学科中最为平缓，在资助强度的各个方向，阻塞率基本变化不大，其中在 [0.7，1.1] 方向区间范围内，即 $v_1 \in [0.7，1.1]$，$v_2 \in [0.9，1.3]$，$v_1 + v_2 = 2$ 范围内处于阻塞率的波谷，在两个投入基本等比例变化的方向阻塞率最低，即判断此方向为相对最佳投入方向。

当产出为论文引用时，除个别方向外，整体 B 学科阻塞率最高，A 学科整体阻塞率最低，三个学科的阻塞率变化曲线见图 5−9。总体看，图 5−8 与图 5−9 趋势并不一致，说明各学科青年项目在论文数量产出和引用总数产出的阻塞率变化趋势不一致。A 学科在偏左侧方向阻塞率较低，B 学科在左侧方向阻塞率较低，C 学科在右侧方向阻塞率较低。具体而言，A 学科在 [0.3，0.5] 方向范围内，即 $v_1 \in [0.3，0.5]$，$v_2 \in [1.5，1.7]$，$v_1 + v_2 = 2$ 范围内阻塞率最低，即相对最佳投入方向为参与人年投入增加倍数是资助强度增加倍数 3 倍左右的时候，在该方向阻塞率最低，为最优投入方向，同时对于 A 学科而言，在左侧方向——即仅增加参与人年方向，该方向下的阻塞率低于仅增加资助强度

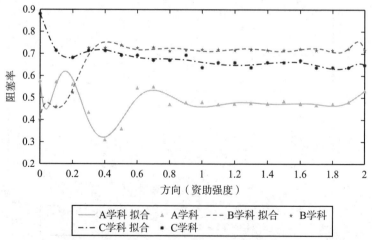

图 5−9　青年项目资助强度投入各方向下的阻塞率（产出：论文引用）

方向；B 学科阻塞率变动曲线相对平缓，在资助强度方向为 $[0.0, 0.3]$ 区间范围内，即 $v_1 \in [0.0, 0.3]$，$v_2 \in [1.7, 2.0]$，$v_1 + v_2 = 2$ 方向阻塞率最低，即 B 学科在增加参与人年、资助强度基本不变方向为相对最佳投入方向；C 学科阻塞率变动曲线较为平缓，整体左侧较高，中间和右侧较低，在资助强度方向为 $[1.0, 1.3]$ 区间范围内，即 $v_1 \in [1.0, 1.3]$，$v_2 \in [0.7, 1.0]$，$v_1 + v_2 = 2$ 方向阻塞率最低，即 C 学科两个投入同比例增加方向为相对最佳投入方向。

青年项目三个学科中，考虑项目产出质量——论文引用时，阻塞率总体高于论文数量产出。对青年项目各方向上阻塞率（见图 5 - 8 和图 5 - 9）与面上项目各方向上阻塞率（图 4 - 9 和图 4 - 10）的比较发现，不论产出是论文数量抑或论文引用，A 学科和 C 学科在大多数方向上，青年项目的阻塞率低于面上项目，B 学科在不同方向，青年和面上阻塞率变化不一致。这与径向规模收益计算下青年项目阻塞率低于面上项目的结论一致，说明 A 学科和 C 学科青年项目绩效优于面上项目。

5.3.2　青年项目相对最佳投入方向下规模收益结果

将 A、B、C 三学科在 5.3.1 节中的最佳投入方向判定代入模型（4 - 1）和模型（4 - 2），相对最佳投入方向下的规模收益情况见表 5 - 3。当产出为论文数量时，A 学科青年项目相对最佳投入方向为（$v_1 = 0.0$，$v_2 = 2.0$）；当产出为论文引用时，相对最佳投入方向为（$v_1 = 0.4$，$v_2 = 1.6$）。这说明 A 学科相对最佳投入方向集中在资助强度和参与人年

表 5 - 3　青年项目各学科相对最佳投入方向下规模收益状态比例　　单位：%

规模收益	A 学科		B 学科		C 学科	
	论文数量 $\omega_1 = 0.0$ $\omega_2 = 2.0$	论文引用 $\omega_1 = 0.4$ $\omega_2 = 1.6$	论文数量 $\omega_1 = 0.1$ $\omega_2 = 1.9$	论文引用 $\omega_1 = 0.1$ $\omega_2 = 1.9$	论文数量 $\omega_1 = 1.1$ $\omega_2 = 0.9$	论文引用 $\omega_1 = 1.0$ $\omega_2 = 1.0$
规模递增	62.50	10.43	59.13	9.02	36.07	31.03
规模最优	5.13	1.98	8.23	12.41	1.25	2.30
规模递减	1.92	47.11	16.20	45.22	0.05	0.00
阻塞状态	30.45	41.48	16.44	33.35	62.63	66.67

两个投入近似等比例变化的方向区间。在相对最佳投入方向上，A 学科规模阻塞率分别为 30.45% 和 41.48%，低于面上项目相对最佳投入方向上的阻塞率。

B 学科在论文数量产出和论文引用产出中的相对最佳投入方向均为（$v_1 = 0.1$，$v_2 = 1.9$），说明 B 学科相对最佳投入方向为参与人年、资助强度基本不变方向。在相对最佳投入方向上，规模最优比例分别为 16.20% 和 45.22%，阻塞率分别为 16.44% 和 33.35%，低于面上项目。C 学科两个产出相对最佳投入方向均约为（$v_1 = 1.0$，$v_2 = 1.0$）方向，说明 C 学科在两个投入同比例增加方向上为相对最佳投入方向。在相对最佳投入方向上，阻塞率比例分别为 62.63% 和 66.67%，青年项目阻塞率明显高于面上项目。

通过对 A、B、C 三个学科青年项目相对最佳投入方向下规模收益计算发现，C 学科阻塞率最高，B 学科阻塞率最低；以论文引用作为产出的阻塞率均高于论文数量产出，说明当重视论文质量时，阻塞率更高。

5.3.3　青年项目相对最佳投入方向下最佳投入区间测算

将 5.3.2 节相对最佳投入方向代入模型（4 − 1）和模型（4 − 2），计算得到相对最佳投入方向下规模最优状态，对处于规模最优状态的 DMUs 进行分析，分析其投入分布区间和投入均值，并与 2011 年实际投入比较，见表 5 − 4。其中 A 学科 2011 年实际平均资助强度为 26.71 万元，而通过 DEA 模型计算，不论产出为论文数量还是论文引用，最优规模资助强度都主要集中在 [25，27] 万元，略低于实际资助强度。从项目参与人年投入看，项目实际投入人年均值约为 15，而根据 DEA 模型计算最优状态下的参与人年约为 16，略高于实际参与人年投入。对于 A 学科 2011 年资助情况而言，最佳投入区间应为资助强度在 25 万元至 27 万元之间，参与人年 15 ~ 16，即 5 人团队规模。与 2011 年实际资助比较，A 学科资助强度在当前状态下不适宜进一步增加，团队规模应继续增加，从而提高项目团队工作绩效。

B 学科 2011 年实际平均资助强度为 24.73 万元，集中在 [22，25] 之间，通过 DEA 模型计算最优投入区间为 [22，24] 万元（产出为论文数量）和［24，26］万元（产出为论文引用），产出为论文数量时，最佳资助强度略低于实际资助强度，产出为论文引用时，最佳资助强度略高于实际资助强度。项目实际参与人年 2011 年主要集中在［15，16］，与 DEA 测算的最优参与人年基本相符合。对于 B 学科 2011 年资助情况而言，最佳投入区间应为资助强度在 22 万元至 26 万元之间，参与人年为 15 ~ 18，即 5 ~ 6 人团队规模。与 2011 年实际资助比较，B 学科资助强度不宜增加，参与人年投入接近最优规模，应通过其他举措提高产出绩效。

表 5 - 4　　　　　　　　　　　青年项目最佳投入区间

学科	投入	2011 年实际资助情况		DEA 计算最佳投入			
				产出：论文数量		产出：论文引用	
		均值	集中范围	均值	集中范围	均值	集中范围
A 学科	资助强度（万元）	26.71	［24，28］	26.05	［25，27］	25.00	［25，27］
	参与人年	15.13	［15，18］	16.00	［15，16］	15.52	［14，16］
B 学科	资助强度（万元）	24.73	［22，25］	22.92	［22，24］	24.62	［24，26］
	参与人年	15.80	［15，16］	15.80	［15，18］	15.00	［15，15］
C 学科	资助强度（万元）	20.09	［20，22］	19.34	［18，20］	21.75	［20，22］
	参与人年	22.48	［18，24］	19.50	［15，21］	15.38	［15，18］

注：表中显示的 2011 年的实际资助情况是针对 DEA 模型计算中剔除零产出的科学基金项目而言。

C 学科 2011 年实际平均资助强度为 20.09 万元，DEA 模型计算出的最优投入区间为［18，20］（产出为论文数量）和［20，22］（产出为引用总数），产出为论文数量时最佳资助强度略低于实际资助强度，产出为论文引用时最佳资助强度略高于实际资助强度。项目参与人年 2011 年平均为 22.48，最优状态下的参与人年低于实际参与人年。对于 C 学科 2011 年资助情况而言，最佳投入区间应为资助强度在 16 万元至 21 万元之间，参与人年为 15 ~ 21，即 5 ~ 7 人团队规模。与 2011 年实际资助比较，C 学科若注重数量产出，两个投入都不适宜进一步增加，若注重质量产出，可以适当增加资助强度来提高产出绩效。

5.4　本章小结

本章以 NSFC 数学物理科学部、地球科学部和管理学部的 A、B、C 三个学科 2011 年资助青年项目为例，首先通过 WY 模型判断阻塞后计算径向（同比例）变化的规模收益状态，其次根据科学基金项目投入不等比例变化的特点，运用构建的阻塞存在的方向收益 DEA 模型，通过 MATLAB 拟合相对最佳投入方向区间，并在相对最佳投入方向下根据方向 DEA 模型再次测算规模最优状态，根据规模最优状态下的资助强度，找到最佳投入分布区间。根据实证分析结果，本章主要得到以下结论：

（1）通过对径向规模收益的计算，青年项目三个学科产出为论文引用时的阻塞率均高于产出为论文数量时的阻塞率。当考虑论文数量产出时，A、B、C 三个学科的阻塞率分别为 63.73%、42.76% 和 63.33%，当考虑论文引用产出时，A、B、C 三个学科的阻塞率分别为 48.04%、72.87% 和 66.67%。三个学科中 A 学科平均阻塞率最低。由于径向规模收益计算的前提假设投入是同比例变化，在实际应用中投入很难成比例变化，特别是科研活动中，因此基于径向方向变化研究规模收益在实际中的应用性会受到诸多限制。

（2）根据青年项目资助的特点，本书运用 3.2 节构建的 DEA 模型对青年项目不同方向上规模收益进行实证分析。首先需要确定相对最佳投入方向，根据 3.3.1 节判定步骤，确定青年项目 A、B、C 三个学科的相对最佳投入方向。其中 A 学科和 B 学科的相对最佳投入方向均为增加参与人年、资助强度基本不变方向；C 学科在资助强度和参与人年同比例变化方向上为相对最佳投入方向。

（3）在相对最佳投入方向下，A、B、C 三个学科青年项目的论文引用产出的阻塞率均高于论文数量时的阻塞率。当考虑论文数量时，A、B、C 三个学科的阻塞率分别为 30.45%、16.44% 和 62.63%，当考虑论文引用产出时，A、B、C 三个学科的阻塞率分别为 41.48%、

33.35% 和 66.67%。在计算的 21 个方向下，考虑论文数量产出时，A、B、C 三个学科在各个方向的平均阻塞率分别为 53.34%、50.27% 和 57.94%，当考虑论文引用产出时，A、B、C 个学科在各个方向的平均阻塞率为 48.06%、68.27% 和 67.93%，青年项目中 A 学科在各方向下平均阻塞率最低。

（4）在相对最佳投入方向下，根据 3.2.2 节步骤确定最佳投入区间。对 2011 年青年项目资助情况而言，A 学科最佳资助强度投入集中在 25 万元至 27 万元之间，最佳参与人年集中在 14～16 之间，即 5 人团队规模；B 学科最佳资助强度投入在考虑论文数量产出时均值为 23 万元，集中在 22 万元至 24 万元，考虑论文引用产出时均值为 25 万元，集中在 24 万元至 26 万元，最佳参与人年投入均值为 15，集中在 15～18 之间，即 5～6 人团队规模；C 学科最佳资助强度投入在考虑论文数量产出时均值为 19 万元，集中在 18 万元至 20 万元，考虑论文引用产出时均值为 22 万元，集中在 20 万元至 22 万元，最佳参与人年投入在考虑论文数量产出时集中在 15～21 之间，即 5～7 人团队规模，在考虑论文引用产出时集中在 15～18 之间，即 5～6 人团队规模。

（5）就 DEA 计算的最佳投入区间与 2011 年实际情况比较，结合 DEA 计算出的相对最佳投入方向，以 2011 年资助情况进行分析，A 学科资助强度最佳投入低于当年投入，参与人年最佳投入高于当年投入，因此 A 学科资助强度不宜进一步增加，团队规模进一步扩大，有助于提高项目科研绩效；B 学科最佳资助强度和参与人年投入均低于当年实际投入，说明两类投入均不宜进一步增加，应通过其他管理举措提高项目科研绩效；C 学科若注重获得数量产出，两个投入都不宜进一步增加，但如注重获得质量产出，可以适当增加资助强度来提高产出绩效。

第6章 基于问卷调查的科学基金项目资助规模适宜性分析

本章以项目负责人和评审专家为调查对象，对于科学基金适宜资助规模进行了问卷调查，旨在进一步了解项目负责人和评审专家对 NSFC 项目资助规模的认知，为科学基金管理部门进一步优化资助与管理政策、更加有效地配置科学基金资源、提高科学基金资助成效提供有益支撑，同时也为模型计算结果进行匹配验证。

本次调查时间是从 2016 年 5 月至 2016 年 10 月，采用邮件问卷调查的方式进行。本次调查以 NSFC 资助项数和资助金额占比最高的面上项目和青年项目为主体进行，同时由于各类项目都是以各个学部下的各个学科为最终载体，因此在数学物理科学部、地球科学部和管理科学部选取了倚重实验仪器、侧重野外勘探以及重视实证调查的 A、B、C 三个学科。此次调查采用全样本调查，样本是 2010 年和 2011 年三个学科中所有面上项目和青年项目的获得者，并将面上项目负责人作为评审专家进行调查。本次调查，面上项目负责人调查问卷共有效回收 1050 份，青年项目负责人调查问卷共有效回收 1129 份，评审专家调查问卷共有效回收 823 份。

本章调查问卷内容依托于自然科学基金应急管理项目——科学基金项目资助强度及其适宜性研究，项目的调查问卷内容较广泛，本章只选择了部分与本书相关的内容进行研究分析。

6.1 调查样本基本情况

6.1.1 调查样本性别分布

从性别看，本次三类问卷共有效回收 3002 份，其中男性被调查者占 79.51%，女性被调查者占 20.49%。其中面上项目负责人调查中男性占 84.90%，女性占 15.10%，青年项目负责人调查男性占 71.12%，女性占 28.88%，评审专家调查中男性占 84.20%，女性占 15.38%（见表 6-1）。青年项目中女性比例高于面上项目。

表 6-1　　　　　　　　　　　　　调查样本性别分布

性别	面上项目		青年项目		评审专家		合计	
	人数（人）	比例（%）	人数（人）	比例（%）	人数（人）	比例（%）	人数（人）	比例（%）
男	891	84.90	803	71.12	693	84.20	2387	79.51
女	159	15.10	326	28.88	130	15.38	615	20.49
合计	1050	100.00	1129	100.00	823	100.00	3002	100.00

6.1.2　调查样本学科分布

从学科看，本次 A 学科共调查 1486 人，占 49.50%，B 学科共调查 1121 人，占 37.40%，C 学科共调查 395 人，占 13.10%。在面上项目负责人的调查中，A 学科占比为 51.52%，B 学科占比为 33.81%，C 学科占比为 14.67%；在青年项目负责人的调查中，A 学科占比为 45.97%，B 学科占比为 43.31%，C 学科占比为 10.72%；在评审专家的调查中，A 学科占比为 51.76%，B 学科占比为 33.66%，C 学科占比为 14.58%，具体见表 6-2。

表 6-2　　　　　　　　　　　　　调查样本学科分布

学科	面上项目		青年项目		评审专家		合计	
	人数（人）	比例（%）	人数（人）	比例（%）	人数（人）	比例（%）	人数（人）	比例（%）
A 学科	541	51.52	519	45.97	426	51.76	1486	49.50
B 学科	355	33.81	489	43.31	277	33.66	1121	37.40
C 学科	154	14.67	121	10.72	120	14.58	395	13.10
合计	1050	100.00	1129	100.00	823	100.00	3002	100.00

6.1.3　调查样本年龄分布

从年龄分布看，本次调查的面上项目负责人年龄主要分布在 36～45 岁和 46～55 岁，分别占 41.05% 和 45.90%；青年项目被调查者年龄主要分布在 36～40 岁，占 58.99%；评审专家的年龄分布主要集中在 46～55 岁，占 48.24%。整体来看三类接受调查者年龄基本都在 36 岁以上，见表 6-3。

表 6-3　　　　　　　　　　　调查样本年龄分布

面上项目			青年项目			评审专家		
年龄组	人数（人）	比例（%）	年龄组	人数（人）	比例（%）	年龄组	人数（人）	比例（%）
35 岁及以下	12	1.14	30 岁及以下	7	0.62	35 岁及以下	8	0.97
36～45 岁	431	41.05	31～35 岁	282	24.98	36～45 岁	305	37.06
46～55 岁	482	45.90	36～40 岁	666	58.99	46～55 岁	397	48.24
56 岁及以上	125	11.91	41 岁及以上	174	15.41	56 岁及以上	113	13.73
合计	1050	100.00	合计	1129	100.00	合计	823	100.00

6.1.4　调查样本在研项目数分布

对于项目负责人在研项目数量调查显示，面上项目负责人在研项目最多的是 1 项，占 44%，在研项目为 2 项的占 25%，青年项目负责人在研项目最多的也是 1 项，占 42%，当时没有在研项目的占 25%，该比例明显高于面上项目（见图 6-1）。

6.1.5　调查样本地域分布

三类调查样本均集中在北京、江苏、上海和湖北，四个省份在三类调查样本中的比例接近一半。其中面上项目负责人调查样本中，北京、江苏、上海和湖北四个省份的比例分别为 26%、10%、7%、6%，总共占 49%；青年项目负责人调查问卷中，上述四个省份占比分别为 20%、11%、7%、5%，总共达到 43%；评审专家调查样本中，四省份占比分别为 23%、11%、9%、5%，总共占比超过 48%（见图 6-2）。

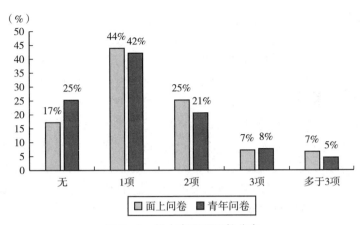

图 6-1 样本在研项目数分布

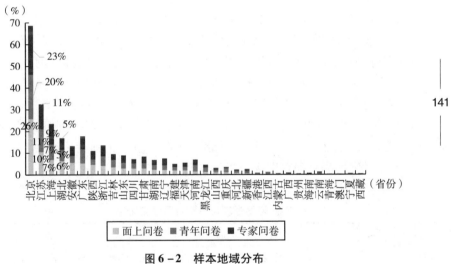

图 6-2 样本地域分布

6.2 基于问卷调查的适宜资助强度调查

6.2.1 项目负责人估算的适宜资助强度高于实际资助强度

经过检验,当前获批项目的实际资助强度和负责人对适宜资助强度的估算数据符合正态分布。调查显示,面上项目当前获批项目的实际资助强度剔除 5% 极端值后的均值为 61.38 万元，根据均值 95% 置信区间可得，实际资助强度均值集中在［60.82，64.12］万元；而项目负责人对项目适宜资助强度的估算均值为 62.42 万元，总体均值集中在［61.43，65.40］万元之间，当前实际资助强度中值为 60 万元，而负责人估算的适宜资助强度中值为 65 万元；实际资助强度众数为 60 万元，负责人估算的适宜资助强度众数为 70 万元，资助强度均值、中值和众数表明面上项目负责人估算的面上项目适宜资助强度明显高于实际资助强度。另外，实际资助强度的标准差小于项目负责人估算适宜资助强度标准差，说明负责人估算的适宜资助强度更为分散，适宜资助强度项目间差别较大，具体见表 6-4。

对于青年项目，获批项目的实际资助强度剔除 5% 极端值后的均值为 22.94 万元，根据均值 95% 置信区间可得，适宜资助强度均值可能集中在［22.71，23.24］万元区间内；而项目负责人估算的项目适宜资助强度均值为 23.25 万元，总体均值可能集中在［23.48，24.57］万元之间。实际资助强度和适宜资助强度中值均为 23 万元，实际资助强度众数为 23 万元，而负责人估算的适宜资助强度众数为 20 万元，具体见表 6-4。青年项目负责人认可的适宜资助强度比实际资助强度略高一点，但是基本一致。同时大部分青年项目负责人估算的适宜资助强度反而低于实际资助强度。实际资助强度标准差小于适宜资助强度标准差，说明适宜资助强度项目间差别较大，具体见表 6-4。

表 6-4　　　　　　　　实际资助强度与适宜资助强度比较　　　　　单位：万元

		面上项目		青年项目	
		实际资助强度	适宜资助强度	实际资助强度	适宜资助强度
均值		61.97	62.91	22.98	24.02
均值的 95%置信区间	下限	60.82	61.43	22.71	23.48
	上限	64.12	65.40	23.24	24.57
5% 修整均值		61.38	62.42	22.94	23.25
中值		60.00	65.00	23.00	23.00
众数		60.00	70.00	23.00	20.00
标准差		17.27	23.53	4.58	9.33

　　总体而言，面上项目负责人估算的适宜资助强度高于实际资助强度，大部分青年项目负责人估算的适宜资助强度低于实际资助水平。

6.2.2　不同学科适宜资助强度与实际资助强度差异不同

　　通过前面的检验我们发现，实际资助强度与适宜资助强度估算数据均符合正态分布，且适宜资助强度估算平均值略高于实际资助强度，我们根据负责人估算的适宜资助强度与实际资助强度的差值（下文统称"预期资助强度差额"），对不同学科适宜资助强度与预期资助强度差额进行比较分析。对于面上项目负责人的适宜资助强度调查，不同学科存在差异，见表6-5。A学科剔除5%极端值后的均值为63.05万元，与实际资助强度之差均值为3.90万元。适宜资助强度总体均值集中在[61.37, 65.52]万元，适宜资助强度中值为65.00万元，众数为70.00万元，说明A学科适宜资助强度均值高于实际资助强度均值，项目负责人有认为经费越多越好的倾向。B学科剔除5%极端值后的均值为71.82万元，与实际资助强度之差均值为4.45万元。适宜资助强度总体均值主要在[69.68, 74.26]万元区间，适宜资助强度中值和众数均为70.00万元，说明B学科适宜资助强度均值高于实际资助强度均值，差值在三个学科中最大。C学科适宜资助强度剔除5%极端值后的均值为41.37万元，与实际资助强度之差均值为-0.60万元。适宜资助强度总体均值主要在[40.32, 44.22]万元区间，适宜资助强度中值为43.00万元，众数为45.00万元，说明C学科适宜资助强度均值与实际资助强度均值基本一致，略低于实际资助强度。三个学科预期资助强度差额的众数均为0万元，说明三个学科大部分项目负责人认为的适宜资助强与实际资助强度基本一致。三个学科中适宜资助强度标准差最大的是A学科，最小的是C学科，即对于适宜资助强度，A学科项目间差别最大，C学科项目间差别最小，见表6-5。

　　通过对面上项目三个学科的调查发现，C学科是唯一一个适宜资助强度均值略低于实际资助强度均值的学科，A、B两个学科适宜资助强度均高于实际资助强度，说明C学科项目负责人认为当前实际资助强度稍微偏高，其他两个学科则正好相反，认为当前资助强度偏低，应该适当增加。对预期资助差额众数比较发现，三个学科大部分负责人对于适宜资助强度的估计与实际资助强度一致。

表 6-5　　　　　　　　面上项目不同学科适宜资助强度　　　　　单位：万元

		适宜资助强度			预期资助强度差额		
		A 学科	B 学科	C 学科	A 学科	B 学科	C 学科
均值		63.45	72.46	41.77	4.62	4.85	-0.46
均值的95%置信区间	下限	61.37	69.68	40.32	3.02	3.19	-2.27
	上限	65.52	74.26	44.22	6.24	6.52	1.35
5% 修整均值		63.05	71.82	41.37	3.90	4.45	-0.60
中值		65.00	70.00	43.00	0.00	0.01	0.00
众数		70.00	70.00	45.00	0.00	0.00	0.00
标准差		24.32	21.88	15.34	18.81	15.80	11.32

对于青年项目负责人的适宜资助强度调查表明，不同学科存在差异，见表 6-6。A 学科剔除 5% 极端值后的均值为 23.96 万元，与实际资助强度之差均值为 0.53 万元。适宜资助强度总体均值主要在 [23.95, 25.54] 万元区间，说明 A 学科适宜资助强度均值与实际资助强度均值基本一致，略高于实际资助强度，但大部分负责人认为适宜资助强度等于实际资助强度。B 学科剔除 5% 极端值后的均值为 23.55 万元，与实际资助

表 6-6　　　　　　　　青年项目不同学科适宜资助强度　　　　　单位：万元

		适宜资助强度			预期资助强度差额		
		A 学科	B 学科	C 学科	A 学科	B 学科	C 学科
均值		24.75	23.91	19.95	1.52	0.56	0.96
均值的95%置信区间	下限	23.95	23.35	19.21	0.70	0.05	0.20
	上限	25.54	24.46	20.70	2.34	1.08	1.72
5% 修整均值		23.96	23.55	19.70	0.53	0.14	0.69
中值		23.00	23.00	20.00	0.00	0.00	0.00
众数		20.00	20.00	20.00	0.00	0.00	0.00
标准差		9.23	6.21	4.12	9.51	5.81	4.22

强度之差均值为 0.14 万元。适宜资助强度总体均值主要在 [23.35, 24.46] 万元区间，说明 B 学科适宜资助强度均值基本等于实际资助强度均值。C 学科剔除 5% 极端值后的均值为 19.70 万元，与实际资助强度之差均值为 0.69 万元。适宜资助强度总体均值主要在 [19.21, 20.70] 万元区间，说明 C 学科适宜资助强度均值高于实际资助强度均值。

通过对青年项目三个学科调查发现，三个学科适宜资助强度均值与实际资助强度均值基本一致，三个学科适宜资助强度众数均为 20.00 万元，且预期资助强度差额众数为 0.00 万元，说明三个学科大部分青年项目负责人认为 20.00 万元是较为适宜的，青年项目对于适宜资助强度的估计在学科间差异并不大，同时认为实际资助强度是合适的。

总体而言，三个学科中，A 学科和 B 学科面上项目负责人认可的适宜资助强度高于实际资助强度，C 学科面上项目负责人认可的适宜资助强度反而低于实际资助强度；而青年项目三个学科负责人认可的适宜资助强度与实际强度基本一致，学科间无明显差异。

6.2.3　面上项目负责人倾向提高资助强度，青年项目负责人更希望提高资助率

1. 面上项目负责人希望经费越多越好

对于面上项目负责人的调查表明，超过 65.90% 的负责人希望今后进一步增加当前项目资助强度，34.10% 的负责人表示不需要增加。但是对于当前实际资助强度能否足够保证完成项目目标的调查中，有 51.00% 的负责人表示足够完成，仅有 25.33% 的负责人表示不够完成，剩余 23.67% 的负责人表示无法回答。进一步分析发现，认为当前资助强度不够完成项目目标的负责人中，有 92.86% 选择进一步增加资助强度，这与实际逻辑相符合，这也证明问卷的真实性。而在选择当前资助强度足够完成项目目标时，有 53.56% 的负责人仍然选择需要进一步追加资助强度，这与实际不符合，存在逻辑矛盾，见表 6 - 7。这也说明在当前科研情境下，面上项目负责人有经费越多越好的倾向。

表6-7　　面上项目负责人追加资助强度与完成项目目标交叉表　　单位：%

当前资助强度能否足够完成项目目标	是否追加经费投入		总计
	是	否	
足够完成（51.00）	53.56	46.44	100.00
不够完成（25.33）	92.86	7.14	100.00
无法回答（23.67）	65.90	34.10	100.00

2. 青年项目负责人更希望提高项目资助率而非资助强度

对青年项目负责人如何促进青年科学家成长的调查显示，45.26%的负责人首选适当降低资助强度、提高资助率，其次是保持当前资助强度和资助率不变，仅有15.85%的负责人选择提高资助强度、适当降低资助率，见图6-3。

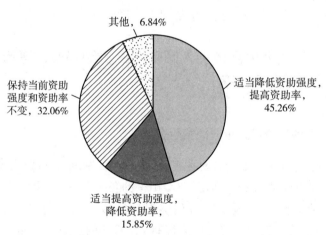

图6-3　青年项目负责人认可的促进青年科学家成长策略

在当前实际资助强度能否足够保证完成项目目标的调查中，有57.84%的负责人表示足够完成，仅有24.62%的负责人表示不够完成，其余表示无法回答，说明当前资助强度不能完成项目目标的比例较低，大部分负责人是可以完成项目目标的。这说明与面上项目负责人不同，青年项目负责人更加希望提高项目资助率，扩大项目资助范围，而非项目资助强度。这也与前面青年项目调查中负责人认为的适宜资助强度与当前实际资助强度基本一致甚至略低相吻合。在我们对青年项目负责人访谈中也证实了这一发现,大部分青年项目负责人由于职称、业务、任务等压力,更加关注能否获得项目,而非项目资助强度是否适宜。

6.2.4　基于问卷调查的适宜资助强度调查小结

通过调查,我们发现面上项目负责人估算的适宜资助强度明显高于实际资助强度,青年项目负责人认为的适宜资助强度与实际资助强度基本一致。

不同学科间适宜资助强度存在差异。对于面上项目,A、B 两个学科适宜资助强度均高于实际资助强度,C 学科项目负责人认为当前实际资助强度较为合适或稍微偏高,B 学科适宜资助强度与实际资助强度之差最大,实际偏低最为严重。其中 A、B、C 三个学科认可的适宜资助强度为 63.05 万元、71.82 万元和 41.37 万元。对于青年项目,三个学科适宜资助强度与各学科实际资助强度基本一致,相差不大。且三个学科大部分负责人均认为适宜资助强度为 20 万元左右,说明青年项目对于适宜资助强度的估计学科间差异并不大。其中 A、B、C 三个学科认可的适宜资助强度分别为 23.96 万元、23.55 万元和 19.70 万元。

虽然通过问卷调查得到了负责人认可的适宜资助强度,但是问卷调查还显示面上项目负责人希望经费越多越好的倾向,而青年项目负责人更加关注项目资助率,扩大项目资助范围,而非项目资助强度,因此单纯运用项目负责人主观调查确定的适宜资助强度来作为科学基金适宜投入,可能因为项目负责人的主观感情而存在偏差,因此需要进一步用客观数据来验证科学基金最优资助强度的范围。

6.3　基于问卷调查的适宜团队规模调查

6.3.1　面上项目适宜团队规模与当前团队规模基本一致,集中在 6 ~ 7 人

通过对面上项目当前团队规模以及项目负责人认为的适宜团队规模

调查发现，三个学科团队规模分布并不相同，但每个学科当前团队规模与适宜团队规模分布基本一致，见表6-8。A学科主要集中在6~7人，分别占到总数的44.73%和43.25%。B学科团队也主要集中在6~7人之间，团队规模占比分别为43.66%和41.69%。C学科团队规模与适宜团队规模主要分布在8~9人，占比分别为42.91%和36.77%。

表6-8   面上项目不同学科团队规模分布比例   单位：%

团队规模	A学科		B学科		C学科	
	当前团队规模	适宜团队规模	当前团队规模	适宜团队规模	当前团队规模	适宜团队规模
5人及以下	26.80	29.39	15.77	21.13	8.44	6.88
6~7人	44.73	43.25	43.66	41.69	33.77	32.71
8~9人	19.20	20.15	29.00	28.73	42.91	36.77
10人及以上	9.24	7.21	11.55	8.45	14.94	23.64

148

图6-4通过对当前团队规模与适宜团队规模对应分析显示，当团队规模适中为6~7人和8~9人的时候，当前规模与适宜规模最为接近，

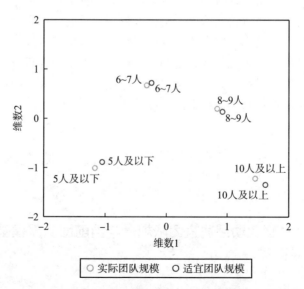

图6-4   面上项目当前团队规模与适宜团队规模对应分析

拟合度最高；而当团队规模过小（小于等于 5 人）或者团队规模过大
（10 人及以上）时，当前规模与适宜规模分布较为分散，说明对于团队
规模适中的判断较为一致，而团队规模过大或者过小，当前情况与负责
人判断的适宜情况相差较大。从表 6 - 8 也可看出，三个学科中团队规
模过小（小于等于 5 人）时，适宜规模比例高于当前规模比例，团队
规模过大（10 人及以上）时，适宜规模比例低于当前规模比例，整理
来看，当前团队规模要大于适宜团队规模。

6.3.2　青年项目适宜团队规模与当前团队规模基本一致，集中在 5 ~ 6 人

通过对青年项目当前团队规模以及项目负责人认可的适宜团队规模
调查发现，三个学科当前团队规模与适宜团队规模分布基本一致，在 5 ~
6 人规模的团队中当前规模和适宜规模占比均为最高，见表 6 - 9。除此
之外 A 学科在 4 人及以下小规模团队中占比也较高，均超过 35%。C
学科在 7 ~ 8 人规模略大的团队中所占比例较高，相比而言，A 学科团
队规模较小，B 学科相对规模适中，C 学科团队规模相对较大。

表 6 - 9　　　　青年项目不同学科团队规模分布比例　　　　单位：%

团队规模	A 学科		B 学科		C 学科	
	当前团队规模	适宜团队规模	当前团队规模	适宜团队规模	当前团队规模	适宜团队规模
4 人及以下	37.19	37.38	24.74	25.82	17.36	21.49
5 ~ 6 人	50.10	53.56	57.26	58.61	51.24	53.72
7 ~ 8 人	12.14	8.29	15.54	13.73	28.10	20.66
9 人及以上	0.58	0.77	2.45	1.84	3.31	4.13

如图 6 - 5 所示，对青年项目当前团队规模与适宜团队规模对应分
析显示，当团队规模在 4 人及以下以及 5 ~ 6 人时，当前规模与适宜规
模最为接近，匹配程度最高，基本重合；当团队规模过大，超过 9 人，
两者也十分接近，匹配度较高；而当团队规模为 7 ~ 8 人时，当前规模
与适宜规模分布较为分散，说明当前情况与负责人判断适宜的情况差

异较大。从表 6 - 9 也可看出三个学科中当团队规模偏小（4 人及以下或 5~6 人）时，适宜规模比例高于当前规模比例，团队规模偏大（7~8 人）时，适宜规模比例低于当前规模，整体来看当前团队规模要大于适宜团队规模。

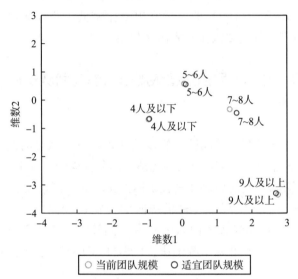

图 6 - 5　青年项目当前团队规模与适宜团队规模对应分析

6.3.3　不同学科评审专家对适宜团队规模判定不同

　　三个学科的评审专家在评审面上项目时，A 学科评审专家认为适宜团队规模主要在 5 人及以下，属于规模较小团队，占比达到 45.21%，且低于负责人估计的适宜团队规模。B 学科和 C 学科专家认为适宜团队规模集中在 6 ~ 7 人，属于中等规模团队，占比分别达到 45.85% 和 60.56%，与项目负责人判断的适宜团队规模相一致，见表 6 - 10。

　　对于青年项目，三个学科评审专家均认为适宜团队规模主要集中在 7~8 人，明显高于项目负责人判断的 5 ~ 6 人，见表 6 - 10。对于青年项目，评审专家认可的适宜团队规模高于负责人判断的适宜规模，同时也高于实际团队规模，说明评审专家认为青年项目在现有基础上应当适当增加团队规模。

表 6 - 10评审专家认可的适宜团队规模分布比例　　　　单位：%

面上项目				青年项目			
团队规模	A 学科	B 学科	C 学科	团队规模	A 学科	B 学科	C 学科
5 人以下	45.21	30.73	19.72	4 人以下	21.43	14.84	9.09
6 ~ 7 人	36.99	45.85	60.56	5 ~ 6 人	34.24	28.02	37.88
8 ~ 9 人	14.73	18.05	12.68	7 ~ 8 人	388.87	44.51	46.97
10 人及以上	1.71	2.44	1.41	9 人及以上	5.46	12.64	6.06

6.3.4　基于问卷调查的适宜团队规模调查小结

通过调查，我们发现项目负责人估算的面上项目适宜团队规模与实际团队规模分布基本一致，适宜团队规模略小于实际团队规模。面上项目适宜团队规模各学科略有差异，A 和 B 两个学科主要集中在 6 ~ 7 人，C 学科主要集中在 8 ~ 9 人。青年项目团队规模基本集中在 5 ~ 6 人，其中 A 学科团队规模较小，B 学科相对规模适中，C 学科团队规模相对较大，当前团队规模要大于适宜团队规模。

评审专家对于面上项目适宜团队规模的估算与项目负责人基本一致，A 学科主要要在 5 人及以下，属于规模较小团队。B 学科和 C 学科专家认为适宜团队规模集中在 6 ~ 7 人，属于中等规模团队；评审专家认可的适宜团队规模高于负责人判断的适宜规模，同时也高于实际团队规模，认为适宜团队规模主要集中在 7 ~ 8 人。这说明评审专家认为青年项目应在现有基础上适当增加团队规模。

6.4　基于问卷调查的适宜工作量调查

6.4.1　面上项目适宜工作量 C 学科高于其他两个学科

我们认为有效完成面上项目设定的目标，需要一定的工作量，即有效参与人员 × 投入时间，通过对适宜工作量进行调查，A 学科剔除极端值后的平均工作量为 19.46，主要集中在 [19，21] 之间；B 学科修整后的平均工作量为 19.69，主要集中在 [19，22] 之间；C 学科的平均工作量为 34.42, 主要集中在 [32, 36] 之间。适宜工作量调查中三个学科存在差异, A、B 两个面上项目负责人认为 20 是较为适宜的工作量, C 学科项目负责人认为 34 为适宜工作量, 见表 6-11。

表 6-11　　　　　面上项目不同学科适宜工作量描述　　　　单位：人年

		A 学科	B 学科	C 学科
均值		19.97	20.20	34.19
均值的95%置信区间	下限	19.28	19.33	32.76
	上限	20.66	21.06	36.63
5%修整均值		19.46	19.69	34.42
众数		20.00	20.00	36.00
中值		20.00	20.00	32.00
标准差		8.12	8.26	8.97

6.4.2　青年项目适宜工作量三个学科差异不大, 集中在 15 人年

我们认为有效完成青年项目设定的目标, 需要一定的工作量, 即有效参与人员×投入时间, 通过对项目负责人适宜工作量进行调查, A 学科剔除极端值后的平均工作量为 15.79, B 学科修整后的平均工作量为 15.80, C 学科的平均工作量为 14.28, 三个学科工作量中值均为 15, 三个学科众数均为 15, 见表 6-12。这说明对适宜工作量调查中 C 学科适宜工作量最大, 青年项目负责人认为 15 人年是较为适宜的工作量, 即在当前青年项目为 3 年资助期限下, 团队规模为 5 人较为适宜, 这也与表 6-9 的数据相吻合。

表 6-12　　　　　青年项目不同学科适宜工作量描述　　　　单位：人年

		A 学科	B 学科	C 学科
均值		15.83	15.80	14.25
均值的95%置信区间	下限	15.48	15.41	13.44
	上限	16.17	16.18	15.07

	A 学科	B 学科	C 学科
5% 修整均值	15.79	15.80	14.28
众数	15	15	15
中值	15.00	15.00	15.00
标准差	4.00	4.34	4.48

6.4.3 基于问卷调查的适宜工作量调查小结

通过对项目负责人适宜工作量的调查发现，面上项目适宜工作量三个学科存在差异，A、B 两个面上项目负责人认为 20 是较为适宜的工作量，C 学科项目负责人认为 34 为适宜工作量，这与 6.3 节对适宜团队规模的调查基本吻合。

三个学科青年项目负责人认可的适宜工作量较为一致，基本都集中在 15 人年，这与 6.3 节调查的青年项目 5 ~ 6 人的适宜团队规模是吻合的。

同时我们调查还发现大部分项目负责人倾向于选择弹性的项目时间，负责人希望可以根据项目实际进展情况，选择提前结题，因此调查中的适宜工作量略小于适宜团队规模与当前资助时间的乘积，这与调查情况完全匹配。

6.5 基于问卷调查的其他相关发现

6.5.1 基于项目负责人视角：NSFC 平均资助强度具有强引导性

1. 面上项目和青年项目按需申请均未有效实现

NSFC 在项目申请中要求负责人按照"研究实际需要"确定经费计

划。对负责人的调查发现，超过 50% 的面上项目和青年项目负责人认为经费预算依据主要来源于前几年 NSFC 的平均资助强度，而按照实际研究计划需要确定经费预算的面上项目占比为 42.76%，青年项目占比为 30.47%，见图 6-6。面上项目按需申请的比例高于青年项目，但仍仅有不足一半的项目负责人按照实际需要申请项目经费。这说明在项目申请环节，对于经费的确定，NSFC 的平均资助强度具有强引导性，按需申请的目的并未有效实现。相较面上项目而言，青年项目负责人受NSFC 平均资助强度引导更强。

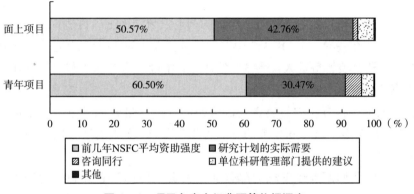

图6-6 项目负责人经费预算依据调查

2. 不同学科均受 NSFC 平均资助强度的强引导性但略有差异

对不同学科项目负责人经费确定依据的调查发现，总体而言，不同学科负责人基于前几年平均资助强度确定经费依据的比例超过50%，其中 B 学科不论是面上项目还是青年项目，负责人按照研究计划实际需要确定经费依据的比例最高，C 学科按需申请比例最低。A 学科和 C 学科青年项目按需申请的比例仅分别为 40.85% 和33.77%，说明在项目申请环节，三个学科负责人均未实现按需申请，相对而言，B 学科负责人按需申请比例最高，C 学科按需申请比例最低。三个学科，青年项目按需申请比例均低于面上项目，具体见图 6-7 和图 6-8。

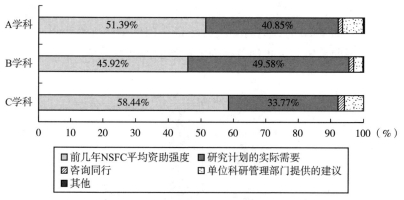

图6-7　面上项目不同学科负责人经费预算依据调查

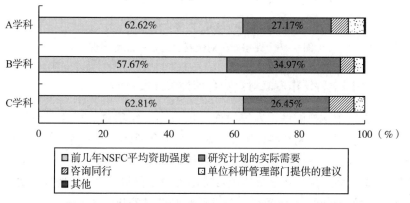

图6-8　青年项目不同学科负责人经费预算依据调查

6.5.2　基于评审专家视角：项目评审并不太关注经费预算合理性

1. 面上项目和青年项目均不太关注经费预算合理性

根据评审专家对面上项目和青年项目经费预算合理性的关注程度，评审专家对于经费预算合理性关注程度一般占比最高，超过45%，其次是比较关注比例。评审专家对面上项目和青年项目的经费关注程度没有明显差异，但评审专家对面上项目非常关注的比例略高于青年项目，说明与青年项目相比，评审专家更加关注面上项目经费预算合理性，见图6-9。专家对项目关注程度从高到低赋分，非常关注为5分，完全不关注为 1 分，分数越高代表关注度越高，对面上项目经费合理性关注度平均得分为 3.26 分，对青年项目经费合理性关注度平均得分为 3.21分，这也说明评审专家更加关注面上项目的经费合理性。

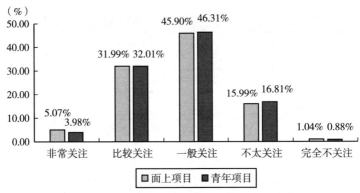

图 6 – 9　评审专家对经费合理性关注度调查

2. 不同学科评审专家对经费合理性关注度不同

对于三个学科的评审专家对面上项目和青年项目经费合理性关注程度的调查表明，不同学科评审专家对于经费合理性主要保持一般关注的态度，保持该态度的比例也是最高，总体而言三个学科基本一致，略有差别。不论是面上项目还是青年项目持比较关注和非常关注比例最高的是 B学科，比例最低的是 C 学科，A 学科对经费关注度居中，见图 6 – 10 和图 6 – 11。

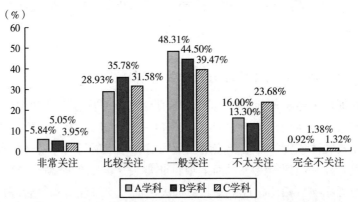

图 6 – 10　不同学科评审专家对面上项目经费合理性关注度调查

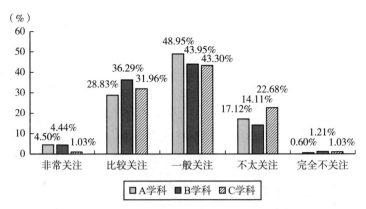

图 6 - 11　不同学科评审专家对青年项目经费合理性关注度调查

将专家对面上项目关注度从高到低赋分，非常关注为 5 分，完全不关注为 1 分，分数越高代表关注度越高。就面上项目经费关注度而言，A 学科均值为 3.24，B 学科均值为 3.32，C 学科均值为 3.14，B 学科最高，C 学科最低。就青年项目经费关注度而言，A 学科均值为 3.20，B 学科均值为 3.29，C 学科均值为 3.10，同样是 B 学科最高，C 学科最低。由此也说明，三个学科中 B 学科评审专家最关注经费合理性，C 学科评审专家最不关注经费合理性。

对于不同学科评审专家是否因经费不合理提出过评审意见，调查发现，三个学科中超过一半的评审专家从来没有提出过经费不合理方面的评审意见。而三个学科中，B 学科专家因经费不合理提出评审意见比例最高，达到 48.95%，接近一半，而 C 学科中有接近 2/3 的专家从未提出过经费不合理方面的评审意见，见图 6 - 12。由此也进一步证明了前面的论断，不同学科评审专家对于经费合理性关注程度不同，相较而言，B 学科专家最关注经费合理性，C 学科专家最不关注经费合理性。

3. 评审专家更加关注经费使用计划而不是经费总额

对于关注（包含非常关注、比较关注和一般关注）经费合理性的评审专家进一步调查发现，评审专家对于经费的关注点，面上项目和青年项目差异不大，主要集中在经费使用计划，面上项目和青年项目均占 45% 左右，青年项目比例高于面上项目。而专家对于经费总额的关注只有 30% 左右，其中面上项目比例高于青年项目比例，见图 6 - 13。对于详细的预算说明书，专家对两类项目的关注比例较低。对于经费总额，评审专家对面上项目的关注度更高一些。

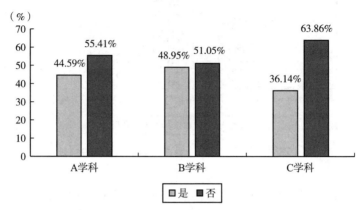

图6-12　不同学科评审专家是否因经费不合理提出过评审意见

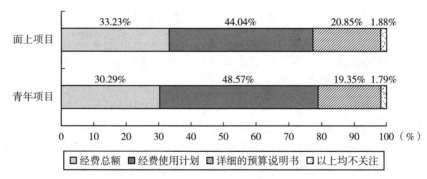

图6-13　评审专家的经费关注点

4. 不同学科评审专家对经费关注点不同

不同学科评审专家对于经费的关注点并不相同，但同一学科对于面上项目和青年项目的关注点趋势基本一致，见表6-13。A学科专家最为关注的是经费使用计划，其次是经费总额，最后是详细的预算说明书。B学科专家最为关注的也是经费使用计划，其次是详细的预算说明书，最后才是经费总额。C学科专家最为关注的是经费总额，然后是经费使用计划和经费说明书。根据上述分析得到，B学科专家最关注经费合理性，但B学科专家更多关注的是经费使用计划，C学科专家最不关注经费合理性，但 C 学科专家更多关注的是经费总额。对经费总额的关注比例中，三个学科专家对于面上项目经费总额的关注高于青年项目。

表 6 - 13　　　　　不同学科评审专家经费关注点　　　　　单位：%

项目类型	面上项目			青年项目		
学科	A 学科	B 学科	C 学科	A 学科	B 学科	C 学科
经费总额	36.45	21.93	52.56	32.12	19.74	48.65
经费使用计划	43.98	47.37	34.62	49.64	47.37	36.49
详细的预算说明书	17.47	28.95	11.54	16.06	24.12	12.16
以上均不关注	2.11	1.75	1.28	2.19	0.88	2.70

6.6　本章小结

通过对 1050 位面上项目负责人、1129 位青年项目负责人和 823 位评审专家有关资助规模适宜性的问卷调查，并对资助强度和团队规模适宜性相关问题进行调查，得到以下结论：

（1）对于适宜资助强度的调查表明，面上项目负责人估算的适宜资助强度明显高于实际资助强度，青年项目负责人认为的适宜资助强度与实际资助强度基本一致。不同学科间适宜资助强度存在差异。在面上项目中，A、B 两个学科适宜资助强度均高于实际资助强度，且 B 学科实际资助偏低最为严重。C 学科项目负责人认为实际资助强度较为合适且稍微偏高。其中，A、B、C 三个学科认可的适宜资助强度分别为 63.05 万元、71.82 万元和 41.37 万元。对于青年项目，三个学科适宜资助强度与各学科实际资助强度基本一致，对于适宜资助强度的估计学科间差异并不大，均认为 20 万元较为适宜。

（2）对于适宜团队规模的调查表明，面上项目负责人与评审专家对于面上项目估算的适宜团队规模与实际的团队规模基本一致，集中在 6 ~ 7 人，青年项目负责人估算的适宜团队规模与实际的团队规模基本一致，为 5 ~ 6 人，评审专家认为适宜团队规模高于项目负责人的估计。

（3）对于适宜工作量的调查表明，面上项目适宜工作量三个学科存在差异，A、B 两个学科面上项目负责人认为 20 是较为适宜的工作量，C 学科面上项目负责人认为 34 为适宜工作量；青年项目三个学科没有明显差异，集中在 15 人年。适宜工作量调查与适宜团队规模调查基本吻合，同时调查还发现，项目负责人倾向于选择弹性的项目时间，负责人希望可以根据项目实际进展情况，选择提前结题，因此调查中的适宜工作量略小于适宜团队规模与当前资助时间的乘积。

我们的调查还发现，项目负责人确定经费预算主要依据 NSFC 前几年的平均资助强度，并不是按照实际需要申请，按需申请并未有效实现；评审专家在评审项目过程中对经费预算合理性的关注度较低，即使关注也是更多地关注经费使用计划而非经费总额；不论是项目负责人还是评审专家均认为经费预算是否合理对项目是否获批基本不起作用。因此 NSFC 的资助强度在项目申请阶段具有强引导性，在项目评审阶段委托专家对项目经费提出建议的目的也未达到。

另外，问卷调查还显示面上项目负责人有希望经费越多越好的倾向，而青年项目负责人更加关注项目资助率，希望扩大项目资助范围，而非提高项目资助强度，因此单纯利用项目负责人主观调查确定的适宜资助强度来作为科学基金适宜投入，可能因为项目负责人的主观感情而造成偏差，因此需要进一步用客观数据来验证科学基金最优资助强度的范围。

第7章 面上项目和青年项目 最优规模实现路径

第4章、第5章基于阻塞存在下方向规模收益 DEA 模型对于 NSFC 面上项目和青年项目客观数据进行了实证分析,得到不同投入方向的规模收益情况、相对最佳投入方向以及最优投入区间。而第6章通过项目负责人和评审专家的问答,调查目前的资助强度是否适宜,能否覆盖项目执行期所必须支出的成本,以及适宜的团队规模等问题。本章希望通过对 DEA 模型计算的相对最优投入与项目负责人主观认可的适宜成本进行匹配验证,一方面验证模型计算的可靠性,另一方面得到不同学科对于面上项目和青年项目的最佳资助区间、最佳投入方向,通过与当前资助策略进行比较,找到不同学科最优规模的实现路径,为未来科学基金资助提供依据和参考。

7.1 DEA 模型计算与问卷调查匹配验证

通过第4章和第5章基于阻塞存在下的方向规模收益 DEA 模型的计算,通过 MATLAB 拟合阻塞率变动曲线,找到相对最佳投入方向,并计算该方向下处于规模最优状态下的投入,作为最佳投入。同时根据第6章对项目负责人关于项目真实成本的调查,得到项目负责人认可的项目适宜投入。通过对 DEA 模型计算结果与问卷调查结果进行匹配验证,并与2011 年实际资助强度进行分析,验证模型的可靠性并分析最佳投入。

7.1.1 面上项目 DEA 模型计算结果与问卷结果匹配分析

面上项目 DEA 模型计算结果与问卷调查结果相互匹配见表 7 - 1。各学科 2011 年实际资助情况与 DEA 计算的最佳投入和问卷调查的适宜投入并不相同。对于 A 学科而言，不论是考虑产出数量还是产出质量，DEA 模型计算的最佳投入均值都约为 60 万元，主要集中在 59 万元至 61 万元之间，而面上项目负责人认可的适宜资助强度约为 63 万元，集中在 61 万元至 65 万元之间，略高于 DEA 模型计算的最佳投入。但 2011 年实际资助强度均值约为 66 万元，高于 DEA 模型计算的最佳投入和负责人估算的适宜投入，从这个角度来看，2011 年面上项目资助强度不宜进一步增加。对于 A 学科的另一投入——参与人年，考虑产出质量时 DEA 模型计算的最佳参与人年投入高于考虑产出数量时的投入，考虑论文数量时参与人年主要集中在 14 ~ 18 之间，考虑论文引用时参与人年主要集中在 16 ~ 20 之间，团队规模为 4 ~ 5 人。而面上项目负责人认可的适宜参与人年投入约为 20 人年，团队规模为 5 人。2011 年实际参与人年投入均值约为 29，集中在 20 ~ 32 人年之间，团队规模为 5 ~ 8 人，高于 DEA 模型计算的最佳投入和负责人估算的适宜参与人年投入，因此 2011 年面上项目参与人年投入不宜进一步增加。将 DEA 模型计算的最佳投入与问卷调查得到的负责人认可的适宜投入对照匹配后发现，对于 A 学科而言，不论是考虑产出数量还是产出质量，2011 年资助强度和参与人年的实际投入均高于最佳投入和适宜投入，不宜进一步增加投入。

表 7 - 1　　面上项目 DEA 模型计算结果与问卷调查匹配验证

学科	投入	2011 年实际资助情况		DEA 计算最佳投入				基于项目负责人适宜投入问卷调查	
				产出：论文数量		产出：论文引用			
		均值	集中范围	均值	集中范围	均值	集中范围	均值	集中范围
A学科	资助强度（万元）	65.83	[60, 65] [70, 75]	59.93	[59, 61]	60.00	[59, 60]	63.05	[61, 65]
	参与人年	28.53	[20, 32]	16.14	[14, 18]	17.14	[16, 20]	19.46	[19, 21]
B学科	资助强度（万元）	64.82	[60, 70]	65.69	[60, 70]	71.25	[70, 80]	71.82	[69, 74]
	参与人年	31.39	[24, 36]	30.13	[28, 32]	27.00	[24, 28]	19.69	[19, 21]
C学科	资助强度（万元）	42.01	[40, 45]	38.00	[38, 38]	41.02	[40, 44]	41.37	[40, 44]
	参与人年	34.08	[33, 36]	36.00	[36, 40]	39.00	[36, 40]	34.42	[32, 37]

注：表中显示的 2011 年的实际资助情况是针对 DEA 模型计算中剔除零产出的科学基金项目而言。

对于 B 学科的资助强度投入而言，产出质量偏好下的 DEA 最佳投入明显高于产出数量偏好下的资助强度最佳投入。考虑产出数量下资助强度 DEA 最佳投入为 65.69 万元，集中在 60 万元至 70 万元之间，而考虑产出质量的 DEA 最佳投入为 71.25 万元，集中在 70 万元至 80 万元之间。面上项目负责人认可的适宜资助强度与产出质量偏好下的最佳资助强度投入类似，约为 72 万元，集中在 69 万元至 74 万元之间。而 2011 年实际资助强度不足 65 万元，低于 DEA 计算的最佳投入和负责人估算的适宜投入，从这个角度来看，2011 年面上项目资助强度投入可以进一步增加，特别是考虑产出质量的情况下，应进一步增加资助强度投入。对于 B 学科的另一投入——参与人年，当考虑产出数量时 DEA 计算的最佳参与人年投入高于考虑产出质量时的投入，分别集中在 28～32 之间和 24～28 之间，团队规模为 6～8 人，高于 A 学科参与人年最佳投入。而面上项目负责人认可的适宜参与人年投入约为 20 人年，团队规模为 5 人。2011 年实际参与人年投入均值约为 32，集中在 24～36 人年之间，团队规模为 6～9 人，高于 DEA 计算的最佳投入和负责人估算的适宜参与人年投入，因此 2011 年面上项目参与人年投入不宜进一步增加。将 DEA 模型计算的最佳投入与问卷调查得到的负责人认可的适宜投入对照匹配后发现，对于 B 学科而言，2011 年实际资助强度投入低于最佳投入和适宜投入，可以进一步增加资助强度，特别是当偏好产出质量时，更应增加资助强度；而对参与人年投入，2011 年实际投入高于最佳投入和适宜投入，不宜进一步增加。

对于 C 学科的资助强度投入而言，产出质量偏好下的 DEA 最佳投入明显高于产出数量偏好下的资助强度最佳投入。偏重产出数量下资助强度 DEA 最佳投入为 38 万元，而偏重产出质量的 DEA 最佳投入为 41 万元。面上项目负责人认可的适宜资助强度与产出质量偏好下的最佳资助强度投入类似，约为 41.37 万元，集中在 40 万元至 44 万元之间。而 2011 年实际资助强度为 42 万元，略高于 DEA 计算的最佳投入和负责人估算的适宜投入。从这个角度来看，产出数量偏好下 2011 年面上项目资助强度投入略高，不宜进一步增加，而产出质量偏好下，2011 年面上项目资助强度投入基本维持最优投入。对于 C 学科的另一投入——参与人年，当偏重产出质量时，DEA 模型计算的最佳参与人年投入高于偏重产出数量时的投入，主要集中在 36～40，团队规模为 9～10 人。面上项目负责人认可的适宜参与人年投入约为 34，集中在 32～37 之间，团队规模为 8～9 人。2011 年实际参与人年投入均值约为 34.08，低于 DEA 计算的最佳投入和负责人估算的适宜参与人年投入，因此 2011 年面上项目参与人年投入应进一步增加。将 DEA 模型计算的最佳投入与问卷调查得到的负责人认可的适宜投入对照匹配后发现，对于 C 学科而言，2011 年实际资助强度投入略高于最佳投入和适宜投入，不宜进一步增加资助强度投入；而对参与人年投入，2011 年实际投入低于最佳投入和适宜投入，应进一步增加。

通过对面上项目 DEA 计算结果与问卷调查结果的匹配验证，可以看到，三个学科项目负责人估算的适宜投入与 DEA 计算的最佳投入相差不大，吻合度较高。同时不论是负责人估算的适宜投入还是 DEA 计算的最佳投入与 2011 年实际投入相比，差值均在同一方向。若负责人估算的适宜投入高于 2011 年实际投入，那么 DEA 计算的最佳投入也高于实际投入。从这些方面可以说明 DEA 模型计算结果与问卷调查结果匹配度高，两者相互验证，既反映了 DEA 模型的准确性，也反映了问卷调查结果的真实性。

7.1.2　青年项目 DEA 模型计算结果与问卷结果匹配分析

青年项目 DEA 模型计算结果与问卷调查结果相互匹配见表 7－2。各学科 2011 年实际资助情况，与 DEA 计算的最佳投入与问卷调查的适宜投入并不相同。对于 A 学科而言，不论是偏重产出数量还是偏重产出质量，DEA 模型计算的最佳投入均值为 25 万～26 万元，主要集中在 25 万元至 27 万元之间，青年项目负责人认可的适宜资助强度约为 24 万元，集中在 24 万元至 26 万元之间，低于 DEA 计算的最佳投入。而 2011 年实际资助强度均值约为 27 万元，高于 DEA 计算的最佳投入和负责人估算的适宜投入，从这个角度来看，2011 年青年项目资助强度投入不宜进一步增加。对于 A 学科的另一投入——参与人年，DEA 计算的最佳参与人年范围主要集中在 14～16 之间，团队规模为 5～6 人。青年项目负责人认可的适宜参与人年投入为 15～17，团队规模为 5～6 人，2011 年实际参与人年投入均值约为 15，与 DEA 计算的最佳投入和负责人估算的适宜参与人年投入基本一致，因此 2011 年青年项目参与人年投入可以继续保持或适当增加。将 DEA 模型计算的最佳投入与问卷调查得到的负责人认可的适宜投入对照匹配后发现，对于 A 学科而言，2011 年实际资助强度投入略高于最佳投入和适宜投入，不宜进一步增加资助强度投入，而实际参与人年投入与最优投入和适宜投入基本一致，可以继续保持或适当增加。

表 7 – 2　　　　青年项目 DEA 模型计算结果与问卷调查匹配验证

学科	投入	2011 年实际资助情况		DEA 计算最佳投入				基于项目负责人适宜投入问卷调查	
				产出：论文数量		产出：论文引用			
		均值	集中范围	均值	集中范围	均值	集中范围	均值	集中范围
A 学科	资助强度（万元）	26.71	[24，28]	26.05	[25，27]	25.00	[25，27]	23.96	[24，26]
	参与人年	15.13	[15，16]	16.00	[15，16]	15.52	[14，16]	15.79	[15，17]
B 学科	资助强度（万元）	24.73	[22，25]	22.92	[22，24]	24.62	[24，26]	23.55	[23，25]
	参与人年	15.80	[15，16]	15.80	[15，18]	15.00	[15，15]	15.80	[15，16]
C 学科	资助强度（万元）	20.09	[20，22]	19.34	[18，20]	21.75	[20，22]	19.70	[19，21]
	参与人年	22.48	[18，24]	19.50	[15，21]	15.38	[15，18]	14.28	[13，15]

注：表中显示的 2011 年的实际资助情况是针对 DEA 模型计算中的所有科学基金项目而言。

对于 B 学科的资助强度投入而言，产出质量偏好下的 DEA 模型计算的最佳投入明显高于产出数量偏好下的资助强度最佳投入。偏重产出数量下资助强度 DEA 最佳投入为 22.92 万元，集中在 22 万元至 24 万元之间，而偏重产出质量的 DEA 最佳投入为 24.62 万元，集中在 24 万元至 26 万元之间。青年项目负责人认可的适宜资助强度介于产出数量和产出质量偏好的 DEA 最佳投入之间，约为 24 万元，集中在 23 万元至 25 万元之间。而 2011 年实际资助强度位 24.73 万元，高于 DEA 计算的最佳投入和负责人估算的适宜投入，从这个角度来看，2011 年青年项目资助强度投入不宜进一步增加。对于 B 学科的另一投入——参与人年，不论偏重产出数量还是产出质量，DEA 计算的最佳参与人年投入均为 15，集中在 15 ~ 18 之间，团队规模为 5 ~ 6 人。青年项目负责人认可的适宜参与人年投入约为 15 人年，团队规模约为 5 人。2011 年实际参与人年投入均值约为 15.80，与 DEA 计算的最佳投入和负责人估算的适宜参与人年投入基本吻合，因此 2011 年青年项目参与人年投入基本达到最佳。将 DEA 模型计算的最佳投入与问卷调查得到的负责人认可的适宜投入对照匹配后发现，对于 B 学科而言，2011 年实际资助强度投入高于最佳投入和适宜投入，不宜进一步增加。实际参与人年投入基本达到最佳规模，可以继续保持或略微增加。

对于 C 学科的资助强度投入而言，产出质量偏好下的 DEA 最佳投入明显高于产出数量偏好下的资助强度最佳投入。偏重产出数量下资助强度 DEA 最佳投入为 19.34 万元，集中在 18 万 ~ 20 万元，而偏重产出质量的 DEA 最佳投入为 21.75 万元，集中在 20 万 ~ 22 万元。面上项目负责人认可的适宜资助强度约为 19.70 万元，集中在 19 万 ~ 21 万元，而 2011 年实际资助强度为 20.09 万元，集中在 20 万 ~ 22 万元。从这个角度来看，产出数量偏好下 2011 年面上项目资助强度投入略高，不宜进一步增加，而产出质量偏好下，2011 年面上项目资助强度投入可以适应增加。对于 C 学科的另一投入——参与人年，DEA 计算的最佳参与人年投入在偏重产出数量时高于偏重产出质量，分别 19.50 和 15.38，参与人年集中在 15 ~ 21 之间，团队规模为 5 ~ 7 人。面上项目负责人认可的适宜参与人年投入约为 14.28 人年，团队规模约为 5 人。2011 年实际参与人年投入均值约为 22.48，团队规模 6 ~ 8 人，明显高于 DEA 计算的最佳投入和负责人估算的适宜参与人年投入，因此 2011 年面上项目参与人年投入不宜进一步增加。将 DEA 模型计算的最佳投入与问卷调查得到的负责人认可的适宜投入对照匹配后发现，对于 C 学科而言，2011 年参与人年实际投入不宜进一步增加，若考虑论文质量产出，资助强度可以适当增加或保持现状。

通过对青年项目 DEA 计算结果与问卷调查结果的匹配验证，可以看到三个学科项目负责人估算的适宜投入与 DEA 计算的最佳投入相差不大，吻合度较高。同时不论是负责人估算的适宜投入还是 DEA 计算的最佳投入，与 2011 年实际投入相比，差值均在同一方向，即若适宜投入低于 2011 年实际投入，那么 DEA 计算的最佳投入也低于实际投入。从这些方面可以说明 DEA 模型计算结果与问卷调查结果匹配度高，两者相互验证，既反映了 DEA 模型的准确性，也反映了问卷调查结果的真实性。

7.2　面上项目和青年项目相对最佳投入方向

对于规模收益的四种状态，在规模递增、规模最优和规模递减状态下，增加投入，产出仍然会增加，即使在规模递减状态下，产出的增长率低于投入增长率，但是投入增加，总产出仍然会增加。在阻塞状态下，投入增加，产出反而下降，不论在工业生产，抑或科研活动中，阻塞状态都是一种非良好状态，是需要避免的状态。本书主要是研究阻塞存在的情况下科学基金项目规模收益，因此我们将阻塞率最低的方向判定为相对最佳投入方向，用 MATLAB 拟合模型计算下的阻塞率的变化规律曲线，找到阻塞率最低的方向即为最佳投入方向。

7.2.1　不同项目的相对最佳投入方向

本书选取 NSFC 的面上项目和青年项目作为研究对象进行实证分析，第 4 章和第 5 章已分别对面上项目和青年项目方向规模收益进行了分析，本节将从决策者不同产出偏好角度，比较面上项目和青年项目的相对最佳投入方向。

1. 数量产出偏好下面上项目和青年项目的相对最佳投入方向

当决策者偏重数量产出时，面上项目和青年项目在资助强度投入下的阻塞率变化曲线如图 7 - 1 和图 7 - 2 所示。整体而言，面上项目和青年项目各学科的阻塞率变化曲线并不一致，波动趋势也不相同。面上项目中 B 学科阻塞率在各方向波动幅度最小，C 学科阻塞率在各方向波动范围最大；而青年项目正好相反，B 学科阻塞率波动范围最大，C 学科阻塞率波动范围最小。就整体阻塞情况而言，A 学科面上项目各方向下的平均阻塞率高于青年项目，B 学科面上项目各方向下平均阻塞率低于青年项目，C 学科面上项目各方向下的平均阻塞率略高于青年项目。因此在数量产出偏好下，就阻塞情况而言，A 学科青年项目资助绩效优于面上项目，B 学科面上项目资助绩效优于青年项目，C 学科面上项目和青年项目绩效表现相差不大，青年项目绩效较为良好。

167

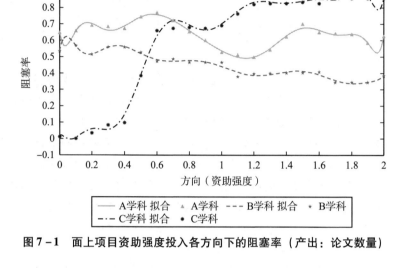

图7-1　面上项目资助强度投入各方向下的阻塞率（产出：论文数量）

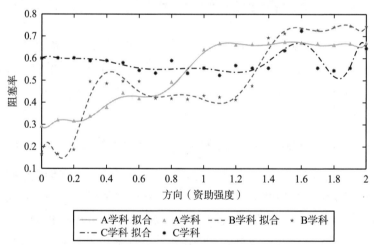

图7-2　青年项目资助强度投入各方向下的阻塞率（产出：论文数量）

　　就相对最佳投入方向而言，面上项目和青年项目没有一致的相对最佳投入方向，因学科不同而不同。A学科面上项目在两个投入基本等比例变化的方向阻塞率最低，为相对最佳投入方向，青年项目相对最佳投入方向为增加参与人年、资助强度基本不变的方向；B学科面上项目增加资助强度、参与人年基本不变的方向为相对最佳投入方向，而青年项目相对最佳方向为增加参与人年、资助强度基本不变的方向；C学科面上项目增加参与人年、资助强度基本不变的方向为相对最佳投入方向，而青年项目在各方向的阻塞率变化不大，两个投入基本等比例变化的方向为相对最佳投入方向。

因此在偏重论文数量的产出时，就阻塞情况而言，A 学科青年项目资助绩效优于面上项目，B 学科面上项目资助绩效优于青年项目，C 学科面上项目和青年项目绩效表现相差不大，青年项目绩效较为良好。对于面上项目而言，若增加资助强度投入，对于 B 学科降低阻塞率、提升效率有效果。增加参与人年投入对于 C 学科降低阻塞率更为有效。当资助强度和参与人年同比例变化时，有利于 A 学科降低阻塞率，提升资助绩效。对于青年项目而言，增加资助强度，对于三个学科降低阻塞率效果都不明显，增加参与人年投入对 A 学科和 B 学科降低阻塞率效果显著，而 C 学科在各个方向阻塞率变化均不明显，可以维持当前的投入。

2. 质量产出偏好下面上项目和青年项目的相对最佳投入方向

当决策者偏重质量产出时，面上项目和青年项目在资助强度投入下的阻塞率变化曲线如图 7 - 3 和图 7 - 4 所示。整体而言，面上项目和青年项目各学科的阻塞率变化曲线并不一致，波动趋势也不相同。在以论文引用为产出的阻塞率变动曲线中，C 学科在面上项目中波动幅度较大，A、B 学科在面上项目中波动范围均较小，A 学科在青年项目中阻

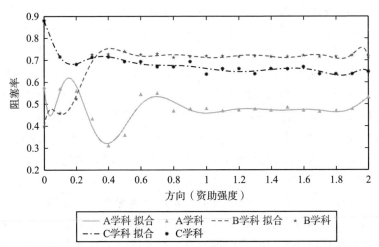

图 7 - 3 青年项目资助强度投入各方向下的阻塞率（产出：论文引用）

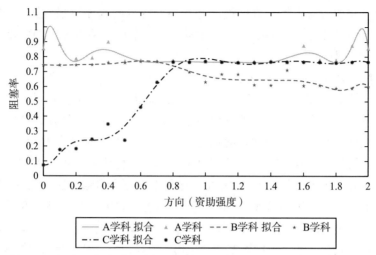

图 7 - 4　面上项目资助强度投入各方向下的阻塞率（产出：论文引用）

塞率变化波动较大。就整体阻塞情况而言，A 学科面上项目各方向的阻塞率明显高于青年项目，B 学科面上项目各方向的阻塞率与青年项目基本一致，略高于青年项目，C 学科面上项目各方向的阻塞率均低于青年项目。质量产出偏好下，就阻塞情况而言，A 学科面上项目资助绩效低于青年项目，B 学科面上项目和青年项目表现基本一致，C 学科面上项目资助绩效高于青年项目。

　　就相对最佳投入方向而言，面上项目和青年项目没有一致的相对最佳投入方向，因学科不同而不同。面上项目中，A 学科在中间方向即两个投入基本同比例增加方向为最佳投入方向，B 学科在右侧方向即增加资助强度方向阻塞率较低，C 学科在左侧方向即增加参与人年方向为最佳投入方向。这与产出为论文数量的趋势一致。青年项目论文引用变化趋势与论文数量变化趋势不一致。明显可以看出 A 学科在各方向的阻塞率均低于其他两个学科，青年项目就学科而言，A 学科表现最佳。A 学科增加参与人年方向为最佳投入方向，B 学科增加参与人年资助强度不变方向为最佳方向，C 学科两个投入均增加的方向为最佳方向。

　　因此在偏重论文质量的产出中，就阻塞情况来看，A 学科面上项目资助绩效低于青年项目，B 学科面上项目和青年项目表现基本一致，C 学科面上项目资助绩效高于青年项目。对于面上项目进一步增加资助强度，可以提升 B 学科效率，增加参与人年投入对于 C 学科降低阻塞率

170

更为有效。当资助强度和参与人年同比例变化时，有利于降低 A 学科的阻塞率，提升资助绩效。对于青年项目而言，增加资助强度或资助强度和参与人年同比例增加，C 学科绩效有所提升，而增加参与人年投入，有利于 A、B 两个学科提升项目效率。

7.2.2　不同学科的相对最佳投入方向

上一小节分析了不同项目的相对最佳投入方向，本小节我们将对不同学科在面上项目和青年项目中的相对最佳投入方向进行比较分析。在决策者同一偏好的情况下，我们试图比较同一学科面上项目和青年项目的最佳投入方向是否存在差异。

1. A 学科的相对最佳投入方向

A 学科面上项目和青年项目在资助强度投入各方向下的阻塞率变化曲线如图 7 - 5 所示。我们可以看到，在资助强度各方向阻塞率最高的曲线是面上项目偏重产出质量的曲线，而各方向阻塞率最低的曲线是青年项目侧重产出质量的曲线。同时偏重产出数量时，若同时增加面上项目和青年项目资助强度，面上项目阻塞率低于青年项目，增加参与人年

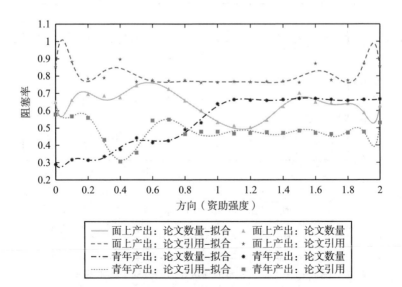

图 7 - 5　A 学科在资助强度投入各方向下的阻塞率

投入，青年项目阻塞率明显低于面上项目。而偏重产出质量时，不论哪个方向，面上项目阻塞率均高于青年项目。

总体而言，就 A 学科面上项目和青年项目各方向阻塞率判断，要想增加质量产出，面上项目各个方向阻塞率均高于青年项目，因此在 A 学科资源分配中，可以向青年项目倾斜，增加青年项目资助项数；若增加数量产出，面上项目可以适当增加资助强度，青年项目适当增加参与人年投入。

2. B 学科的相对最佳投入方向

B 学科面上项目和青年项目在资助强度投入各方向下的阻塞率变化曲线如图 7 – 6 所示。图 7 – 6 显示，不论面上项目还是青年项目，当偏重产出质量时的阻塞率高于偏重产出数量的阻塞率。对于 B 学科而言，面上项目不同产出阻塞率变动曲线方向一致，青年项目不同产出阻塞率变动曲线不太一致，但是阻塞率最低的方向基本一致。B 学科不论决策者偏重产出数量还是产出质量，面上项目在右侧方向即增加资助强度方向阻塞率最低，低于青年项目；青年项目在左侧方向即增加参与人年方向阻塞率最低，低于面上项目。

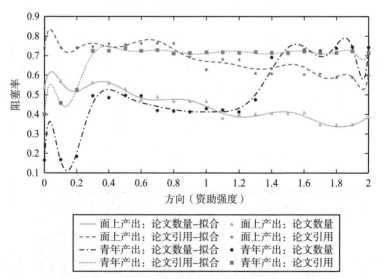

图 7 – 6　B 学科在资助强度投入各方向下的阻塞率

总体而言，根据 B 学科各方向阻塞率来判断，不论是偏重数量产出还是偏重质量产出，在右侧方向，即增加资助强度投入方向，面上项目的阻塞率均低于青年项目；而在左侧方向，即增加参与人年方向，面上项目的阻塞率均高于青年项目。因此对于 B 学科而言，面上项目可以进一步增加资助强度投入，青年项目可以增加参与人年投入。

3. C 学科的相对最佳投入方向

C 学科面上项目和青年项目在资助强度投入各方向下的阻塞率变化曲线如图 7-7 所示。图 7-7 显示，面上项目阻塞变动曲线波动率大于青年项目，青年项目阻塞在资助强度各方向变动较为平稳。不论侧重产出数量还是侧重产出质量，面上项目和青年项目阻塞率变动曲线方向一致。面上项目在增加参与人年方向阻塞率最低，青年项目在资助强度与参与人员基本同比例增加方向阻塞率最低。同时青年项目中，偏重产出质量的阻塞率明显高于偏重产出数量的阻塞率，而在面上项目中没有明显特征。对于 C 学科，不论是侧重数量产出还是侧重质量产出，在图 7-7 右侧，即增加资助强度方向，面上项目阻塞率高于青年项目，在图 7-7 左侧，即增加参与人年投入的方向，面上项目的阻塞率明显低于青年项目。

173

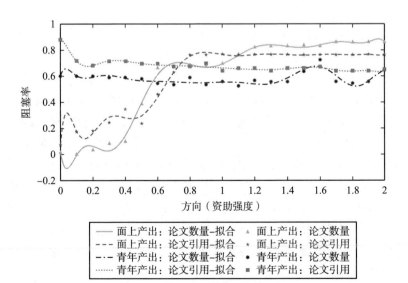

图 7-7　C 学科在资助强度投入各方向下的阻塞率

总体而言，根据 C 学科各方向阻塞率来判断，青年项目偏重质量的阻塞率高于数量产出的阻塞率。对于 C 学科，不论是侧重数量产出还是侧重质量产出，在图 7-7 右侧，即增加资助强度方向，面上项目阻塞率高于青年项目，在图 7-7 左侧，即增加参与人年投入的方向，面上项目的阻塞率明显低于青年项目。因此对于 C 学科的面上项目和青年项目而言，青年项目可以适当增加资助强度，面上项目可以适当增加参与人年。

7.3 最优规模实现路径分析

7.1 节 DEA 模型计算结果与问卷调查结果的匹配验证分析表明，DEA 模型计算结果与问卷调查结果匹配度高，两者相互验证，既反映了 DEA 模型的准确性，也反映了问卷调查结果的真实性。结合 7.2 节对不同项目和不同学科相对最佳投入方向的分析判断，我们可以得到各学科面上项目和青年项目最佳投入以及实现最优规模的不同路径。

7.3.1 最佳投入分析

首先，对于面上项目而言，不同学科最优规模下的最佳投入并不一致。A 学科最佳资助强度集中在 60 万 ~63 万元，参与人年集中在 16 ~20，即投入 60 万 ~63 万元、4 ~5 人团队是 A 学科最佳投入；B 学科数量产出偏好下资助强度最佳投入明显低于质量产出偏好下的资助强度投入，而参与人年投入高于质量偏好下参与人年投入，最佳资助强度为 66 万 ~72 万元，参与人年为 19 ~30，即 B 学科最佳资助强度为 66 万 ~72 万元，5 ~8 人团队规模；C 学科数量产出偏好下最佳投入明显低于质量产出偏好下的最佳投入，最佳资助强度为 38 万 ~41 万元，参与人年为 32 ~40，即 C 学科最优投入资助强度为 38 万 ~41 万元，8 ~10 人团队规模。三个学科的面上项目中，资助强度最佳投入最高的是 B 学科，A 学科次之，C 学科最低，参与人年最佳投入最高的是 C 学科，B 学科次之，A 学科最低。

其次，对于青年项目而言，不同学科最优规模下的最佳投入并不一致。A 学科最佳资助强度集中在 24 万 ~ 25 万元左右，参与人年集中在 15，即投入 24 万 ~ 25 万元、5 人团队是 A 学科最佳投入；B 学科最佳资助强度为 23 万 ~ 24 万元，参与人年为 15 ~ 18，即 B 学科最优投入资助强度为 23 万 ~ 24 万元、5 ~ 6 人团队规模；C 学科在数量产出偏好下最佳资助强度为 19 万元，参与人年为 18 ~ 21，质量产出偏好下最佳资助强度为 22 万元，参与人年为 15 ~ 18，即 C 学科最优资助强度为 19 万 ~ 22 万元，5 ~ 7 人团队规模。三个学科的青年项目中，资助强度最高的是 A 学科，B 学科次之，C 学科资助强度最低，参与人年最佳投入最高的是 C 学科。与面上项目相比，青年项目三个学科间最优投入相差不大。

7.3.2　最优规模实现路径分析

通过 DEA 模型计算的最佳投入与项目负责人认可的适宜投入匹配后，与 2011 年实际投入进行比较，可以得到未来资助策略在不同投入上的调整方向。将该方向与 DEA 模型计算得到的相对最佳投入方向进行对比分析，可以得到面上项目和青年项目不同学科投入的调整方向，即最佳规模的实现路径。

通过对各个方向下阻塞率的计算，根据阻塞率的变化判断不同学科面上项目和青年项目的资助效率。对于 A 学科，不论是偏重数量产出还是质量产出，青年项目阻塞率均低于面上项目，青年项目表现优于面上项目，在 A 学科资源分配时，可以适当向青年项目倾斜，增加青年项目资助项数；对于 B 学科，不论偏重数量产出还是质量产出，增加资助强度，面上项目阻塞率低于青年项目，说明 B 学科若增加资助强度投入，面上项目表现优于青年项目；对于 C 学科，偏重数量产出时，C 学科青年项目效率优于面上项目，偏重质量产出时，面上项目效率优于青年项目。

对于 A 学科而言，根据 DEA 计算的相对最佳投入方向面上项目为资助强度与参与人年同比例增加方向，青年项目为增加参与人年、资助强度基本不变的方向。而比较最佳投入与实际投入后，在投入方向调整上，A 学科面上项目不论资助强度还是参与人年均不宜进一步增加投入；青年项目资助强度不宜增加，参与人年投入可以适当增加。综合比较，A 学科面上项目投入不宜进一步增加，青年项目资助强度投入不宜

175

增加，可以适当增加参与人年投入。

对于 B 学科而言，根据 DEA 计算的相对最佳投入方向面上项目为增加资助强度、参与人年投入基本不变的方向，青年项目为增加参与人年、资助强度基本不变的方向。而比较最佳投入与实际投入后，在投入方向调整上，B 学科面上项目可以进一步增加资助强度投入，参与人年投入不适宜增加；青年项目资助强度不宜增加，参与人年投入基本达到最佳规模。通过计算，在增加资助强度方向上，面上项目阻塞率低于青年项目；在增加参与人年方向上，青年项目阻塞率低于面上项目。整体而言，B 学科面上项目应进一步增加资助强度，参与人年投入不宜增加，青年项目资助强度不宜增加，参与人年投入可以保持不变或适当增加。

对于 C 学科而言，根据 DEA 计算的相对最佳投入方向面上项目为增加参与人年、资助强度基本不变的方向，青年项目为资助强度与参与人员基本同比例变化的方向。而比较最佳投入与实际投入后，在投入方向调整上，C 学科面上项目资助强度不宜增加，参与人年可进一步增加；青年项目资助强度和参与人年投入均不宜增加。通过计算，在增加参与人年投入的方向上，面上项目的阻塞率明显低于青年项目；在增加资助强度方向上青年项目阻塞率明显低于面上项目。综合比较，C 学科面上项目应进一步增加参与人年投入，资助强度不宜增加，青年项目资助强度、参与人年投入可以保持不变，不宜增加。

第8章 研究结论与建议

8.1 主要研究工作

随着国家对于科学研究投入的持续快速增长，对于科研经费投入绩效评价的研究越来越受到关注。作为代表政府投资科学研究的 NSFC，在公共财政愈发强调绩效以及 NSFC "十三五" 期间提出的 "绩效回报丰富" 目标的双重压力下，对于科学基金资助绩效的评估越来越迫切。这其中，随着近些年来科学基金资助强度逐步提高，对于科学基金最优投入问题的研究成为基金管理者们关注的重点，也是 NSFC 进一步提高科学基金资助绩效的关键问题。

本书通过构建科学基金项目相对最优规模判定的理论分析框架和符合科学基金项目资助特点的 DEA 模型，对科学基金项目规模收益变化进行分析，进而对科学基金适宜的资助强度进行研究。本书的主要研究工作如下：

一是根据 NSFC 的项目资助中投入不等比例变化的特点，从规模收益概念出发，基于测度函数，将径向测度的定义扩展为基于一般方向的测度，计算多投入多产出不同方向上的规模弹性。在此基础上，进一步将规模弹性应用到 DEA 模型中，构建了基于测度的方向规模收益 DEA 模型。

二是根据 NSFC 项目还存在阻塞的现象，在构建的方向 DEA 模型基础上，构建了阻塞条件下的方向规模收益 DEA 模型。

三是修正了以往随机选取方向求得最佳投入区间的做法，提出了基于 MATLAB 多项式拟合得到阻塞率的变化规律曲线，将阻塞率最低的方向作为相对最佳投入方向，进而在相对最佳投入方向下确定最佳投入区间的方法。由此判定的最佳投入方向和最佳投入区间更加符合现实意义，使得建构的理论模型在实践分析中更加契合现实需求。

四是运用问卷调查的方法对科学基金负责人有关科学基金项目适宜的资助区间进行调查，进而与 DEA 定量分析结果进行比对检验，进一步验证模型的可靠性。单纯依靠客观数据，利用 DEA 方法测算最佳投入有可能是不够全面或可靠的，而依靠 DEA 模型计算出的最优投入区间是否可靠、是否合理还需其他方法进行验证。借鉴 NSF 和 NSFC 通用的做法，对项目负责人和评审专家有关项目资助规模适宜性等问题进行问卷调查，得到主观调查下的项目适宜资助强度和适宜团队规模投入。将通过问卷调查得到的适宜投入区间与 DEA 模型计算结果得到的最佳投入区间进行匹配验证和一致性分析，进而验证构建的 DEA 理论模型的可靠性。

五是运用构建的 DEA 模型对 NSFC 的面上项目和青年项目进行实证分析。选取 NSFC 占比最高、具有典型代表性和不同资助态势的面上项目和青年项目，并根据 NSFC 管理人员和专家建议，最终选取了三类不同特点的学科作为样本进行实证分析。通过 DEA 模型实证分析确定不同项目、不同学科最佳投入方向与最佳投入区间，并通过与问卷调查不同项目不同学科适宜投入一致性分析，得到最优规模的实现路径，确定了不同项目、不同学科未来资助策略的调整方向。

8.2　研究结论

8.2.1　阻塞存在的方向 DEA 模型具有较好的科学性和可靠性

本书根据科学基金项目资助特点，构建了阻塞存在下方向规模收益DEA 模型，在 DEA 模型计算中，选取了资助强度和参与人年两个指标作为投入，选取论文数量和论文引用两个指标分别表征数量和质量产出。本书选取在 NSFC 中占比最高，同时资助策略不同的面上项目和青年项目作为研究对象。在 NSFC 管理人员和专家建议下，最终在数学物理科学部、地球科学部和管理学部选取了具有不同特点的 A、B、C 三个学科进行实证分析。在样本时间选择上，为了验证在 2011 年项目资助经费强度大幅提升后，资助强度是否适宜以及三个学科资助策略是否一致，因此本书选取了 2011 年 NSFC 的立项数据进行 DEA 模型分析。然后对选取的三个学科面上项目和青年项目负责人进行问卷调查，将对科学基金项目适宜投入的调查与 DEA 模型计算结果进行匹配验证。通过验证，DEA 模型计算结果与问卷调查结果匹配度高，一致性较强，从而也证明了理论模型的可靠性，该 DEA 模型的价值在于：

一是在理论上扩展了规模收益研究的 DEA 模型。本书根据规模收益的概念，从测度角度出发，通过推广径向测度定义进而对其他方向新的距离进行定义，计算多投入多产出不同方向上的规模弹性，构建了基于测度的多投入多产出方向规模收益 DEA 模型。该模型实质是将班克等（Banker et al.，1984）[1] 对规模收益的径向方向研究扩展到其他方向，同时也弥补了杨国梁等（Yang et al.，2017）[2] 在研究多产出方向规模收益中限制性较强的问题。

二是解决现实中存在阻塞情况的方向规模收益问题。本书根据科学基金活动存在阻塞现象的实际情况，根据阻塞存在情况下的真实生产可能集（PPS）已发生变化，在构建的方向规模收益 DEA 模型中，改变原有生产可能集，构建阻塞存在下方向规模收益 DEA 模型。该模型与原有处理方向规模收益的 DEA 模型相比，可以处理阻塞存在的问题，更加符合科学基金项目资助实际情况。

8.2.2　基于 MATLAB 拟合的最佳投入方向和投入区间具有较好现实指导意义

本书提出了一种新的最佳投入方向和最佳投入区间的判定方法，修正了以往研究中通过指定方向计算规模收益，使得理论模型更加符合现

---

①　Banker R D, Charnes A, Cooper W W. Some models for estimating technical and scale inefficiencies in data envelopment analysis [J]. Management Science, 1984, 30 (9): 1078 – 1092.

②　Yang G L, Liu W B. Estimating directional returns to scale in DEA [J]. INFOR: Information Systems and Operational Research, 2017, 55 (3): 243 – 273.

实需求。科学基金项目存在阻塞现象，而阻塞状态随着投入增加，产出反而下降，是一种非良好需要避免的状态。因此在构建的 DEA 模型基础上，用 MATLAB 的 polyfit 多项式拟合模型计算得出的阻塞率的变化规律曲线，将阻塞率最低的方向作为相对最佳投入方向。在确定的最佳投入方向下，根据构建的 DEA 模型，计算该方向下规模最优状态投入，进而测算最佳投入区间。该方法确定的最佳投入方向在实际中对基金管理者更加具有实践价值和意义。以此方向判定的最佳投入区间，较之之前在投入等比例变化的方向下测算的最佳投入（段培新、孟澈，2017）[①] 相比，更符合实际情况。

通过对 A、B、C 三个学科面上项目和青年项目的方向规模收益 DEA 模型实证分析，不同学科不同项目相对最佳投入方向并不一致。对面上项目而言，A 学科相对最佳投入方向为资助强度与参与人年两个投入基本等比例变化的方向；B 学科相对最佳投入方向为增加资助强度、参与人年基本不变的方向；C 学科相对最佳投入方向为增加参与人年、资助强度基本不变的方向。对青年项目而言，A 学科和 B 学科相对最佳投入方向都是增加参与人年、资助强度基本不变的方向；C 学科各方向的阻塞率变化不大，两个投入基本等比例变化的方向为相对最佳投入方向。

8.2.3 建构的科学基金最优规模框架为其他科研项目资助强度研究提供参考

本书构建了科学基金项目相对最优资助规模的理论分析框架。在此框架内，基于科学基金项目资助特点，构建了阻塞存在的方向 DEA 模型来研究科学基金项目不同方向上规模收益情况，而基于 MATLAB 拟合下的相对最佳投入方向和最佳投入区间的判定，确定项目最佳投入，并通过问卷调查得到项目适宜投入区间，将问卷调查结果与 DEA 模型计算得到的最佳投入区间进行匹配验证和一致性分析。

本书将该分析框架应用到 NSFC 面上项目和青年项目中，并计算得到了最佳投入以及最优规模实现路径。根据上述分析，本书构建的分析

---

① 段培新、孟澈：《科学基金项目资助规模与强度适宜性研究——以地理学面上项目与青年科学基金项目为例》，载于《中国科学基金》2017 年第 4 期，第 371～379 页。

框架已得到验证，证明建构的理论 DEA 模型具有可靠性，其还可以应用于 NSFC 其他类型项目最优规模研究，对于 NSFC 资助策略调整、优化资源配置和提高资助绩效将具有重要意义。

此外，项目资助是我国重要的科研资助形式之一，不仅仅是自然科学基金项目，其他竞争性的科研资助项目也同样面临着优化资助绩效和确定适宜的资助投入问题。因此本书构建的科学基金项目相对最优规模分析框架，能够为分析社会科学基金项目、省级科学基金项目等类似科研项目的资助强度适宜性，以及进一步优化资助绩效提供现实可行的分析模型和实施路径，具有较好的借鉴和参考价值。

8.2.4　NSFC 不同学科面上项目和青年项目资助策略需要进一步优化调整

随着 NSFC 资助规模的不断扩大，不同类别的项目呈现了不同资助策略。从 NSFC 资助体系中占比最高、影响力最大的面上项目和青年项目看，资助规模与资助强度整体上呈现出"面上项目提强度，青年项目扩范围"的资助态势，具体见表 1 - 1。同时不同学科间，面上项目和青年项目的资源分配也不一致。以本书选取的 A、B、C 三个学科为例，其面上项目和青年项目资助数量不同，代表了各学科在面上项目和青年项目中的资源分配倾斜度不同。A 学科面上项目与青年项目资助项数基本持平；B 学科青年项目资助数量多于面上项目，资源分配相对偏重青年项目；C 学科面上项目资助数量明显高于青年项目，资源更倾向于面上项目。具体见图 4 - 1。

根据本书 DEA 模型计算与问卷调查结果，科学基金项目最佳投入与实际投入之间的关系各学科存在差异。面上项目最佳投入与 2011 年实际投入之间的关系，各个学科并不一致：A 学科最佳投入为资助强度60 万 ~ 63 万元、16 ~ 20 参与人年，两个最佳投入均低于 2011 年实际投入；B 学科最佳投入资助强度为 66 万 ~ 72 万元、20 ~ 32 参与人年，最佳资助强度高于 2011 年实际资助强度，参与人年最佳投入低于 2011 年实际参与人年投入；C 学科最优投入为 38 万 ~ 41 万元、32 ~ 40 人参与人年，最佳资助强度低于 2011 年实际资助强度，参与人年最佳投入高于 2011 年实际参与人年投入。青年项目各个学科 2011 年实际投入基本接近最佳投入：A 学科最佳投入为资助强度 24 万 ~ 25 万元、15 参与人年，最佳资助强度略低于 2011 年实际资助强度，2011 年实际参与人年投入接近最佳投入；B 学科最佳投入为资助强度 23 万 ~ 24 万元、15 ~ 18 参与人年，两个最佳投入与 2011 年实际投入基本一致；C 学科最佳投入为资助强度 19 万 ~ 22 万元、15 ~ 21 参与人年，两个最佳投入与 2011 年实际投入基本一致。

同一学科达到最佳规模的实现路径，面上项目和青年项目并不一致。对于 A 学科而言，要达到最优规模，面上项目资助强度和参与人年投入不宜进一步增加，青年项目资助强度不宜增加，可以适当增加参与人年投入；B 学科达到最优规模，面上项目应进一步增加资助强度，参与人年投入不宜增加，青年项目资助强度不宜增加，参与人年投入可以保持不变或适当增加；C 学科达到最优规模，面上项目应进一步增加参与人年投入，资助强度不宜增加，青年项目资助强度、参与人年投入可以保持不变，不宜增加。

不同类别项目绩效表现不一致，在资源分配调整上可以适当考虑绩效表现情况。根据实证分析，面上项目和青年项目的资助绩效各学科表现存在差异。从阻塞率的角度看，对于 A 学科，青年项目各方向的平均阻塞率低于面上项目，青年项目绩效表现优于面上项目，而目前 A 学科面上项目和青年项目资助项数基本一致，因此在 A 学科资源分配中，可以适当向青年项目倾斜，增加青年项目资助项数；对于 B 学科，面上项目各方向的阻塞率低于青年项目，面上项目绩效表现优于青年项目，当前 B 学科青年项目的资助数量远高于面上项目，因此 B 学科可以适当增加面上项目资助；对于 C 学科，若偏重数量产出，青年项目绩效优于面上项目，若偏重质量产出，面上项目绩效优于青年项目，而 C 学科面上项目的资助数量高于青年项目，可以根据管理者的价值偏好，适当调整面上项目和青年项目的资源分配。

8.2.5　NSFC 项目申请与评审环节对资助经费预算审核可进一步加强

通过对 2179 位项目负责人和 823 位评审专家的问卷调查发现，项目申请阶段 NSFC 历年的平均资助强度具有强引导性，按需申请目的并未真正有效实现。根据调查，项目申请阶段项目负责人确定经费预算的依据是前几年 NSFC 平均资助强度，而按照实际研究计划需要确定经费预算比例较低，青年项目因每年项目资助强度相对稳定，因此按需申请的比例仅为 30%。

评审专家在评审项目过程中对经费预算合理性关注度较低，在项目评审阶段委托专家对项目经费提出建议的目的也未有效达到。即使在项目评审阶段对经费预算比较关注的专家也是主要关注经费使用计划而非经费总额；不论是项目负责人还是评审专家均认为经费预算是否合理对项目是否获批基本不起作用。

此外，问卷调查还显示面上项目负责人有希望经费越多越好的倾向，而青年项目负责人更加希望关注项目资助率，扩大项目资助范围，而非提高项目资助强度。说明单纯通过问卷调查，采用项目负责人主观确定的适宜资助强度来作为科学基金适宜投入，可能因为项目负责人的主观感情而存在偏差，因此也证明了需要进行 DEA 模型客观验证的必要性。

8.3　管理启示与政策建议

本书提出了符合 NSFC 科学基金项目资助特点的相对最优规模研究的理论分析框架，通过构建符合科学基金资助特点的 DEA 模型，将 DEA 计算结果与问卷调查的匹配情况进行验证，得到科学基金项目的最佳投入区间，并通过不同项目和不同学科进行了实证分析。本书的研究可以为科学基金管理者提供以下启示：

第一，不同学科的科学基金项目最佳投入存在差异，NSFC 在未来项目资助强度调整过程中应注重学科间的差异，区分不同学科合理的资助区间。

根据 DEA 模型计算结果与问卷调查结果的匹配分析，可以看到 A、B、C 三个学科不论是面上项目还是青年项目最佳投入均不相同，同时最佳投入区间与当年实际投入之间关系也存在差异。以面上项目为例，A 学科无论是资助强度还是参与人年，两个最佳投入均低于当年实际投入；B 学科资助强度最佳投入高于当年实际资助强度投入，参与人年最佳投入低于当年实际参与人年投入；C 学科资助强度最佳投入低于当年实际资助强度投入，参与人年最佳投入高于当年实际参与人年投入。因此对于 A、B、C 三个学科面上项目而言，未来若要调整投入方向，A 学科不宜进一步增加资助强度，B 学科可以适当增加资助强度，C 学科在控制资助强度基础上进一步增加参与人年投入，有助于提升项目资助绩效。

第二，同一学科在不同类别项目上的资助绩效也不相同，而 NSFC 当前的资助是按照学部的不同学科为依托进行资助，因此各学部在进行不同类别项目资源分配中，除了考虑现有发展规划和战略需求导向外，还可以参考项目资助绩效表现，优化配置科学基金资源，从而进一步提升科学基金资助绩效。

本书研究发现，在 A 学科中，青年项目表现优于面上项目，因此在当前 A 学科面上项目和青年项目资助项数基本相同的配置中，可以适当向青年项目倾斜，在项目资助经费基本不变的基础上，可适度增加青年项目资助项数，提高青年项目资助率；B 学科面上项目效率高于青年项目，但当前 B 学科青年项目的资助数量远高于面上项目，因此 B 学科可以适当增加面上项目资助而适度控制青年项目资助率；C 学科在不同产出偏好下，面上项目和青年项目资助效率不同，可以根据管理者的价值偏好，适当调整面上项目和青年项目的资源分配。

第三，待条件允许，将对 NSFC 其他类别项目资助强度展开分析和调查，将本书建构的科学基金项目相对最优规模的理论分析框架推广应用到 NSFC 其他类别项目当中。

本书通过对 NSFC 项目规模收益的分析，提供了一种科学基金项目相对最优规模的理论分析框架，可以基于科学基金项目投入产出情况，得到最优资助规模即最佳投入。本书已通过对面上项目和青年项目的实证分析，验证了理论模型的可靠性，因此本书构建的科学基金项目最优规模的分析框架可以应用到 NSFC 其他项目中，如重大项目、重点项目、杰出青年基金项目等。如果该方法在 NSFC 其他项目中有更加广泛的推广应用，那么可以得到整个 NSFC 资助现状以及基于投入产出效率的最优资助区间，从而为 NSFC 管理者掌握整个科学基金资助收益状况及未来调整方向提供更加宏观全面的建议，提高 NSFC 项目资助绩效，优化我国科技资源配置。

第四，NSFC 在项目申请过程中需要强化项目负责人按需申请要求，以及评审专家在评审过程中对于经费的把控作用。

国家自然科学基金条例中规定，"评审专家对基金资助项目申请提出评审意见，还应当考虑申请人和参与者的研究经历、基金资助经费使用计划的合理性、研究内容获得其他资助的情况、申请人实施基金资助项目的情况以及继续予以资助的必要性"。但根据本书的问卷调查发现，项目负责人在申请项目过程中，NSFC 的资助强度在项目申请阶段具有强引导性，按需申请并未有效实现；评审专家在评审项目过程中对经费预算合理性关注度较低，在项目评审阶段委托专家对项目经费提出建议的目标也未有效实现。

建议在未来科学基金项目申请指南中更加明确项目负责人对于项目经费申报的合理要求，通过规章或宣传等途径加强项目负责人按需申请的意识；强化评审专家评审过程中对于经费的把控作用，在评审专家工作管理办法中，进一步明确对于经费计划合理性的评审，发挥评审专家对经费的调整作用，从而提升资助经费的合理性。进一步提升 NSFC 资助绩效，优化科学基金资源配置。

参 考 文 献

［1］伊特韦尔等:《新帕尔格雷夫经济学大辞典》,陈岱孙等译,经济科学出版社 1998 年版。

［2］白玉、郑童桐、赵镇、赵醒村:《基于文献计量的国家自然科学基金资助效果分析:以南方医科大学为例》,载于《中国科学基金》2016 年第 4 期。

［3］陈波、李园园、朱卫东:《管理学部青年科学基金项目后评估的分析与研究》,载于《科学学与科学技术管理》2010 年第 10 期。

［4］陈波、朱卫东:《基于证据理论的科学基金项目绩效评估方法研究》,载于《中国科技论坛》2009 年第 7 期。

［5］董建军:《中国知网收录的基金论文资助现状和被引情况分析》,载于《中国科技期刊研究》2013 年第 2 期。

［6］杜鹃:《基于 DEA 理论的排序研究以及两阶段网络结果效率研究》,中国科学技术大学,2010。

［7］段培新、孟溦:《阻塞条件下科学基金项目方向规模收益研究》,载于《科研管理》2018 年第 2 期。

［8］段培新、孟溦:《科学基金项目资助规模与强度适宜性研究——以地理学面上项目与青年科学基金项目为例》,载于《中国科学基金》2017 年第 4 期。

［9］段庆锋、汪雪锋、朱东华:《国家自然科学基金合作与交流类项目绩效评估方法研究》,载于《科学学与科学技术管理》2010 年第 9 期。

［10］段庆锋:《基于两阶段 DEA 的科学基金项目产出评价研究》,载于《统计与信息论坛》2012 年第 11 期。

［11］冯磊、梁明修、吕相征、贾秀萍:《国科金资助预防医学学科产出 SCI 论文的文献计量学分析——基于 2011～2014 年科学引文索

引数据》，载于《公共卫生与预防医学》2017年第1期。

[12] 龚旭、赵学文、李晓轩：《关于国家自然科学基金绩效评估的思考》，载于《科研管理》2004年第4期。

[13] 官建成、史晓敏、彭杰：《国家自然科学基金信息科学重点项目绩效评价——分学科间差异性分析》，载于《科学学研究》2003年第1期。

[14] 管仕平、朱卫东、吴勇：《我国国家自然科学基金面上项目的相对效率分析》，载于《科技进步与对策》2010年第12期。

[15] 郭嘉、罗玲玲、邢怀滨：《自然科学基金促进人才成长的对策与绩效研究》，载于《科研管理》2015年第6期。

[16] 国家自然科学基金委员会：《科学基金资助与管理绩效国际评估报告》，2011-06-27/2017-10-20。

[17] 国家自然科学基金委员会：《科学基金资助与管理绩效国际评估综合证据报》，http://www.nsfc.gov.cn/publish/portal0/tab112/。

[18] 韩松、魏权龄：《DEA效率分解与规模收益评价》，载于《数学的实践与认识》2016年第24期。

[19] 韩松：《DEA效率分解与规模收益评价》，载于《数学的实践与认识》2016年第24期。

[20] 侯聃：《2001-2007年国家自然科学基金面上项目分布及产出统计分析》，载于《现代情报》2008年第12期。

[21] 胡明晖：《国家自然科学基金面上项目的学科资助结构》，载于《中国科技论坛》2008年第3期。

[22] 李强、李晓轩：《美国国家科学基金会的绩效管理与评估实践》，载于《中国科技论坛》2007年第6期。

[23] 李若筠、杨列勋：《管理科学基金项目论文产出的定量分析》，载于《科学学与科学技术管理》2006年第4期。

[24] 李新杰、李雄诒、孙泽厚：《基于DEA方法的省级自然科学基金效率实证研究》，载于《软科学》2012年第6期。

[25] 李志兰、何学东：《基于DEA模型的自然科学基金投入产出效率分析——以浙江省自然科学基金为例》，载于《浙江大学学报（理学版）》2015年第2期。

[26] 刘彬、乔黎黎、张依：《生命科学领域国家杰出青年科学基金

项目资助状况及影响力分析》，载于《中国科学基金》2016 年第 2 期。

[27] 刘云、杨雨、郑永和：《基于知识生产函数的科学基金重大项目绩效测度研究》，载于《预测》2011 年第 1 期。

[28] 刘有贵、蒋年云：《委托代理理论述评》，载于《学术界》2006 年第 1 期。

[29] 罗彪、杨婷婷、王海风：《我国自然科学基金绩效评估框架构建——基于各国基金绩效评估实例比较研究》，载于《华南理工大学学报（社会科学版)》2014 年第 4 期。

[30] 罗骏、周小丁、黄云生：《青年科学基金项目绩效评价指标体系研究与探讨》，载于《中国科学基金》2016 年第 4 期。

[31] 吕立宁：《NH 资助及管理模式给我们的启示》，载于《中国基础科学》2005 年第 4 期。

[32] 马建霞、张志强、刘静：《2007－2013 年 NSFC 国家杰出青年基金项目的论文产出与影响力分析》，载于《中国科学基金》2015 年第 2 期。

[33] 马亮、吴建南、时仲毅：《科研项目绩效的影响因素：医学科学基金面上项目的实证分析》，载于《科学学与科学技术管理》2012 年第 7 期。

[34] 马强、陈建新：《同行评议方法在科学基金项目管理绩效评估中的应用》，载于《科技管理研究》2001 年第 4 期。

[35] 毛泽东：《毛泽东选集（第四卷)》，人民出版社 1991 年版。

[36] 孟溦、黄敏、刘文斌：《利用 DEA 对科研机构规模效益的分析》，载于《科研管理》2006 年第 4 期。

[37] 穆荣平、连燕华：《重大科研项目计划管理方法研究》，载于《科研管理》1997 年第 4 期。

[38] 屈宝强、彭洁、赵伟等：《能源领域国家杰出青年科学基金资助效果分析——从科技论文产出视角》，载于《中国科学基金》2011 年第 5 期。

[39] 尚虎平、叶杰、赵盼盼：《我国科学研究中的公共财政效率：低效与浪费——来自国家自然科学基金、社会科学基金项目产出的证据》，载于《科学学研究》2012 年第 30 期。

[40] 尚虎平、赵盼盼：《项目申请者的那些特征影响科研绩效提

升？——一个面向国家自然科学基金产出的倒序评估》，载于《科学学研究》2014年第9期。

［41］盛昭瀚、朱乔、吴广谋等：《DEA理论、方法与应用》，科学出版社1996年版。

［42］宋志红、郭艳新、李冬梅：《科学基金资助提高科研产出了吗？——基于倾向得分分层法的实证研究》，载于《科学学研究》2016年第1期。

［43］孙金伟、刘迪、王贤文：《科学基金资助与SCI论文产出：对10个国家的比较分析》，载于《科学学研究》2013年第1期。

［44］汪志兵、孙竹梅：《从SCI论文看NSFC对普通高校的资助效果》，载于《中国高校科技》2016年第10期。

［45］王冬梅：《科学基金制度对基础科研合作的引导效用分析》，载于《科研管理》2010年第4期。

［46］王汉熙、周祖德、宋以超：《国家自然科学基金资助绩效评价模型研究》，载于《中南大学学报（社会科学版）》2011年第6期。

［47］王红梅、智强、费继鹏：《青年科学基金对我国高校青年教师科研绩效的影响——基于1995－2013年国家自然科学基金的实证分析》，载于《教育研究》2016年第7期。

［48］王贤文、刘则渊、侯海燕：《全球主要国家的科学基金及基金论文产出现状：基于Web of Science的分析》，载于《科学学研究》2010年第1期。

［49］王艳、贺德方、彭洁、董诚：《发达国家科学基金绩效评估体制及其启示》，载于《科技管理研究》2014年第9期。

［50］王艳芳、刘云、刘喜珍：《数理学部青年科学基金评价模型与实证研究》，载于《北京理工大学学报（社会科学版）》2010年第4期。

［51］王玉龙、周战强、安秀梅：《公共支出绩效评估模型略论》，载于《财政监督》2007年第9期。

［52］魏权龄：《数据包络分析》，科学出版社2004年版。

［53］吴建南、马亮、郑永和：《科学基金国际评估的框架、内容与方法》，载于《科学学研究》2010年第5期。

［54］吴建南、章磊、阎波：《NSFC面上项目管理绩效评估研究——以某科学部为例》，载于《软科学》2011年第1期。

[55] 吴建南、马亮、郑永和:《科学基金国际评估如何报告绩效——关于日本学术振兴会绩效报告的叙事分析》,载于《科学学与科学技术管理》2009 年第 12 期,第 55~69 页。

[56] 徐杰、李正风、陈敬全:《国家自然科学基金面上项目资助额的地区分布规律》,载于《中国基础科学》2007 年第 4 期。

[57] 阎波、吴建南:《研究类项目资助与管理绩效评估:美日科学基金的比较与启示》,载于《西安交通大学学报(社会科学版)》2012 年第 5 期。

[58] 阎波、吴建南、马亮:《科学基金绩效报告与绩效问责——美国 NSF 的叙事分析》,载于《科学学研究》2010 年第 11 期。

[59] 杨芳娟、刘云、宋赛赛:《基于循证设计的中国博士后科学基金整体资助绩效评估》,载于《科学学与科学技术管理》2014 年第 8 期。

[60] 杨锋、梁樑、苟清龙:《同行评议制度缺陷的根源及完善机制》,载于《科学学研究》2008 年第 3 期。

[61] 杨国梁、刘文斌、杨立英:《方向规模收益与方向规模弹性》,载于《数学的实践与认识》2013 年第 13 期。

[62] 杨国梁、刘文斌:《基于 DEA 的生物领域研究所规模收益分析》,载于《科研管理》2015 年第 1 期。

[63] 杨国梁、刘文斌:《基于 DEA 方法的科研机构方向规模收益研究》,载于《管理工程学报》2014 年第 4 期。

[64] 杨国梁:《科研机构相对效率及方向规模收益分析方法研究》,中国科学院大学,2012。

[65] 杨红艳:《基金资助对我国人文社会科学论文质量的影响——基于〈复印报刊资料〉转载论文评分数据》,载于《情报理论与实践》2012 年第 8 期。

[66] 曾婧婧:《国家科研资助体制下"科技悬赏奖"的制度架构研究》,载于《科技进步与对策》2014 年第 31 期。

[67] 翟立新、韩伯棠、李晓轩:《基于知识生产函数的公共科研机构绩效评价模型研究》,载于《中国软科学》2005 年第 8 期。

[68] 张爱军、高萍、刘素芳:《世界各国社会科学基金论文产出绩效分析》,载于《情报科学》2010 年第 5 期。

[69] 张凤珠、马亮、吴建南:《案例研究与国家自然科学基金绩效

评估——医学科学部的实践》，载于《中国科学基金》2010 年第 4 期。

［70］张凤珠、马亮、吴建南：《多元资助格局下的科学基金绩效评估：案例研究与学术履历分析》，载于《科学学与科学技术管理》2011 年第 6 期。

［71］张杰锋、职利、文振焜：《近 10 年科学基金对深圳大学光学学科资助的统计分析》，载于《中国科学基金》2016 年第 2 期。

［72］张诗乐、盖双双、刘雪立：《国家自然科学基金资助的效果——基于论文产出的文献计量学评价》，载于《科学学研究》2015 年第 4 期。

［73］章磊、阎波、吴建南：《基于过程和结果框架的 NSFC 面上项目资助绩效评估研究——以信息科学部为例》，载于《中国科技论坛》2010 年第 3 期。

［74］赵斐：《基于 DEA 的国家自然科学基金投入产出相对效率评价》，载于《图书情报研究》2010 年第 3 期。

［75］赵伟、洪日昌、赵瑞珍、刘克：《计算机学科国家自然科学基金重点项目 10 年资助情况分析》，载于《软件学报》2016 年第 1 期。

［76］郑石明、任柳青：《青年科学基金项目绩效评价及其影响因素》，载于《中国科学基金》2016 年第 3 期。

［77］周建中、李晓轩：《国外科研资助机构的学科评估及其启示》，载于《科研管理》2005 年第 5 期。

［78］朱卫东、周光中、张晨：《国外科学基金绩效评估及其对我国的启示》，载于《中国科技论坛》2009 年第 7 期。

［79］Afsharian H A, Emrouznejad A, Banker R D. Recent developments on the use of DEA in the public sector ［J］. Socio – Economic Planning Sciences, 2018（61）：1 – 3.

［80］Arnold E, Kuhlman S, Meulen Bvd. A Singular Council – Evaluation of the Research Council of Norway ［J］. Technopolis, 2001.

［81］Asgharian M, Khodabakhshi M, Neralic L. Congestion in stochastic data envelopment analysis：an input relaxation approach ［J］. International Journal of Statistics and Management System, 2010, 5（1）：84 – 106.

［82］Balk B M, Färe R, Karagiannis G. On directional scale elasticities ［J］. Journal Productivity Analysis, 2015（43）：99 – 104.

［83］ Banker R D, Podinovski V. Novel theory and methodology developments in data envelopment analysis ［J］. Annals of Operations Research, 2017 (250): 1 – 3.

［84］ Banker R D, Charnes A, Cooper W W. Some models for estimating technical and scale inefficiencies in data envelopment analysis ［J］. Management Science, 1984, 30 (9): 1078 – 1092.

［85］ Banker R D, Chang H, Cooper W W. Equivalence and implementation of alternative methods for determining returns to scale in data envelopment analysis ［J］. European Journal of Operational Research, 1996 (89): 473 – 481.

［86］ Banker R D, Cooper W W, Seiford L M, Zhu J. Returns to scale in different DEA models ［J］. European Journal of Operational Research, 2004, 54 (2): 345 – 362.

［87］ Banker R D, Maindiratta A. Piecewise loglinear estimation of efficient production surfaces ［J］. Management Science, 1986 (32): 126 – 135.

［88］ Banker R D, Thrall R M. Estimation of returns to scale using data envelopment analysis ［J］. European Journal of Operational Research, 1992, 62 (1): 74 – 84.

［89］ Banker R D, Cooper W W, Seiford L M, Zhu J. Return to scale in DEA ［M］//Zhu J, Handbook on Data Envelopment Analysis. 2ed. New York: Springer, 2011: 41 – 70.

［90］ Banker R D. Estimating the Most Productive Scale Size using Data Envelopment Analysis ［J］. European Journal of Operational Research, 1984 (17): 35 – 44.

［91］ Bloch C, Sorensen M P. The size of research funding: Trends and implications ［J］. Science and Public Policy, 2014 (42): 1 – 14.

［92］ Boardman C, Bozeman B. Role strain and university research centers ［J］. Journal of Higher Education, 2007 (78): 430 – 463.

［93］ Bonaccorsi A, Daraio C. The differentiation of the strategic profile of higher education institutions. New positioning indicators based on microdata ［J］. Scientometrics, 2008, 74 (1): 15 – 37.

192

[94] Bornmann L, Leydesdorff L, Van den Besselaar P. A meta-evaluation of scientific research proposals: different ways of comparing rejected to awarded applications [J]. Journal of Informetrics, 2010, 4 (3): 211 – 213.

[95] Branstetter L G, Sakakibara M. When do research consortia work well and why? Evidence from Japanese panel data [J]. American Economic Review, 2002, 92 (1): 143 – 159.

[96] Breschi S, Malerba F. Assessing the scientific and technological output of EU Framework Programmes: Evidence from the FP6 projects in the ICT field [J]. Scientometrics, 2011 (88): 239 – 257.

[97] Brockett P L, Cooper W W, Wang Y Y. Inefficiency and congestion in Chinese production before and after the 1978 economic reforms [J]. Socio – Economic Planning Sciences, 1998 (32): 1 – 20.

[98] Chambers R G, Chung Y, and Färe R. Profit, Directional Distance Functions and Nerlovian Efficiency [J]. Journal of Optimization Theory and Application, 1998 (2): 351 – 364.

[99] Charnes A, Cooper W W, Seiford L M, Stutz J. A multiplicative model for efficiency analysis [J]. Socio-economic Planning Science, 1982 (16): 213 – 224.

[100] Charnes A, Cooper W W, Rhodes E. Measuring the efficiency of decision making units [J]. European Journal of Operational Research, 1978, 2 (6): 429 – 444.

[101] Charnes A, Cooper W W, Seiford L M, Stutz J. Invariant multiplicative efficiency and piecewise Cobb – Douglas envelopments [J]. Operation Research Letter, 1983 (2): 101 – 103.

[102] Chen K, Zhu J. Scale efficiency in two-stage network DEA [J]. Journal of the Operational Research Society, 2018 (2): 1 – 10.

[103] Cooper W W, Seiford L M, Zhu J. A unified additive model approach for evaluating inefficiency and congestion with associated measures in DEA [J]. Socio – Economic Planning Sciences, 2000 (34): 1 – 25.

[104] Cooper W W, Tompson R G, Thrall R. M. Introduction: extensions and new developments in DEA [J]. Annals of Operations Research,

1996 (66): 3 – 45.

[105] Cooper W W, Seiford L M, Tone K. Data envelopment analysis: a comprehensive text with models, applications, references and DEA – Solver software [M]. Springer, 2007.

[106] Dupuit J. De la mesure de l'utilité des travaux publics (1844) [J]. Revue Française d'Économie, 1995, 10 (2): 55 – 94.

[107] Emrouznejad A, Yang G L. A survey and analysis of the first 40 years of scholarly literature in DEA: 1978 – 2016 [J]. Socio – Economic Planning Sciences, 2017, (in press): 1 – 5. http://dx.doi.org/10.1016/j.seps.2017.01.008.

[108] Emrouznejad A, Banker R D. Efficiency and productivity: theory and applications [J]. Annals of Operations Research, 2010 (173): 1 – 3.

[109] Färe R, Grosskopf S, Lovell C A K. Production Frontiers [M]. Cambridge: Cambridge University Press, 1994.

[110] Färe R, Grosskopf S, Lovell C A K. The Measurement of Efficiency of Production [M]. Boston: Kluwer Nijhoff Publishing, 1985.

[111] Färe R, Grosskopf S. A nonparametric cost approach to scale efficiency [J]. Journal of Economics, 1985, 87 (4): 594 – 604.

[112] Färe R, Svensson L. Congestion of production factors [J]. Econometrica, 1980, 48 (7): 1745 – 1753.

[113] Färe R, Lovell C A. Measuring the Technical Efficiency of Production [J]. Journal of Economic Theory, 1978 (19): 150 – 162.

[114] Flegg A T, Allen D O. Does expansion cause congestion? The case of the older British universities: 1994 – 2004 [J]. Education Economics, 2007, 15 (1): 75 – 102.

[115] Førsund F R. On the Calculation of the Scale Elasticity in DEA Models [J]. The Journal of Productivity Analysis, 1996 (7): 283 – 302.

[116] Frisch R. Theory of Production [M]. Dordrecht: D. Reidel, 1965.

[117] Fukuyama H. Returns to scale and scale elasticity in data envelopment analysis [J]. European Journal of Operational Research, 2001 (16): 225 – 239.

［118］ Fukuyama H. Scale characterizations in a DEA directional technology distance function framework ［J］. European Journal of Operational Research, 2003 （144）: 108 – 127.

［119］ Färe R, Grosskopf S. Decomposing technical efficiency with care ［J］. Management Science, 2000, 46 （1）: 167 – 168.

［120］ Färe R, Grosskopf S. Measuring congestion in production ［J］. Zeitschrif fur Nationalokonomie, 1983, 43 （3）: 257 – 271.

［121］ Färe R, Grosskopf S, Lovell C A K. The Measurement of Efficiency of Production ［M］. Kluwer – Nijhoff, Boston, Mass, USA, 1985.

［122］ Färe R, Lovell C A K. Measuring the technical efficiency of production ［J］. Journal of Economic Theory, 1978, 19 （1）: 150 – 162.

［123］ Gök A, Rigby J, Shapira P. The impact of research funding on scientific outputs: Evidence from six smaller European countries ［J］. Journal of the Association for Information Science and Technology, 2016, 67 （3）: 715 – 730.

［124］ Golany B, Yu G. Estimating returns to scale in DEA ［J］. European Journal of Operational Research, 1994 （103）: 28 – 37.

［125］ Hall B, Van Reenen J. How effective are fiscal incentives for R&D? ［J］. Research Policy, 2000, 29 （4 – 5）: 449 – 469.

［126］ Harrison M. Does high-quality research require "critical mass"? ［M］//Pontikakis D, Kyriakou D, van Bavel R. The Question of R&D Specialisation: Perspectives and Policy Implications. Luxembourg: Office for Official Publications of the European Communities, 2010: 57 – 59.

［127］ Heinze T, Shapira P, Rogers J D, Senker J M. Organizational and institutional influences on creativity in scientific research ［J］. Research Policy, 2009 （38）: 610 – 623.

［128］ Herstad S, Bloch C, Ebersberger B, van de Velde E. National innovation policy and global open innovation: Exploring balances, tradeoffs and complementarities ［J］. Science and Public Policy, 2010 （37）: 113 – 124.

［129］ Huang Z, Li S X, Rousseau J J. Determining rates of changes in data envelopment analysis ［J］. Journal of the Operational Research Society, 1997 (48): 591 – 599.

[130] Ida T, Fukuzawa N. Effects of large-scale research funding programs: A Japanese case study [J]. Scientometrics, 2013 (94): 1253 – 1273.

[131] Jacob B A, Lefgren L. The impact of research grant funding on scientific productivity [J]. Journal of Public Economic, 2011 (95): 1168 – 1177.

[132] Jahanshahloo G R, Khodabakhshi M. Determining assurance interval for non – Archimedean element in the improving outputs model in DEA [J]. Applied Mathematics and Computation, 2004, 151 (2): 501 – 506.

[133] Jahanshahloo G R, Khodabakhshi M, Lotf F H, et al. Computation of congestion in DEA models with productions trade-offs and weight restrictions [J]. Applied Mathematical Sciences, 2011, 5 (14): 663 – 676.

[134] Jowkar A, Didegah F, Gazni A. The effect of funding on academic research impact: a case study of Iranian publications [J]. Aslib Proceedings, 2011, 63 (6): 593 – 602.

[135] Boyack K W. Indicator-assisted evaluation and funding of research: visualizing the influence of grants on the number and citation counts of research papers [J]. Journal of the American Society for Information Science and Technology, 2003, 54 (5): 447 – 461.

[136] Kaldor N. Welfare Propositions of Economics and Interpersonal Comparisons of Utility [J]. The Economic Journal, 1939, 195 (49): 549 – 552.

[137] Kenna R, Berche B. Critical mass and the dependency of research quality on group size [J]. Scientometrics, 2010, 86 (2): 527 – 540.

[138] Kerstens K, Van den Eeckaut P. Estimating returns to scale using nonparametric deterministic technologies: A new method based on goodness-of-fit [J]. European Journal of Operational Research, 1998 (113): 206 – 214.

[139] Khodabakhshi M, Shabani A, Saen R F. Concurrent estimation of efficiency, effectiveness and returns to scale [J]. International Journal of Systems Science, 2014, DOI: 10. 1080/00207721. 2014. 919073.

［140］Khodabakhshi M, Goudarzi R M, Maryaki M Y, et al. A one-model approach for computation of congestion with productions trade-offs and weight restrictions ［J］. International Journal of Applied Operational Research, 2013, 3 （4）: 69 – 80.

［141］Khodabakhshi M. A one-model approach based on relaxed combinations of inputs for evaluating input congestion in DEA ［J］. Journal of Computational and Applied Mathematics, 2009, 230 （2）: 443 – 450.

［142］Khodabakhshi M. An output oriented super-efficiency measure in stochastic data envelopment analysis: considering Iranian electricity distribution companies ［J］. Computers & Industrial Engineering, 2010, 58 （4）: 663 – 671.

［143］Khodabakhshi M. Chance constrained additive input relaxation model in stochastic data envelopment analysis ［J］. Journal of Information and Systems Sciences, 2010, 6 （1）: 99 – 112.

［144］Khodabakhshi M, Asgharian M. An input relaxation measure of efficiency in stochastic data envelopment analysis ［J］. Applied Mathematical Modelling, 2009, 33 （4）: 2010 – 2023.

［145］Khodabakhshi M, Lotfi F H, Aryavash K. Review of Input Congestion Estimating Methods in DEA ［J］. Journal of Applied Mathematics, 2014 （2014）: 1 – 9.

［146］Khoveyni M, Eslami R, Khodabakhshi M, et al. Recognizing strong and weak congestion slack based in data envelopment analysis ［J］. Computers & Industrial Engineering, 2013, 64 （2）: 731 – 738.

［147］Klette T J, Moen J, Griliches Z. Do subsidies to commercial R&D reduce market failures? ［J］. Microeconometric evaluation studies. Research Policy, 2000, 29 （4 – 5）: 471 – 495.

［148］Laudel G. and Gläser J. Beyond breakthrough research: Epistemic properties of research and their consequences for research funding ［J］. Research Policy, 2014 （43）: 1204 – 1216.

［149］Lerner J. The government as venture capitalist: The long-run impact of the SBIR program ［J］. Journal of Business, 1999, 72 （3）: 285 – 318.

[150] Lindsley H, et al. Efficacy performance spirals: A multi-level perspective [J]. Academy of Management Review, 1995 (3): 645 – 678.

[151] Liu J S, Lu L Y Y, Lu W M. Research fronts in data envelopment analysis [J]. Omega, 2016 (58): 33 – 46.

[152] Liu W B, Sharp J, Wu Z M. Preference, production and performance in data envelopment [J]. Annals of operations research, 2006 (145): 105 – 127.

[153] Magjuka R J, Baldwin T T. Team-based employee involvement programs: effects of design and administration [J]. Personnel Psychology, 1991 (44): 793 – 812.

[154] McFadden D. Cost, Revenue and Profit Functions [M]//Fuss M, McFadden D. eds. Production Economics: A Dual Approach to Theory and Applications. North – Holland Publishing Company, 1978.

[155] Mirrless J. The Optimal Structure of Incentives and Authority within an Organization [J]. The Bell Journal of Economics, 1976, 76 (1): 105 – 131.

[156] National Science Foundation. National science foundation principal investigator 2001 grant award survey [EB/OL]. https: //www. nsf. gov/ pubs/2004/nsf04205/mathematica_nsfrptfinal6.

[157] National Science Foundation. National science foundation principal investigator 2001 grant award survey [EB/OL]. https: //www. nsf. gov/ pubs/2004/nsf04205/mathematica_nsfrptfinal6. pdf, 2002 – 07/2017 – 11 – 02.

[158] Noura A A, Hosseinzadeh F H, Jahanshahloo G R, et al. A new method for measuring congestion in data envelopment analysis [J]. Socio – Economic Planning Sciences, 2010, 44 (4): 240 – 246.

[159] Pareto V. Le cours d'Economique politique [M]. Paris: Macmillan, Lausanne, 1987: 32 – 40.

[160] Payne A, Siow A. Does federal research funding increase university research output? [J]. Advances in Economics and Policy, 2003, 3 (1): 68 – 77.

[161] Pearce C L, Herbik P A. Citizenship Behavior at the Team Level of Analysis: The Effects of Team Leadership, Team Commitment, Perceived

Team Support, and Team Size [J]. The Journal of Social Psychology, 2004 (3): 293 –311.

[162] Pindyck R S, Rubinfeld D L. Microeconomics [M]. Prentice Hall, 2000.

[163] Podinovski V V, Førsund F R. Differential characteristics of efficient frontiers in data envelopment analysis [J]. Operation Research, 2010 (58): 1743 –1754.

[164] Read L E, Thanassoulis E. Improving the identification of returns to scale in data envelopment analysis [J]. Journal of Operational Research Society, 2000 (51): 102 –110.

[165] Rigby J. Comparing the scientific quality achieved by funding instruments for single grant holders and for collaborative networks within a research system: Some observations [J]. Scientometrics, 2009 (78): 45 – 164.

[166] Rigby J. Systematic grant and funding body acknowledgement data for publications: new dimensions and new controversies for research policy and evaluation [J]. Research Evaluation, 2011, 20 (5): 365 –375.

[167] Rosen D, Schaffnit C, Paradi J C. Marginal rates and two-dimensional level curves in DEA [J]. Journal of Productivity Analysis, 1998 (9): 205 –232.

[168] Sappington D. Incentives in Principal – Agent Relationships [J]. Journal of Economic Perspectives, 1991 (5): 45 –66.

[169] Spence M, Zeckhauser R. Insurance, Information, and Individual Action [J]. The American Economic Review, 1978 (61): 335 – 343.

[170] Seiford L M, Zhu J. Modeling undesirable factors in efficiency evaluation [J]. European Journal of Operational Research, 2002, 142 (1): 16 –20.

[171] Seiford L M, Thrall R M. Recent development in DEA—The mathematical programming approach to frontier analysis [J]. Journal of Econometrics, 1990, 46 (1 –2): 7 –38.

[172] Seiford L M, Zhu J. An investigation of returns to scale under

Data Envelopment Analysis [J]. Omega, 1999 (27): 1 – 11.

[173] Spanos Y E, Vonortas N S. Scale and performance in publicly funded collaborative research and development [J]. R&D Management, 2012, 42 (5): 494 – 513.

[174] Sueyoshi T, Sekitani K. DEA congestion and returns to scale under an occurrence of multiple optimal projections [J]. European Journal of Operational Research, 2009, 194 (2): 592 – 607.

[175] Thrall R M. Duality, classification and slacks in DEA [J]. Annals Operation Research, 1996a (66): 19 – 38.

[176] Tjalling C. Koopmans. Efficient Allocation of Resources [J]. Econometrica, 1951, 19 (4): 455 – 465.

[177] Tone K. A slacks-based measure of efficiency in data envelopment analysis [J]. European Journal of Operational Research, 2001, 130 (3): 498 – 509.

[178] Ubfal D, Maffioli A. The Impact of funding on Research Collaboration: Evidence from A developing Country [J]. Research Policy, 2011, 40 (9): 1269 – 1279.

[179] University Alliance. Funding Research Excellence: Research Group Size, Critical Mass and Performance, Report prepared by Evidence [M]. London: University Alliance, 2011.

[180] Wadman M. Study says middle-sized labs do best [J]. Nature, 2010 (468): 356 – 357.

[181] Wang X W, Liu D, Ding K, Wang X R. Science Funding and Research Output: A Study on 10 Countries [J]. Scientometrics, 2012, 91 (2): 591 – 599.

[182] Wei Q L, Yan H. Congestion and returns to scale in data envelopment analysis [J]. European Journal of Operational Research, 2004, 153 (3): 641 – 660.

[183] Wei Q L, Yan H. Weak congestion in output additive data envelopment analysis [J]. Socio – Economic Planning Science, 2009 (43): 40 – 54.

[184] Wilson R. The Structure of Incentives for Decentralization Under

Uncertainty [M]. La Decision, 1963: 171.

[185] Wu J, An Q, Xiong B, Chen Y. Congestion measurement for regional industries in China: a data envelopment analysis approach with undesirable outputs [J]. Energy Policy, 2012: 577 – 613.

[186] Yang G L, Liu W B. Estimating directional returns to scale in DEA [J]. INFOR: Information Systems and Operational Research, 2017, 55 (3): 243 – 273.

[187] Yang G L, Rousseau R, Yang L, Liu W B. A study on directional returns to scale [J]. Journal of Informetrics, 2014 (33): 628 – 641.

[188] Zhao D. Characteristics and impact of grant-funded research: a case study of the library and information science field [J]. Scientometrics, 2010, 84 (2): 293 – 306.

[189] Zhou P, Tian H. Funded collaboration research in mathematics in China [J]. Scientometrics, 2014, 99 (3): 695 – 715.

[190] Zhu J, Shen Z. A discussion of testing DMUs' returns to scale [J]. European Journal of Operational Research, 1995, 81 (9): 590 – 596.

[191] Zhu J. Data Envelopment Analysis: A Handbook of Models and Methods [M]. New York: Springer, 2015.

[192] Zhu J. Quantitative models for performance evaluation and benchmarking: data envelopment with spreadsheets [M]. New York: Springer, 2014.

[193] Zucker L G, Darby M R, Armstrong J S. Commercializing knowledge: university science, knowledge capture, and firm performance in biotechnology [J]. Management Science, 2002 (48): 138 – 153.

附录1 国家自然科学基金面上项目资助规模调查问卷

尊敬的面上项目获得者：

您好！

近十年来，国家自然科学基金委员会（以下简称"基金委"）保持了经费持续增长的态势，加大了对面上项目和青年基金项目等主要项目类型的资助强度，同时也根据国家科研经费管理的新政策与新要求，加强了科学基金项目资助经费管理。今年是"十三五"时期的开局之年，为合理配置资助经费，提高资助绩效，基金委政策局委托我们开展科学基金项目资助强度及其适宜性研究。

本问卷主要针对相关科学部的面上项目资助强度及其适宜性进行调查，请您根据自己的实际情况和真实感受作答。答案没有对错之分，您的回答仅供本课题的研究使用，我们将按照国家相关法规对您的答案保密。

请您抽出宝贵时间在线填写问卷，并尽快完成网上提交。非常感谢您对科学基金政策研究的积极支持和热情参与！

"科学基金项目资助强度及其适宜性研究"课题组
2016 年 9 月

一、基本信息

1. 您的性别＿＿＿＿＿＿＿＿［单选题］［必答题］
○ 男　　　　　　　　　　　　○ 女

2. 您的年龄＿＿＿＿＿＿＿＿岁［填空题］［必答题］

3. 您的学科领域＿＿＿＿＿＿＿＿［单选题］［必答题］
○ 数学　　　　　　　　　　　○ 力学
○ 天文学　　　　　　　　　　○ 物理Ⅰ

○ 物理Ⅱ   ○ 地理学

○ 地质学   ○ 地球化学

○ 地球物理学和空间物理学   ○ 大气科学

○ 海洋科学   ○ 管理科学与工程

○ 工商管理   ○ 宏观管理与政策

4. 当前您主持（尚未结题）的国家/省部级项目（纵向课题）有_____项［单选题］［必答题］

○ 无   ○ 1 项   ○ 2 项   ○ 3 项

○ 多于 3 项

5. 截至 2016 年，您先后共获得了_____项自然科学基金资助［单选题］［必答题］

○ 1 项   ○ 2 项   ○ 3 项   ○ 多于 3 项

6. 您最近一次获批的面上项目立项年份是_____年［填空题］［必答题］

7. 您最近一次获批的面上项目资助经费是_____万元［填空题］［必答题］

8. 依据您的经验，项目获准资助的主要原因是（1）____（2）____（3）____（将最重要的前三项进行排序）［排序题，请在中括号内依次填入数字］［必答题］

［   ］更具创新性的研究主题

［   ］更科学的研究设计

［   ］更具可行性的研究方案

［   ］更强大的研究团队

［   ］更扎实的前期研究基础

［   ］更合理的经费预算

［   ］更符合基金指南要求

［   ］其他

二、面上项目资助强度和团队规模

9. 在填写面上项目申请书时，对预算经费总额的估计，您主要依据_____［单选题］［必答题］

○ 前几年 NSFC 平均资助强度   ○ 研究计划的实际需要

○ 咨询同行　　　　　　　　○ 单位科研管理部门提供的建议

○ 其他＿＿＿＿＿＿＿＿＿＿＿＿＿＿＿＿

10. 就您所主持的面上项目而言，经费支出主要集中在（超过经费总额20%）＿＿＿＿＿＿＿＿［多选题］［必答题］

□ 设备费

□ 材料费

□ 测试化验加工费

□ 燃料动力费

□ 差旅费

□ 会议费

□ 国际合作交流费

□ 出版/文献/信息传播/知识产权事务费

□ 劳务费

□ 专家咨询费

□ 其他支出＿＿＿＿＿＿＿＿＿＿＿＿＿＿＿

11. 您所主持的面上项目，实际获批经费与申请经费相比较，存在何种差异＿＿＿＿＿＿＿＿［单选题］［必答题］

○ 实际获批资助经费少于申请经费

○ 实际获批资助经费多于申请经费（请跳至第15题）

○ 基本无差异（请跳至第19题）

12. 您认为实际获批资助经费少于申请经费的原因主要是＿＿＿＿＿＿＿＿［单选题］［必答题］

○ 项目立项年份平均资助强度低　　○ 自己对项目计划预算估计偏高

○ 专家基于自身经验调整　　　　　○ 不知道

○ 其他＿＿＿＿＿＿＿＿＿＿＿＿＿＿＿

13. 当您实际获批经费少于申请经费时，在项目研究计划确认阶段，您会＿＿＿＿＿＿＿＿进行调整［单选题］［必答题］

○ 降低申请计划的研究目标（请跳至第18题）

○ 研究目标不变，减少研究内容（请跳至第18题）

○ 研究目标和内容不变，缩减经费预算

○ 通过其他项目补充（请跳至第18题）

○ 其他（请跳至第18题）＿＿＿＿＿＿＿＿＿＿＿＿＿＿＿

14. 您主要通过以下哪些方面缩减经费预算支出_____ ［多选题］［必答题］

　□ 设备费

　□ 材料费

　□ 测试化验加工费

　□ 燃料动力费

　□ 差旅费

　□ 会议费

　□ 国际合作交流费

　□ 出版/文献/信息传播/知识产权事务费

　□ 劳务费

　□ 专家咨询费

　□ 其他支出_____

　＊填写完该题，请跳至第18题。

15. 您认为实际获批经费多于申请经费的主要原因是_____ ［单选题］［必答题］

　○ 项目立项年份平均资助强度提高

　○ 自己对项目计划预算估计偏低

　○ 专家基于自身经验调整

　○ 不知道

　○ 其他_____

16. 如果您实际获批经费高于申请经费，在项目研究计划确认阶段，您会_____进行调整［单选题］［必答题］

　○ 提高申请计划的研究目标（请跳至第18题）

　○ 研究目标不变，增加研究内容（请跳至第18题）

　○ 研究目标和内容不变，增加经费预算

　○ 其他（请跳至第18题）_____

17. 您主要通过以下哪些方面增加经费预算支出_____ ［多选题］［必答题］

　□ 设备费

　□ 材料费

　□ 测试化验加工费

□ 燃料动力费

□ 差旅费

□ 会议费

□ 国际合作交流费

□ 出版/文献/信息传播/知识产权事务费

□ 劳务费

□ 专家咨询费

□ 其他支出_____*

18. 您实际获批经费与您申请经费之间的差异比率大概是_____ [单选题] [必答题]

　　○ 5% 及以下　　　　　　　○ 5% ~ 10%

　　○ 10% ~ 15%　　　　　　　○ 15% 以上

19. 您觉得当前的经费资助总额，是否足够保证完成您的研究计划_____ [单选题] [必答题]

　　○ 足够完成　　　　　　　○ 不够完成

　　○ 无法回答

20. 就您所主持面上项目而言，实际成本支出大约为_____万元 [填空题] [必答题]

21. 您所主持的面上项目团队共_____人（包括您在内）[单选题] [必答题]

　　○ 小于等于5人　　　　　　○ 6 ~ 7人

　　○ 8 ~ 9人　　　　　　　　○ 10人及以上

22. 您认为要保证面上项目顺利完成，比较适宜的团队规模是_____人 [填空题] [必答题]

　　提示：可填具体数字也可填范围

23. 除您之外，您认为项目组其他成员对项目的真实贡献率大约为_____% [填空题] [必答题]

24. 您认为以下成员中哪些成员贡献最大？（1）____（2）____（请将前两位进行排序）[排序题，请在中括号内依次填入数字] [必答题]

　　[　　] 高级职称人员

　　[　　] 副高级职称人员

［ ］中级职称人员

［ ］博士后

［ ］博士研究生

［ ］硕士研究生

［ ］无法判断

［ ］其他

25. 就您而言，较为有效地完成面上项目设定的目标，适宜的研究工作量是_____人年（例如，需要 5 人 3 年完成即为 15 人年）［填空题］［必答题］

三、面上项目资助规模变化影响

26. 您认为您所主持的面上项目经费是否需要进一步追加_____［单选题］［必答题］

○ 是　　　　　　　　　　○ 否（请跳至第 29 题）

27. 如果有可能进一步获得经费追加，您认为合适的增加比例是_____%［填空题］［必答题］

提示：可填具体数字也可填范围

28. 对于增加的经费，您可能主要花费在_____方面［多选题］［必答题］

□ 设备费

□ 材料费

□ 测试化验加工费

□ 燃料动力费

□ 差旅费

□ 会议费

□ 国际合作交流费

□ 出版/文献/信息传播/知识产权事务费

□ 劳务费

□ 专家咨询费

□ 其他支出_____

29. 如果项目资助经费总额可以进一步增加，对研究目标产生的影响可能是_____［矩阵单选题］［必答题］

207

	积极影响	基本没影响	消极影响	无法回答
追求更具有创新性的想法	○	○	○	○
尝试高风险想法	○	○	○	○
有助于获取其他项目资助	○	○	○	○

30. 如果项目资助经费总额可以进一步增加，对研究结果产生的影响可能是_____［矩阵单选题］［必答题］

	积极影响	基本没影响	消极影响	无法回答
增加科研产出数量	○	○	○	○
提升研究质量	○	○	○	○
推动其他组织团队合作伙伴关系	○	○	○	○
提高团队影响力	○	○	○	○
节约类似科研项目申请时间	○	○	○	○

31. 如果项目资助经费总额可以进一步增加，对研究团队建设产生的影响可能是_____［矩阵单选题］［必答题］

	积极影响	基本没影响	消极影响	无法回答
增加相关研究领域的研究合作	○	○	○	○
提高科研团队研究能力	○	○	○	○
提升研究生培养质量	○	○	○	○

32. 对于目前面上项目的资助期限（4 年），您的看法是_____［单选题］［必答题］

　　○ 资助年限过长
　　○ 资助年限过短（请跳至第 34 题）
　　○ 资助年限比较恰当（请跳至第 35 题）
　　○ 无法判断（请跳至第 35 题）

　　提示：自 2011 年开始，基金委将面上项目的资助期限由 3 年延长为 4 年。

33. 就面上项目而言，不改变当前的经费资助强度，单纯缩短资助期限，您认为（1）_____（2）_____（请将最重要的前两项进行排序）[排序题，请在中括号内依次填入数字][必答题]

[　　] 有利于研究效率提升

[　　] 有利于其他研究项目开展

[　　] 有利于节省研究成本

[　　] 无法判断

[　　] 其他

＊填写完该题，请跳至第35题。

34. 就面上项目而言，不改变当前的经费资助强度，单纯延长资助期限，您认为（1）_____（2）_____（请将最重要的前两项进行排序）[排序题，请在中括号内依次填入数字][必答题]

[　　] 有利于创新想法的实现

[　　] 有利于研究数量的增加

[　　] 有利于研究质量的提高

[　　] 有利于研究合作的开展

[　　] 有利于研究生的稳定培养

[　　] 无法回答

[　　] 其他

35. 您认为面上项目对您最大的影响是_____ [单选题][必答题]

○ 学术研究的继续　　　　　○ 职业生涯的发展（如职称）

○ 学术声誉　　　　　　　　○ 完成考核任务

○ 无法判断　　　　　　　　○ 其他_____

36. 您认为当前项目经费管理中存在的最大问题是（1）_____
（2）_____（请将最重要的前两项进行排序）[排序题，请在中括号内依次填入数字][必答题]

[　　] 资助强度过低

[　　] 经费使用限制过多

[　　] 劳务费比例限制过严

[　　] 经费报销困难

[　　] 无法判断

[　　] 其他

37. 对于面上项目的经费规模和资助期限您有什么建议？[填空题]

附录 2　国家自然科学基金青年项目资助规模调查问卷

尊敬的青年科学基金项目获得者:

　　您好!

　　近十年来,国家自然科学基金委员会(以下简称"基金委")保持了经费持续增长的态势,加大了对面上项目和青年基金项目等主要项目类型的资助强度,同时也根据国家科研经费管理的新政策与新要求,加强了科学基金项目资助经费管理。今年是"十三五"时期的开局之年,为合理配置资助经费,提高资助绩效,基金委政策局委托我们开展科学基金项目资助强度及其适宜性研究。

　　本问卷主要针对相关科学部的青年科学基金项目资助强度及其适宜性进行调查,请您根据自己的实际情况和真实感受作答。答案没有对错之分,您的回答仅供本课题的研究使用,我们将按照国家相关法规对您的答案保密。

　　请您抽出宝贵时间在线填写问卷,并尽快完成网上提交。非常感谢您对科学基金政策研究的积极支持和热情参与!

"科学基金项目资助强度及其适宜性研究"课题组
2016 年 9 月

一、基本信息

1. 您的性别_____ [单选题][必答题]
○ 男　　　　　　　　　　　○ 女

2. 您的年龄_____岁 [填空题][必答题]

3. 您的学科领域 [单选题][必答题]
○ 数学　　　　　　　　　　○ 力学
○ 天文学　　　　　　　　　○ 物理 I

○ 物理 Ⅱ　　　　　　　　○ 地理学

○ 地质学　　　　　　　　○ 地球化学

○ 地球物理学和空间物理学　　○ 大气科学

○ 海洋科学　　　　　　　○ 管理科学与工程

○ 工商管理　　　　　　　○ 宏观管理与政策

4. 当前您主持（尚未结题）的国家/省部级项目（纵向课题）共有_____项［单选题］［必答题］

○ 无　　　　○ 1 项　　　　○ 2 项　　　　○ 3 项

○ 多于 3 项

5. 您一共申请了_____次青年科学基金项目［单选题］［必答题］

○ 1 次　　　　○ 2 次　　　　○ 3 次　　　　○ 多于 3 次

6. 您主持的青年科学基金项目立项年份是_____年［填空题］［必答题］

7. 您主持的青年科学基金项目资助经费是_____万元［填空题］［必答题］

8. 依据您的经验，项目获准资助的主要原因是（将最重要的前三项进行排序）（1）_____（2）_____（3）_____［排序题，请在中括号内依次填入数字］［必答题］

［　　］更具创新性的研究主题

［　　］更科学的研究设计

［　　］更具可行性的研究方案

［　　］更强大的研究团队

［　　］更扎实的前期研究基础

［　　］更合理的经费申请额度

［　　］更符合基金指南要求

［　　］其他

二、青年科学基金资助强度和团队规模

9. 在填写青年科学基金项目申请书时，对预算经费总额的估计，您主要依据_____［单选题］［必答题］

○ 前几年 NSFC 平均资助强度估计

○ 研究计划的实际需要

　　○ 咨询同行

　　○ 单位科研管理部门提供的建议

　　○ 其他＿＿＿＿＿＿＿＿＿＿＿＿＿＿＿

10. 就您所主持的青年科学基金项目而言，经费支出主要集中在（超过经费总额20%）＿＿＿＿＿＿＿［多选题］［必答题］

　　□ 设备费

　　□ 材料费

　　□ 测试化验加工费

　　□ 燃料动力费

　　□ 差旅费

　　□ 会议费

　　□ 国际合作交流费

　　□ 出版/文献/信息传播/知识产权事务费

　　□ 劳务费

　　□ 专家咨询费

　　□ 其他支出＿＿＿＿＿＿＿＿＿＿＿＿＿＿＿

11. 您所主持的青年科学基金项目，实际获批经费与申请经费相比较，存在的差异是＿＿＿＿＿＿＿［单选题］［必答题］

　　○ 实际获批资助经费少于申请经费

　　○ 实际获批资助经费多于申请经费（请跳至第15题）

　　○ 基本无差异（请跳至第19题）

12. 您认为实际获批资助经费少于申请经费的原因是＿＿＿＿＿＿＿［单选题］［必答题］

　　○ 项目立项年份平均资助强度低

　　○ 自己对项目计划预算估计偏高

　　○ 专家基于自身经验调整

　　○ 不知道

　　○ 其他＿＿＿＿＿＿＿＿＿＿＿＿＿＿＿

13. 当您实际获批经费少于申请经费时，在项目研究计划确认阶段，您会＿＿＿＿＿＿＿进行调整［单选题］［必答题］

　　○ 降低申请计划的研究目标（请跳至第18题）

　　○ 研究目标不变，减少研究内容（请跳至第18题）

○ 研究目标和内容不变，缩减经费预算

○ 通过其他项目补充（请跳至第 18 题）

○ 其他（请跳至第 18 题）_____

14. 您主要通过以下哪些方面缩减经费预算支出_____［多选题］［必答题］

□ 设备费

□ 材料费

□ 测试化验加工费

□ 燃料动力费

□ 差旅费

□ 会议费

□ 国际合作交流费

□ 出版/文献/信息传播/知识产权事务费

□ 劳务费

□ 专家咨询费

□ 其他支出_____

＊填写完该题，请跳至第 18 题。

15. 您认为实际获批经费多于申请经费的原因是_____［单选题］［必答题］

○ 项目立项年份平均资助强度提高

○ 自己对项目计划预算估计偏低

○ 专家基于自身经验调整

○ 不知道

○ 其他_____

16. 当您实际获批经费多于申请经费时，在项目研究计划确认阶段，您会_____进行调整［单选题］［必答题］

○ 提高申请计划的研究目标（请跳至第 18 题）

○ 研究目标不变，增加研究内容（请跳至第 18 题）

○ 研究目标和内容不变，增加经费预算

○ 其他（请跳至第 18 题）_____

17. 您主要通过以下哪些方面增加经费预算支出_____［多选题］［必答题］

213

☐ 设备费

☐ 材料费

☐ 测试化验加工费

☐ 燃料动力费

☐ 差旅费

☐ 会议费

☐ 国际合作交流费

☐ 出版/文献/信息传播/知识产权事务费

☐ 劳务费

☐ 专家咨询费

☐ 其他支出_____*

18. 您实际获批经费与您申请经费之间的差异比率大概是_____〔单选题〕〔必答题〕

○ 5%及以下　　○ 5%~10%　　○ 10%~15%　　○ 15%以上

19. 您觉得当前的经费资助总额,是否足够保证完成您的研究计划_____〔单选题〕〔必答题〕

○ 足够完成　　○ 不够完成　　○ 无法回答

20. 就您所主持青年科学基金项目而言,实际成本支出大约为_____万元。〔填空题〕〔必答题〕

21. 您所主持的青年科学基金项目团队共_____人(包括您在内)〔单选题〕〔必答题〕

○ 小于等于4人　　　　　　　○ 5~6人

○ 7~8人　　　　　　　　　　○ 9人及以上

22. 您认为要保证青年科学基金项目顺利完成,比较适宜的团队规模是_____人〔填空题〕〔必答题〕

提示:可填具体数字也可填范围。

23. 除您之外,您认为项目组其他成员对项目的真实贡献率大约为_____%〔填空题〕〔必答题〕

24. 您认为以下成员中哪些成员贡献最大。(1)____ (2)____(请将前两位进行排序)〔排序题,请在中括号内依次填入数字〕〔必答题〕

[　　] 高级职称人员

[　　] 副高级职称人员

［　　］中级职称人员

［　　］博士后

［　　］博士研究生

［　　］硕士研究生

［　　］无法判断

［　　］其他

25. 就您而言，较为有效地完成青年科学基金项目设定目标，适宜的研究工作量是_____人年（例如，需要 5 人 3 年完成即为 15 人年）［填空题］［必答题］

三、青年科学基金项目资助规模变化影响

26. 为更有利于青年科学家成长，您认为青年科学基金项目的资助策略是_____［单选题］［必答题］

○ 适当降低资助强度，提高资助率

○ 适当提高资助强度，降低资助率（请跳至第 28 题）

○ 保持当前资助强度和资助率不变（请跳至第 30 题）

○ 资助强度和资助率均缩减（请跳至第 30 题）

○ 无法回答（请跳至第 30 题）

○ 其他（请跳至第 30 题）_____

27. 近 10 年青年科学基金项目的平均资助率为 22.76%，如若提高资助率，您期望的资助率为_____%［填空题］［必答题］

28. 近 10 年青年科学基金项目的平均资助强度为 21.66 万元，如若增加资助强度，您认为合适的资助强度是_____万元［填空题］［必答题］

29. 对于增加的经费，您可能主要花费在_____方面［多选题］［必答题］

□ 设备费

□ 材料费

□ 测试化验加工费

□ 燃料动力费

□ 差旅费

□ 会议费

□ 国际合作交流费

□ 出版/文献/信息传播/知识产权事务费

□ 劳务费

□ 专家咨询费

□ 其他支出＿＿＿＿＿＿＿＿＿＿＿＿＿＿＿

30. 如果项目资助经费总额可以进一步增加，对研究目标部分产生的影响可能是＿＿＿＿＿＿＿［矩阵单选题］［必答题］

	积极影响	基本没影响	消极影响	无法回答
追求更具有创新性的想法	○	○	○	○
尝试高风险想法	○	○	○	○
有助于获取其他项目资助	○	○	○	○

31. 如果项目资助经费总额可以进一步增加，对研究结果产生的影响可能是＿＿＿＿＿＿＿［矩阵单选题］［必答题］

	积极影响	基本没影响	消极影响	无法回答
增加科研产出数量	○	○	○	○
提升研究质量	○	○	○	○
推动其他组织团队合作伙伴关系	○	○	○	○
提高团队影响力	○	○	○	○
节约类似科研项目申请时间	○	○	○	○

32. 如果项目资助经费总额可以进一步增加，对研究团队建设产生的影响可能是＿＿＿＿＿＿＿［矩阵单选题］［必答题］

	积极影响	基本没影响	消极影响	无法回答
增加相关研究领域的研究合作	○	○	○	○
提高科研团队研究能力	○	○	○	○
提升研究生培养质量	○	○	○	○

33. 对于目前青年基金项目的资助期限（3 年），您的看法是_____
［单选题］［必答题］

　○ 资助年限过长

　○ 资助年限过短（请跳至第 35 题）

　○ 资助年限比较恰当（请跳至第 36 题）

　○ 无法判断（请跳至第 36 题）

34. 就青年科学基金项目而言，不改变当前的经费资助强度，单纯缩短资助期限，您认为（1）_____（2）_____（请将最重要的前两项进行排序）［排序题，请在中括号内依次填入数字］［必答题］

　[　　] 有利于研究效率提升

　[　　] 有利于其他研究项目开展

　[　　] 有利于节省研究成本

　[　　] 无法判断

　[　　] 其他

　＊填写完该题，请跳至第 36 题。

35. 就青年项目而言，不改变当前的经费资助强度，单纯延长资助期限，您认为（1）_____（2）_____（请将最重要的前两项进行排序）［排序题，请在中括号内依次填入数字］［必答题］

　[　　] 有利于创新想法的实现

　[　　] 有利于研究数量增加

　[　　] 有利于研究质量的提高

　[　　] 有利于研究合作的开展

　[　　] 有利于研究生稳定培养

　[　　] 无法判断

　[　　] 其他

36. 您认为青年科学基金项目对您最大的影响是_____［单选题］［必答题］

　○ 学术研究的继续　　　　　○ 职业生涯的发展（如职称）

　○ 学术声誉　　　　　　　　○ 完成考核任务

　○ 无法判断　　　　　　　　○ 其他_____

37. 您认为当前青年科学基金项目的经费管理中存在的最大问题是（1）_____（2）_____（请将最重要前两项进行排序）［排序题，

请在中括号内依次填入数字］［必答题］

［　　　］资助强度过低

［　　　］经费使用限制过多

［　　　］劳务费比例限制过严

［　　　］经费报销困难

［　　　］无法判断

［　　　］其他

38. 对于青年基金项目的经费规模和资助期限您有什么建议？［填空题］

附录3 国家自然科学基金评审专家调查问卷

尊敬的自然科学基金项目评审专家：

　　您好！

　　近十年来，国家自然科学基金委员会（以下简称"基金委"）保持了经费持续增长的态势，加大了对面上项目和青年基金项目等主要项目类型的资助强度，同时也根据国家科研经费管理的新政策与新要求，加强了科学基金项目资助经费管理。今年是"十三五"时期的开局之年，为合理配置资助经费，提高资助绩效，基金委政策局委托我们开展科学基金项目资助强度及其适宜性研究。

　　本问卷主要针对您在面上项目或青年基金项目评审中的有关资助强度和团队规模等问题进行调查，请您根据自己的实际情况和真实感受作答。答案没有对错之分，您的回答仅供本课题的研究使用，我们将按照国家相关法规对您的答案保密。

　　请您抽出宝贵时间在线填写问卷，并尽快完成网上提交。非常感谢您对科学基金政策研究的积极支持和热情参与！

"科学基金项目资助强度及其适宜性研究"课题组
2016 年 9 月

一、基本信息

1. 您的性别_____ ［单选题］［必答题］
○ 男　　　　　　　　　　　○ 女

2. 您的年龄_____岁［填空题］［必答题］

3. 您的学科领域_____ ［单选题］［必答题］
○ 数学　　　　　　　　　　○ 力学
○ 天文学　　　　　　　　　○ 物理 I

○ 物理Ⅱ   ○ 地理学

○ 地质学   ○ 地球化学

○ 地球物理学和空间物理学   ○ 大气科学

○ 海洋科学   ○ 管理科学与工程

○ 工商管理   ○ 宏观管理与政策

4. 您自_____年开始参与评审自然科学基金项目［填空题］［必答题］

5. 您主要的评审项目是_____［单选题］［必答题］

○ 面上项目

○ 青年科学基金项目（请跳至第 24 题）

○ 面上和青年科学基金均包括（请跳至第 42 题）

○ 其他项目（请跳至第问卷末尾，提交答卷）

二、面上项目评审

6. 在评审面上项目时，您最看重的是（1）_____（2）_____（3）_____（请将最重要的前三项进行排序）［排序题，请在中括号内依次填入数字］［必答题］

［   ］更具创新性的研究主题

［   ］更科学的研究设计

［   ］更具可行性的研究方案

［   ］更强大的研究团队

［   ］更扎实的前期研究基础

［   ］更合理的经费预算

［   ］更符合基金指南要求

［   ］其他

7. 在评审面上项目时，您是否关注项目经费预算的合理性_____［单选题］［必答题］

○ 非常关注   ○ 比较关注

○ 一般关注   ○ 不太关注（请跳至第 10 题）

○ 完全不关注（请跳至第 10 题）

8. 对于面上项目资金预算，您较关注的是_____［单选题］［必答题］

220

　　○ 经费总额　　　　　　　　○ 经费使用计划

　　○ 详细的预算说明书　　　　○ 都不关注

　　9. 您对面上项目资金预算总额的评审依据是（1）＿＿＿（2）＿＿＿（请将最重要的前两项排序）［排序题，请在中括号内依次填入数字］［必答题］

　　[　　] 自身研究经验

　　[　　] 近几年平均资助强度

　　[　　] 申请者的预算说明书

　　[　　] 项目申请书内容

　　[　　] 团队成员规模

　　[　　] 无法判断

　　[　　] 其他

　　10. 迄今为止，您是否因为项目经费预算不合理，而对其提出过评审意见＿＿＿＿［单选题］［必答题］

　　○ 是　　　　　　　　　　　○ 否（请跳至第12题）

　　11. 您对其经费预算提出评审意见的主要原因是＿＿＿＿＿［多选题］［必答题］

　　□ 申请经费总额过多　　　　□ 申请经费总额过少

　　□ 申请经费比例不合理　　　□ 经费使用计划不合理

　　□ 无法判断　　　　　　　　□ 其他＿＿＿＿＿＿＿＿＿

　　12. 在对面上项目评审中，您是否关注其团队规模的合理性＿＿＿＿［单选题］［必答题］

　　○ 非常关注（请跳至第14题）○ 比较关注（请跳至第14题）

　　○ 一般关注　　　　　　　　○ 不太关注（请跳至第14题）

　　○ 完全不关注（请跳至第14题）

　　13. 您在什么情况下，会关注评审项目的团队规模＿＿＿＿＿［单选题］［必答题］

　　○ 研究目标过高　　　　　　○ 研究内容较宏大

　　○ 经费预算过高　　　　　　○ 主持人前期研究积累稍弱

　　○ 其他＿＿＿＿＿＿＿＿＿＿＿

　　14. 就您所在的学科而言，您认为面上项目是否有比较恰当的团队规模＿＿＿＿［单选题］［必答题］

○ 是   ○ 否（请跳至第 16 题）

15. 您认为恰当的团队规模是_____人［填空题］

提示：可填具体数字也可填范围。

16. 在对面上项目的评审中，您是否关注其团队结构的合理性_____
［单选题］［必答题］

    ○ 非常关注（请跳至第 18 题） ○ 比较关注（请跳至第 18 题）

    ○ 一般关注   ○ 不太关注（请跳至第 22 题）

    ○ 完全不关注（请跳至第 22 题）

17. 您在什么情况下，会关注评审项目的团队结构_____［单选题］［必答题］

    ○ 研究目标过高   ○ 研究内容较宏大

    ○ 经费预算过高   ○ 主持人前期研究积累稍弱

    ○ 其他_____

18. 对于其团队结构是否合理，您的判断依据是_____［单选题］［必答题］

    ○ 自身科研经验   ○ 项目申请书内容

    ○ 无法判断   ○ 其他_____

19. 为了保证面上项目研究目标实现，您认为研究团队应（1）____
（2）____（3）____（请将最重要的前三项排序）［排序题，请在中括号内依次填入数字］［必答题］

[   ] 项目主持人的科研能力强

[   ] 团队规模合理

[   ] 团队成员学历结构合理

[   ] 团队成员学科结构合理

[   ] 团队成员职称结构合理

[   ] 团队成员年龄结构合理

[   ] 团队成员科研成果

[   ] 其他

20. 您是否关注面上项目中除了主持人以外团队成员的科研成果
_____［单选题］［必答题］

    ○ 是   ○ 否（请跳至第 22 题）

21. 您会在以下哪些方面关注团队主要成员（主持人以外）的科研

成果（1）_____（2）_____（请将最重要的前两项排序）［排序题，请在中括号内依次填入数字］［必答题］

[　　] 科研成果的数量
[　　] 科研成果的质量
[　　] 科研成果与项目关联性
[　　] 与项目主持人的合作情况
[　　] 其他

22. 迄今为止，您是否会因为申请项目团队成员组成不合理而对其提出过评审意见_____［单选题］［必答题］

○ 是　　　　　　　○ 否（请跳至第问卷末尾，提交答卷）

23. 您认为他们的团队组成中最大的问题是什么_____［多选题］［必答题］

□ 团队规模不合理　　　　　□ 团队成员结构不合理
□ 团队成员科研成果较少　　□ 已有研究积累与项目方向不符合
□ 无法判断　　　　　　　　□ 其他_____

＊请您填写完本题后提交答卷。

223

三、青年科学基金项目评审

24. 在评审青年科学基金项目时，您最看重的是（1）____（2）____（3）____（请将最重要的前三项进行排序）［排序题，请在中括号内依次填入数字］［必答题］

[　　] 更具创新性的研究主题
[　　] 更科学的研究设计
[　　] 更具可行性的研究方案
[　　] 更强大的研究团队
[　　] 更扎实的前期研究基础
[　　] 更合理的经费预算
[　　] 更符合基金指南要求
[　　] 其他

25. 您在评审青年科学基金项目时，是否关注项目经费预算的合理性_____［单选题］［必答题］

○ 非常关注　　　　　　　　○ 比较关注

○ 一般关注　　　　　　　　○ 不太关注（请跳至第 28 题）

○ 完全不关注（请跳至第 28 题）

26. 对于青年科学基金项目资金预算，您较关注的是_____　［单选题］［必答题］

○ 经费总额　　　　　　　　○ 经费使用计划

○ 详细的预算说明书　　　　○ 都不关注

27. 您对青年科学基金项目资金预算总额的评审依据是（1）____ （2）____（请将最重要的前两项排序）［排序题，请在中括号内依次填入数字］［必答题］

［　　］自身科研经验

［　　］近几年平均资助强度

［　　］申请者的预算说明书

［　　］项目申请书内容

［　　］团队成员规模

［　　］无法判断

［　　］其他

28. 迄今为止，您是否因为项目经费预算不合理而对其提出过评审意见_____　［单选题］［必答题］

○ 是　　　　　　　　　　　○ 否（请跳至第 30 题）

29. 您对其经费预算提出评审意见的原因是_____　［多选题］［必答题］

□ 申请经费总额过多　　　　□ 申请经费总额过少

□ 申请经费比例不合理　　　□ 经费使用计划不合理

□ 无法判断　　　　　　　　□ 其他_____

30. 在对青年科学基金项目的评审中，您是否关注其团队规模的合理性_____　［单选题］［必答题］

○ 非常关注（请跳至第 32 题）　○ 比较关注（请跳至第 32 题）

○ 一般关注　　　　　　　　○ 不太关注（请跳至第 32 题）

○ 完全不关注（请跳至第 32 题）

31. 您在什么情况下会关注评审项目的团队规模_____　［单选题］［必答题］

○ 研究目标过高　　　　　　○ 研究内容较宏大

○ 经费预算过高　　　　　　　○ 主持人前期研究积累稍弱

○ 其他＿＿＿＿＿＿＿＿＿＿＿＿＿

32. 就您所在的学科而言，您认为青年科学基金项目是否有比较恰当的团队规模＿＿＿＿＿＿［单选题］［必答题］

○ 是　　　　　　　　　　　　○ 否（请跳至第 34 题）

33. 您认为恰当的团队规模是＿＿＿＿＿＿人［填空题］

提示：可填具体数字也可填范围

34. 在对青年科学基金项目的评审中，您是否关注其团队结构的合理性＿＿＿＿＿＿［单选题］［必答题］

○ 非常关注（请跳至第 36 题）

○ 比较关注（请跳至第 36 题）

○ 一般关注

○ 不太关注（请跳至第 40 题）

○ 完全不关注（请跳至第 40 题）

35. 您在什么情况下会关注评审项目的团队结构＿＿＿＿＿＿［单选题］［必答题］

○ 研究目标过高　　　　　　　○ 研究内容较宏大

○ 经费预算过高　　　　　　　○ 主持人前期研究积累稍弱

○ 其他＿＿＿＿＿＿＿＿＿＿＿＿＿

36. 对于其团队结构是否合理性，您的判断依据是＿＿＿＿＿＿［单选题］［必答题］

○ 根据自身研究经验判断　　　○ 根据项目申请书内容

○ 无法判断　　　　　　　　　○ 其他＿＿＿＿＿＿＿＿＿

37. 为了保证青年科学基金项目研究目标的实现，您认为研究团队应（1）＿＿＿＿＿＿（2）＿＿＿＿＿＿（3）＿＿＿＿＿＿（请将最重要的前三项排序）［排序题，请在中括号内依次填入数字］［必答题］

［　　］项目主持人的科研能力强

［　　］团队规模合理

［　　］团队成员学历结构合理

［　　］团队成员学科结构合理

［　　］团队成员职称结构合理

［　　］团队成员年龄结构合理

[ ] 团队成员科研成果

[ ] 其他

38. 您是否关注青年科学基金项目中除了主持人以外团队成员的科研成果_____ ［单选题］［必答题］

○ 是   ○ 否（请跳至第40题）

39. 您会在以下哪些方面关注团队主要成员（主持人以外）的科研成果（1）_____（2）_____（请将最重要的前两项排序）［排序题，请在中括号内依次填入数字］［必答题］

[ ] 科研成果的数量

[ ] 科研成果的质量

[ ] 科研成果与项目关联性

[ ] 与项目主持人的合作情况

[ ] 其他

40. 迄今为止，您是否因为申请项目团队成员结构不合理而对其提出过评审意见_____ ［单选题］［必答题］

○ 是   ○ 否（请跳至第问卷末尾，提交答卷）

41. 您认为他们的团队组成最大的问题是什么_____ ［多选题］［必答题］

□ 项目主持人的科研能力较弱

□ 团队规模不合理

□ 团队成员结构不合理

□ 团队成员科研成果较少

□ 已有研究积累与项目方向不符合

□ 无法判断

□ 其他_____

＊请您填写完本题后提交答卷。

四、面上项目和青年科学基金项目评审

42. 在评审面上项目时，您最看重的是（1）____（2）____（3）____（请将最重要的前三项进行排序）［排序题，请在中括号内依次填入数字］［必答题］

[   ] 更具创新性的研究主题

［　　］更科学的研究设计

［　　］更具可行性的研究方案

［　　］更强大的研究团队

［　　］更扎实的前期研究基础

［　　］更合理的经费预算

［　　］更符合基金指南要求

［　　］其他

43. 在评审面上项目时，您是否关注项目经费预算的合理性_____
［单选题］［必答题］

○ 非常关注　　　　　　　　○ 比较关注

○ 一般关注　　　　　　　　○ 不太关注（请跳至第 46 题）

○ 完全不关注（请跳至第 46 题）

44. 对于面上项目资金预算，您较关注的是_____［单选题］
［必答题］

○ 经费总额　　　　　　　　○ 经费使用计划

○ 详细的预算说明书　　　　○ 都不关注

45. 您对面上项目资金预算总额的评审依据是（1）____（2）____
（请将最重要的前两项排序）［排序题，请在中括号内依次填入数字］
［必答题］

［　　］自身研究经验

［　　］近几年平均资助强度

［　　］申请者的预算说明书

［　　］项目申请书内容

［　　］团队成员规模

［　　］无法判断

［　　］其他

46. 迄今为止，您是否因为项目经费预算不合理而对其提出过评审
意见_____［单选题］［必答题］

○ 是　　　　　　　　　　　○ 否（请跳至第 48 题）

47. 您对其经费预算提出评审意见的原因是_____［多选题］
［必答题］

□ 申请经费总额过多　　　　□ 申请经费总额过少

□ 申请经费比例不合理　　　　□ 经费使用计划不合理

□ 无法判断　　　　　　　　　□ 其他_____

48. 在对面上项目的评审中，您是否关注其团队规模的合理性_____
[单选题][必答题]

　　○ 非常关注（请跳至第 50 题）

　　○ 比较关注（请跳至第 50 题）

　　○ 一般关注

　　○ 不太关注（请跳至第 52 题）

　　○ 完全不关注（请跳至第 52 题）

49. 您在什么情况下，会关注评审项目的团队规模_____［单选
题］［必答题］

　　○ 研究目标过高　　　　　○ 研究内容较宏大

　　○ 预算经费过高　　　　　○ 主持人前期积累稍弱

　　○ 其他_____

50. 就您所在的学科而言，您认为面上项目是否有比较恰当的团队
规模_____［单选题］［必答题］

　　○ 是　　　　　　　　　○ 否（请跳至第 52 题）

51. 您认为恰当的团队规模是_____人［填空题］

提示：可填具体数字也可填范围。

52. 在对面上项目的评审中，您是否关注其团队结构的合理性_____
［单选题］［必答题］

　　○ 非常关注（请跳至第 54 题）

　　○ 比较关注（请跳至第 54 题）

　　○ 一般关注

　　○ 不太关注（请跳至第 58 题）

　　○ 完全不关注（请跳至第 58 题）

53. 您在什么情况下会关注评审项目的团队结构_____［单选
题］［必答题］

　　○ 研究目标过高　　　　　○ 研究内容较宏大

　　○ 预算经费过高　　　　　○ 主持人前期积累稍弱

　　○ 其他_____

54. 对于其团队结构是否合理，您的判断依据是_____［单选

题］［必答题］

　　○ 自身科研经验判断　　　　　　○ 项目申请书内容

　　○ 无法判断　　　　　　　　　　○ 其他_____

　　55. 为了保证面上项目研究目标的实现，您认为研究团队应（1）____
（2）____（3）____（请将最重要的前三项排序）［排序题，请在中括
号内依次填入数字］［必答题］

　　［　　］项目主持人的科研能力强

　　［　　］团队规模合理

　　［　　］团队成员学历结构合理

　　［　　］团队成员学科结构合理

　　［　　］团队成员职称结构合理

　　［　　］团队成员年龄结构合理

　　［　　］团队成员科研成果

　　［　　］其他

　　56. 您是否关注面上项目中除了主持人以外团队成员的科研成果
_____［单选题］［必答题］

　　○ 是　　　　　　　　　　　　　○ 否（请跳至第58题）

　　57. 您会在以下哪些方面关注团队主要成员（主持人以外）的科研
成果（1）_____（2）_____（请将最重要的前两项排序）［排序
题，请在中括号内依次填入数字］［必答题］

　　［　　］科研成果的数量

　　［　　］科研成果的质量

　　［　　］科研成果与项目关联性

　　［　　］与项目主持人的合作情况

　　［　　］其他

　　58. 迄今为止，您是否因为申请项目团队成员组成不合理而对其提
出过评审意见_____［单选题］［必答题］

　　○ 是　　　　　　　　　　　　　○ 否（请跳至第60题）

　　59. 您认为他们的团队组成最大问题是什么_____［多选题］
［必答题］

　　□ 团队规模不合理　　　　　　□ 团队成员结构不合理

　　□ 团队成员科研成果较少　　　□ 已有研究积累与项目方向不符合

□ 无法判断 □ 其他＿＿＿＿＿＿＿＿

60. 相较于面上项目，您在评审青年科学基金项目时，更关注的是
＿＿＿＿＿＿＿［多选题］［必答题］

□ 研究主题的创新性 □ 研究设计的科学性
□ 研究方案的可行性 □ 研究团队的实力
□ 前期研究基础的扎实性 □ 经费预算的合理性
□ 与基金指南的一致性 □ 其他＿＿＿＿＿＿＿

61. 相较于面上项目，对于青年科学基金的资金预算，您更关注
＿＿＿＿＿＿＿［单选题］［必答题］

○ 经费总额 ○ 经费使用计划
○ 详细的预算说明书 ○ 都不关注

62. 相较于面上项目，您是否更加关注青年科学基金项目的团队规
模合理性＿＿＿＿＿＿＿［单选题］［必答题］

○ 是 ○ 否

63. 相较于面上项目，您是否更加关注青年科学基金项目的团队结
构合理性＿＿＿＿＿＿＿［单选题］［必答题］

○ 是 ○ 否

64. 相较于面上项目，在青年科学基金项目的团队中，您更加关注
的是＿＿＿＿＿＿＿［多选题］［必答题］

□ 项目主持人的科研能力 □ 团队规模合理
□ 团队成员学历结构合理 □ 团队成员学科结构合理
□ 团队成员职称结构合理 □ 团队成员年龄结构合理
□ 团队成员科研成果 □ 其他＿＿＿＿＿＿＿

65. 相较于面上项目，您是否更加关注青年科学基金项目中除主持
人以外团队成员的科研成果＿＿＿＿＿＿＿［单选题］［必答题］

○ 是 ○ 否（请跳至第 67 题）

66. 相较于面上项目，在青年科学基金评审中，您更关注团队主要
成员（主持人除外）在以下哪些方面的科研成果（1）＿＿＿（2）＿＿＿
（请将最重要的前两项排序）［排序题，请在中括号内依次填入数字］
［必答题］

［ ］科研成果的数量
［ ］科研成果的质量

[　　] 科研成果与项目关联性

[　　] 与项目主持人的合作情况

[　　] 其他

67. 相较于面上项目，您认为青年科学基金项目团队组成中通常存在的问题是_____ ［多选题］［必答题］

□ 项目主持人的科研能力较弱　　□ 团队规模不合理

□ 团队成员结构不合理　　　　　□ 团队成员科研积累较少

□ 无法判断　　　　　　　　　　□ 其他_____

后　　记

2021年第十三届全国人大常委会第三十次会议通过的《中华人民共和国科学技术进步法（修订草案)》提出"国家财政建立基础研究稳定支持的投入机制"。改革开放以来，我国对于科学研究的投入稳步增长，作为代表政府投资科学研究的国家自然科学基金（NSFC）经费投入也在大幅增加。与此同时，科学基金单个项目的资助强度逐步提高，在当前公共财政强调绩效的情况下，科学基金资助强度是否适宜，是否存在规模收益？此外，NSFC资助体系中占比最高、影响力最大的面上项目和青年项目，资助规模与资助强度整体上呈现出"面上项目提强度，青年项目扩范围"的资助态势，不同资助态势下的面上项目与青年项目资助成效如何？在对基础研究持续投入的同时，何种资助策略更为有效，能更合理利用科技资源，提升科学基金使用效益，成为当前科学基金研究亟需解决的问题。《科学基金资助项目规模收益研究》就是在此背景下写作完成的。

本书凝聚了博士期间的研究成果，提出了科学基金项目相对最优规模的理论框架，通过构建DEA模型对科学基金规模收益进行分析，并与对项目负责人和评审专家问卷调查的结果进行匹配验证，共同构建了科学基金相对最优规模投入分析的理论框架。这不仅有助于提升科学基金项目资助绩效，同时还为其他类型科研项目资助强度的适宜性研究提供了分析框架。此外，本书还建构了基于科学基金特点的DEA模型，拓展了DEA有关规模收益的理论研究，并在此基础上提出了一种更加符合实际的相对最佳投入方向的判定方法。

在此，要特别感谢我的博士生导师孟溦教授，本书从选题到写作都离不开导师的指导和帮助。这些年，不论是读博期间还是毕业后进入工作岗位，孟老师严谨治学、精益求精的理念始终深深影响着我，不断鞭策我在学术研究的道路上继续潜心前行。自己研究工作的完成与研究成果的取得无不凝结了导师无私的帮助与支持，谨在此表示深深的感谢！

感谢英国肯特大学刘文斌教授对书中 DEA 模型构建工作的指导，感谢刘老师多年来的无私关怀和帮助，谨记于心！

感谢学校提供的机会，感谢学校及学院领导在工作与生活上给予我的指导、帮助与支持！

感谢我的家人！一直以来，他们给予我无条件的信任与支持，是他们的无私付出为我提供了安心的环境，使我能够专心投入学术研究工作。

最后，感谢经济科学出版社的支持，感谢所有在本书的编辑、出版过程中付出辛勤劳动的专家、编辑老师！

段培新

2021 年 12 月于泉城湖畔